读不够的秦汉史

DU BU GOU DE

QIN HAN SHI

鸟山居士 ◎ 著

第二部 大治

中国文史出版社

图书在版编目（CIP）数据

读不够的秦汉史 . 第二部 , 大治 / 鸟山居士著 . --
北京：中国文史出版社, 2023.10
ISBN 978-7-5205-4092-6

Ⅰ . ①读… Ⅱ . ①鸟… Ⅲ . ①中国历史－秦汉时代－
通俗读物 Ⅳ . ① K232.09

中国国家版本馆CIP数据核字（2023）第085709号

责任编辑：程凤　殷旭
装帧设计：欧阳春晓

出版发行：中国文史出版社

社　　址：北京市海淀区西八里庄路 69 号　　邮编：100036

电　　话：010-81136606　81136602　81136603（发行部）

传　　真：010-81136655

印　　装：廊坊市海涛印刷有限公司

经　　销：全国新华书店

开　　本：1/16

印　　张：19.5　　字　数：286 千字

版　　次：2024 年 1 月北京第 1 版

印　　次：2025 年 5 月第 2 次印刷

定　　价：52.00 元

目录　Contents

第四章　汉景之治 \ 179

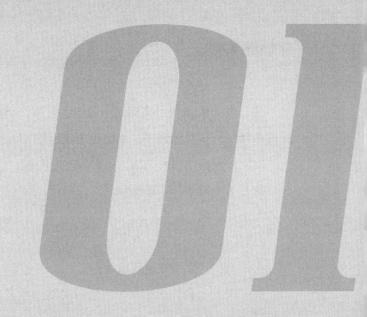

第一章

吕雉

这一声大吼如同当头棒喝一般把我震醒，再看此女哪里还有一点端庄，满脸的杀气吓得我双腿直抖，但我还是鼓起勇气问："请问，您，您是哪位？"

此女并没有回答我的话，而是冷冷地问道："刘三儿那死鬼呢？"

我吞了一口唾沫，弱弱地道："刚死。"

女子："嗯？！"

我赶紧改口："啊不是，是刚刚西去。"

女子道："你不知道我是谁？"

我又看了一会儿这个女子，然后突然一激灵，赶紧一个大拜之礼："草民参见吕太后！"

吕雉："嗯，算你小子还有点儿眼力见儿，说吧，他之前讲到哪了？"

我赶紧道："回禀太后，这个这个，陛下刚刚讲到派樊哙前往讨伐卢绾便魂归西去了。"

吕雉："嗯，那你想知道什么呢？"

我："回太后，草民想知道卢绾和樊哙最后究竟怎么样了。"

吕雉："好吧，我就先说卢绾吧。

"自从审食其和赵尧走后，卢绾每天都活在胆战心惊与愧疚之中，想想之前刘三儿对他的种种恩惠，卢绾悔不当初。

"于是，他就带着所有的家室和数千骑兵在长城下等候，并下定决心，如果刘三儿要领兵攻他，他就逃到北方的匈奴那儿去，绝不抵抗。

"如果刘三儿要让他回长安去，他就亲自带着自己的家眷前往长安向刘三儿请罪。

"可是呢，刘三儿竟然在大军到达燕国以前就驾崩了。

"于是，卢绾万念俱灰，虽然不想离开汉朝的土地，但畏惧本宫会对他下手，便举家前往了匈奴之地，投降了冒顿。

"卢绾是什么人？他是汉朝的燕王，是刘三儿的生死兄弟。所以冒顿就封卢绾为东胡卢王，意图以卢绾为榜样，让汉朝那些有能力和身份的人都来投靠匈奴。

"你可别以为这个什么所谓的东胡卢王是个好东西，他实际上就是一个摆设而已，一点儿实权都没有，还总是受到匈奴权贵的侮辱，这使得卢绾每时每刻都想重新回到汉朝。

"可是呢，他的年龄也大了（和刘邦同岁），再加上整日被悔恨与屈辱的情绪充斥着大脑，便也在刘三儿死去一年后郁郁而终了，这不得不说是一大讽刺，甚至本宫怀疑，这卢绾之所以死得这么快，都是我那丈夫去索他的命呢。"

我："……"

吕雉："至于樊哙嘛，他是本宫的妹夫，本宫当然不会让他出什么事儿，但这事儿还真就和本宫没什么关系，是因为陈平的机灵才让樊哙捡回了一条命。"

我："这怎么说的？"

吕雉："那陈平和周勃在追赶樊哙部队的时候心里很没有底气，因为樊哙不但是本宫那丈夫的好兄弟，还是本宫妹妹吕嬃的丈夫，陈平怕这次斩杀樊哙只是刘三儿的一时之气，更怕得罪本宫没有好果子吃，便没有杀掉樊哙，而是令周勃接替了樊哙的军队继续向燕国方向行进，自己则领着樊哙到王宫中给刘三儿处置。

"可就在这时，刘三儿驾崩的消息传到了陈平耳中，陈平闻讯大惧，便使出了吃奶的劲儿往长安疾奔。"

我："他为什么这么着急？"

吕雉："呵呵，他怎么敢不着急？要知道，现在他押解的可是本宫的妹夫，如今刘三儿已去，再也没谁能罩着他了，再加上他当初首鼠两端，没有在刘三儿要废太子的时候表明态度，所以他知道，一旦让我抓住机会便会弄死他，这才着急忙慌地往长安跑。

而一切也都如陈平所料，刘三儿死去的第一时间我便开始着手对付他了。

"我想先将这个旧臣弄出长安，之后再慢慢对付他。可当我的使者到达陈平面前的时候，陈平压根儿就没有听，依然疾奔长安。

"结果到了长安以后，陈平跪在刘三儿的尸体前就是一顿痛哭。大臣们都被陈平的完美演技打动，也都随着他流下眼泪，甚至连本宫都被他给弄得伤心落泪。你知道这叫什么吗？"

我："什么？"

吕雉："哼哼，这叫博取同情，给自己打人情牌。要不怎么说陈平是阴谋诡计的行家里手呢，他做完足够的铺垫以后便向本宫汇报了这次前往捉拿樊哙的经过，并着重说明了本次前往实际上是按照刘三儿的旨意去杀樊哙的，可最后自己却没有下手。他这一举动不但将自己的责任推得一干二净，反而还成了有功之臣，本宫也明白陈平所想，便笑笑让他回去休息。

"可陈平考虑事情非常长远，他这次毕竟是擒拿了我的妹夫，因此畏惧吕嬃进谗言，便向本宫借口怀念先帝，要在宫中为先帝守丧。"

我疑惑地道："这我就不明白了，给先帝守丧就能不让吕嬃进谗言了？"

吕雉微微一笑："当然不能阻挡吕嬃向本宫进谗言，可一般进谗言都是什么呢？"

我："现在皇帝新崩，除了造反还能是什么？"

吕雉："就是了，现在刘三儿新崩，政局不稳，所以谗言十有八九便是谋反，可陈平一天到晚都在为刘三儿守丧，他有什么机会阴谋造反呢？"

我："啊！陈平果然聪明！可既然太后您如此畏惧旧臣造反，为什么到现在都没有杀了他们而换上自己的心腹呢？"

吕雉："此事说来容易可做起来却难比登天。"

我："为什么？"

吕雉："当初刘三儿驾崩的时候，本宫与审食其谋划秘不发丧，然后假诏谋取刘三儿旧臣的身家性命，可这事儿最后却被郦商得知，他平时和审食其关系还不错，便与审食其道：'如今皇帝已崩，可现如今已过去四天，皇后还是秘不发丧，难道你们是想屠杀先帝旧臣吗？'

"见审食其支支吾吾地不吱声，郦商阴着脸继续道：'兄弟，奉劝你别这么干，要不然天下就危险了。'

"审食其下意识地道：'为什么这么说？'

"郦商：'你仔细想想就知道了，如今，灌婴屯十万正卒于荥阳，周勃屯二十万正卒往燕地还未与卢绾交战，如此时假诏屠杀先帝旧臣，灌婴和周勃必定起兵作乱！兄弟，三十万大汉正卒啊！现在还都在汉朝腹地，试问他们突然造反谁能抵挡？到时候关中必定沦陷，您与皇后谁都逃不了被诛杀的命运。同时天下必定再次大乱，我先帝好不容易打下来的江山就全完了！'

"审食其听了这话以后吓坏了，赶紧将郦商的话原封不动地转告给了本官，本官一听这话大惧，这才向天下宣布刘三儿已驾崩的消息。

"这一年是公元前195年，我那儿子刘盈顺利地成为新的汉皇，就是你们口中的汉惠帝了，并尊我为皇太后。可那时他只有十五岁，所以朝中一切大事都要由我来决断，可以这么说，那时候，我才是国家真正的一把手，至于我儿刘盈嘛，只是一个学习者而已。"

我："……"

吕雉："你小子知道一个新的统治者最应该做的是什么吗？"

我："不知道。"

吕雉："一个字，赏！因为只有这样，才会得到人心。于是，在刘盈刚刚成为皇帝，我成为皇太后之时，我便赏天下百姓爵位一级，并且中郎、郎中做官满六年的赏爵三级，满四年的赏爵两级。外郎满六年的赏爵两级。至于中郎不满一年的则赏爵一级，外郎不满两年的赏万钱。宫中宦官的主管饮食要与郎中相同（因为赵高的关系，西汉初期的宦官普遍不吃香）。宫中谒者、执盾、执戟、武士的待遇都要和外郎一样。太子御乘赐五大夫爵，舍人满五年赐爵二级。俸禄在两千石以上的官员赐两万钱，两千石以下、六百石以上的赐一万钱，五百石以下的则赐五千钱。

"这还不算，本官还在萧何《九章律》的范围下减免了很多残酷的刑罚，并恢复实行十五纳税一的制度。"

我："太后您真行，这天下您都赏了，怪不得没人造反了，可问题是当初帮您最大的张良和周昌您为什么不赏呢？"

吕雉叹息道："怎么可能不赏？但现在周昌远在赵国，并不是能马上就赏赐的，张良还整天在家修仙，根本无欲无求。可该赏的我还是要赏，张良不是无欲无求吗？行！那就给我吃饭，他都不知道自己现在饿成什么德行了。"

我："太后过了吧，张大仙既然一心修仙您为什么还要逼他呢？您这哪儿是赏，分明就是罚嘛。"

吕雉轻蔑一笑："修仙？你小子算了吧，修仙为的是什么？为的不就是长生不老吗？那你看看从古至今那么多人修仙，哪一个成功活到现在了？"

我："太后英明！可我有两件事想问问太后，什么叫《九章律》，什么又叫'十五纳税一'呢？"

吕雉："汉朝刚刚建国的时候，废弃了秦朝的种种严酷法律，但一个国家要是没有法就无法正常运转，所以，刘三儿当初所定的'约法三章'就显得太过儿戏了。

"为了让国家的法律更加详尽，刘三儿在活着的时候便命萧何为汉朝制定一个法律大典，但制定法律是一个浩大的工程，没个十年八载休想完成，所以一直到刘三儿驾崩了也没能做出来。

"可天佑我吕氏，就在我刚刚成为太后之时，萧何却捧着《九章律》来向我汇报了。

"所谓的《九章律》乃是我大汉的第一个法典，涉及范围极广，分别有《盗律》《贼律》《囚律》《捕律》《杂律》《具律》《兴律》《户律》《厩律》，因为一共有九本，所以总称为《九章律》。

"至于'十五纳税一'就更好解释了，这其实就是我们汉朝的收税方法。举个例子吧，比如说你一年的收成是十五个玉米棒子，那到缴税的时候只缴纳一个玉米棒子就行了，是你所有产量的6.7%左右。"

我："明白了，多谢太后，太后真是仁慈宽大之人。"

吕雉冷冷一笑："你别抬举本官了，本官自认为没有对不起过汉朝，但也绝不是一个仁慈之人，对于我恨的人，依然要杀之而后快。知道现在我最恨的人是谁吗？"

我："如果我没猜错的话，应该是戚夫人吧。"

吕雉："呸！什么戚夫人，就是一个妾而已，当初刘三儿活着的时候我能忍着她，如今刘三儿已死，还有谁能给她撑腰，哈哈哈哈哈哈哈……"

看着吕雉近乎变态的大笑，我从头冷到脚，便弱弱地道："您、您打算怎么处置戚夫人呢？怎么说也是个美人，太后得饶人处且饶人吧。"

吕雉："饶了她？哈！简直搞笑，本官为刘邦原配，想当初我二人成家之时，我爹给了刘邦多少嫁妆让他结交好友？你以为没有我爹给我的嫁妆他能成事？"

"还有，自从嫁给他以后，我任由他在外面潇洒，本官自己呢？则在家中耕地，伺候老人孩子，一天的福都没享。最后我老公好不容易得到了天下，她戚姬却想怂恿刘三儿废了我儿子，这我能忍？我就想问问你，如果当时站在太后位置上的不是我而是她，你认为她能饶了我吗？"

我："不好说吧。"

吕雉："什么不好说？她是一定饶不了本官的！所以，本官不但要她死，还要让她受尽折磨之后再死。她不是有一头乌黑亮丽的长发吗？我就把她剃成秃子！她不是顿顿山珍海味吗？我就让她只能吃猪食！"

"哈哈，本来吧，我想就这样让她屈辱地活着，可她竟然自己找死。哼，你猜她在监狱里干了什么？"

我："干、干什么了？"

吕雉："她有一副如同百灵鸟一般的好嗓子，非常擅长唱歌，所以整日在监狱里吟唱：'儿子为王母为奴，从日出到日暮，天天与死为舞！与你相隔三千里哟，谁能前去告诉你！'

"哈！她这是什么意思？是不是想靠着自己的儿子弄死本官呢？可惜了，本官是不会给她这个机会的，既然她这么想念自己的儿子，那么好啊，就让她母子二人团聚吧。

"于是，本官命人前去赵国召赵王刘如意进京，然后就打算弄死他。可让人郁闷的是本官接连派去的三批使者都被撵回来了！"

我："不能吧，刘如意一个半大的孩子，他怎么可能有这么大的胆子拒绝您的命令呢？"

吕雉气呼呼地道："不是他，是周昌那个老顽固！老娘我接连派出两批使者去'请'刘如意进长安，都被周昌以赵王刘如意有病为由拒绝了。而当我第三次派出使者前去请刘如意的时候周昌也不藏着掖着了，直接挑明了道，'使、使者大人，先、先帝把赵、赵王交给臣、臣来保……护，赵、赵王年纪尚、尚……小，我听、听说太、太、太……后怨恨戚夫人，想、想把他骗、骗……到长安弄……死，所……以我、我……绝不……答应。'

"你说说这个老东西，怎么脾气这么犟呢。"

我："……那您最后把周昌弄死了？"

吕雉："怎么可能，我吕雉虽然狠，但也是有人性的，周昌和张良都是我吕氏的恩人，要是没有他们二人，我家刘盈早就被扔进臭水沟了，所以我绝不会杀他，不但不会杀他，还得把他当祖宗供着。"

我："哦，那太后是怎么解决刘如意这事的呢？"

吕雉："呵呵，这还不好办吗？现在整个天下除了周昌那个老顽固谁还敢保刘如意呢？所以只要把周昌调回来就没有问题了。

"就这样，周昌被我调回了长安。之后，刘如意也就顺利地被我弄回来了。

"本以为这次可以顺利诛杀刘如意了，可万万没想到的是又来人阻止我了！"

我："这回又是谁啊？"

吕雉："除了刘盈那孩子还能是谁？这孩子生性善良，猜到了我的意图，所以亲自到霸上去迎接刘如意，并在这以后天天和刘如意在一起，吃饭、睡觉都形影不离，让我没有一丁点儿下手的机会。

"唉！你说这孩子，我处理戚姬和刘如意虽然是为了解气，但也是为了大汉的安定才这样的不是？他跟着瞎掺和什么啊。"

我："也不能这么说，怎么说刘如意也是汉皇同父异母的弟弟啊。"

这话说完，吕雉用一种极为奇怪的眼神看着我："你真的了解历史吗？"

我自豪一笑："不好意思，对于很多朝代，都略知一二。"

吕雉冷笑一声道："那你怎么会说出这么幼稚的话？"

我："我怎么幼稚了？"

吕雉："所谓最高统治者，是真正的孤家寡人，绝对不能被亲情左右，凡事必须以国家利益为基准。兄弟亲情？哈哈，当真可笑，这个词怎么可能会出现在皇家呢？

"所以，本官不管那笨儿子怎么保护刘如意，都时刻派人监视二人的一举一动，本官就不相信一点儿机会都没有。

"而这个机会很快就来了。几个月后的一天，刘盈起早外出打猎，要刘如意陪着自己一起前往，可刘如意呢？这孩子那天赖床不起，想要好好地睡一个懒觉。

"你也知道，一个半大的孩子，赖床是很正常的。因为这几个月我没有对刘如意做什么，所以刘盈也就对我慢慢地放松了警惕，再加上他很疼这个孩子，所以便放他睡懒觉，自己去打猎了。

"哼哼，这千载难逢的机会本官怎会放过，所以那边刘盈一走我就命一武士拿着毒酒给刘如意强灌了进去。

"啊！一条鲜活的小生命就这样终结了，真是好可惜啊，呵呵。"

看着吕雉变态的表情，我恶寒！哆哆嗦嗦地问道："那、那惠帝（刘盈）是什么态度？他不会怪罪您吗？"

吕雉继续道："怎么可能不怪罪，怎么会不怪罪？他得知此事以后和我大闹一场，闹完以后甩袖子走了，气得我直哆嗦。

"于是，本官将怒火全都发泄在了戚姬身上。

"本官把她那死孩子往她面前一扔，她哭得昏天暗地。本官看到这小美娇娘哭成这样，心里别提多爽了。"

我："……您怎么能如此残忍。"

吕雉："哈哈哈哈，残忍？这才哪到哪啊？你知道之后本官干了什么吗？为戚姬发明了一种游戏，这种游戏可好玩儿了，能把一个人变成一只可爱的小猪。"

说起这个游戏，吕雉的表情极为享受，更平添了几分娇嫩，可这种表情在我眼里却看不出一丁点儿的魅力，反倒是令我不自觉地颤抖，于是便问道："那、那这个小猪的游戏是怎么玩儿的？"

吕雉没有马上回答，而是自顾自地微笑道："那戚姬的双腿和双臂如同白玉一般，任何男人见了都忍不住想一亲芳泽，所以我呀，就让人将她的双臂和双腿全都砍了下来。

"这还不算哟，那戚姬的一双大眼如同黑夜中的明珠，是那么闪耀，那么地勾人心魄。所以，本官又命人把她的一双眼珠子给挖了出来。

"嗯……还有呢，戚姬的嗓音如同百灵鸟一般让人着迷，所以呀，本官又命人给她强灌毒药，把她的嗓子也给毒哑了。

"做完这些以后，我着迷地欣赏着这个'艺术品'，可是怎么看怎么都不够完美！哦，本官知道了，原来戚姬的耳朵也很漂亮。呵呵，这个贱人，怎么身上的每个部位都那么完美呢？

"所以本官又把她的耳朵也给剁下去，并把她熏聋了，这下戚姬才真正变成了可爱的小猪。

"嗯？你小子哆嗦什么？"

我道："没、没、没哆嗦，太后您继续。"

吕雉道："哼！艺术品已经完成，我便派人前去叫我那个不孝子来看看戚夫人，一是让他知道反抗我吕雉是什么下场；二也让我这个性格软弱的儿子长长勇气！如果连这都受不了的话，呵呵，那我看这皇位也真不适合他坐了。"

我："……"

吕雉道："听了本官的召唤，刘盈这孩子颠儿颠儿地来了，可当他看到面前这个只有头和身体的'怪物'在他面前蠕动时，竟好奇地问我这是个什么玩意儿。

"我冷淡地回道：'这是戚姬。'

"这话一说，刘盈明显一怔，然后猛地转头看了一眼人不人、鬼不鬼的戚姬，紧接着如同杀猪般号啕大哭，然后晕倒并大病一场。

"说实话，当时我也没想到他会是这个反应。过后，刘盈醒了，可这不孝子却派人前来传话说我所做的事儿不是人干的事儿，并从此不再理会朝政。

"哼！不理会行啊，那我帮他呗，反正这个小东西也不是治理天下的料。"

我："这还不是您逼的。"

吕雉："呵呵，你小子凭良心说，似刘盈这种矫情的人真的能当好一个皇帝吗？"

我："我不知道，反正不会祸害汉朝就是了。"

吕雉："哼！你小子就嘴硬吧，我也不和你争，你要是还想听就把你的慈悲心肠收一收，要不然我现在走人，谁想和你磨叽这些陈词滥调！"

我："……"

看我沉默了，吕雉继续道："也许本官这次做得实在有些过了，所以不但我儿子从此不再理会朝政，甚至连周昌那老东西都从此不上朝理事，天下的官员和百姓也为此对我有颇多怨言。

"不过这都难不倒本官，一个小赏天下（赐天下每户一爵）就轻松将舆论再次拉回到本官这里。"

说完，吕后拍了拍手，本来有些狰狞的表情再次归于平淡，进而继续道："好了，该赏的人赏了，该处理的人也处理了，现在应该好好治理一下刘三儿给我留下的天下了。"

第二章

吕雉的汉朝

2.1 无为而治

吕雉："奏折奏折奏折！堆积成山的奏折。杂事、大事、天下事，处理不完的政治事件。本官每天都忙得脚打后脑勺，可却依然乐此不疲，因为我每一个批阅都能影响成百上千人的生命和生计。这种成就感实在是让人享受。

"就这样过去了一年，其间我办了两件大事！

"第一，因为长安处于关中，邻近匈奴地界，以匈奴人的机动能力，如果没有强力阻击的话一天一夜便能杀到长安城下。

"所以，我动员了数万的人力和无尽的物力来修建长安城。

"第二，刘三儿刚刚归天没多久，国家依然百废待兴，可要想兴国安邦有一样东西是跑不了的。"

我："什么？"

吕雉："钱！如果没有钱，什么都做不成！而现在汉朝的底子一点儿都不好，再加上之前我为了笼络天下百姓之心而制定的'十五纳税一'的制度，就使得中央更加缺乏钱财。

"所以，我制定新的政策，但凡有死罪的，可以通过买爵三十级来免除死罪，这样就大大地缓解了国家经济的匮乏。

"如此，一年无事，可到了次年（前193年）十月之时，让我烦心的事又来了。"

我："什么事？"

吕雉："齐王刘肥来长安拜见刘盈来了。"

我："那又怎么了？诸侯王隔三岔五前来京城拜见皇帝那是好事儿啊，说明他没有反心。"

吕雉："你只知其一不知其二，那刘肥乃是刘三儿众多皇子中年龄最大的，他的母亲是刘三儿在平民时候的情妇（一说寡妇），据说在认识我之前两个人就开始勾勾搭搭了，这就有了刘肥。

"之前，刘邦彻底平定天下以后将整个齐国七十余城全都给了刘肥，使他成了天下最强大的诸侯王，财力也是富可敌国，所以他一直都是本官的眼中钉、肉中刺，然而这次前来拜会我儿刘盈更是过分。

"那天，我儿设宴招待刘肥，因为这刘肥乃是我儿同父异母的兄长，所以我儿便让主位于他。可这蠢货竟然真一屁股坐下来了！当时真给本官气坏了，不过转念一想这也是好事儿，这样的话不正给了我一个名正言顺杀死刘肥的借口吗？

"于是，本官命手下人弄了两杯毒酒端给刘肥，意图毒死他。

"本官当时的想法是等刘肥拿起酒以后我再拿，可没想到我那损儿子看出了本官的意图，竟然抢先拿起另外一杯毒酒，要和刘肥对饮。

"这一幕吓得本官亡魂皆冒，赶紧飞奔过去，一巴掌把两人的毒酒给拍到了地上。

"见此，刘肥那小子吓得肝胆俱裂，料定这酒有问题，便以喝醉为由告退了。

"事后，刘肥派人多方探察，结果果然印证了他心中所想，便想赶紧逃离长安。

"可跑得了和尚跑不了庙，他要是真敢这么干，我直接就以'大不敬'的罪名杀了他。

"幸好，他手下有一个谋士规劝道：'大王不可离开长安！'

"刘肥：'为何？再不走我就去见我爹了！'

"谋士：'大王据齐地七十余城，为天下最强大的诸侯王，太后为此对你生出杀心也没有什么意外的，您就是现在跑了，也逃不掉被斩杀的命运。'

"刘肥：'那怎么办，总不能干待着等死吧！'

"谋士：'当然不是了，太后膝下只有汉皇和鲁元公主，汉皇不必多说，那是天下最尊贵之人，整个天下的领土都是他的。可鲁元公主却不一样了，她到现在都只有几个封邑而已。您不如拿出齐国一整个郡来献给鲁元公主，这样既削弱了您的实力，又能讨太后欢心，何乐而不为呢？'

"刘肥觉得他这谋士说得很有道理，便将城阳郡（今山东省莒县）一带全都献给了我闺女，吼吼吼，这小子还算有些眼力见儿。既然他这么识相，我也不好再继续为难他，便让他回了齐国。

"可刘肥这小子回到齐国不到三个月，我大汉的顶梁柱便跟着刘三儿而去了。"

我："顶梁柱？萧何吗？"

吕雉："是呀，我大汉最伟大的丞相就这样去了，在其临死之前我儿曾前去问他死后谁可以接替他丞相的位置，那萧何谁都没有推荐，只推荐曹参一人而已。

"还记得在刘三儿起兵之前，萧何和曹参是最好的朋友，可当刘三儿统一天下以后，二人为了争夺权力和利益便有了隔阂，从此不再相见。

"可没承想萧丞相在临死之前却将丞相之位托付给了曹参，不得不说，萧何真是'宰相肚里能撑船'这句话的完美诠释啊。"

我："确实是！可在我的印象中曹参不是一名将军吗？他会治理天下吗？"

吕雉看着我轻蔑一笑："贫乏，谁说将军就不能治理天下了？纵观华夏数千年，能文能武的能人还少吗？而这曹参就是其中之一了。

"还记得曹参刚刚担任齐国国相的时候，对于治理国家也不怎么在行，于是广收文人学习治国之法，著名的阴谋家蒯通就是在那时候投靠的曹参。

"这还不算，为了自己的政策能契合齐国国情，曹参还将齐国有名的长老、书生全都召集在一起，询问他们治理齐国的办法。

"这齐国啊，从春秋时期开始便是天下最富足的地方，不管是读书人还是商人都喜欢往这里钻。

"到了战国时期，田齐桓公更是弄出了个稷下学宫，使得天下书生全都往齐国奔涌，让临淄（从姜齐创立一直到田齐灭亡，临淄都是齐国的首都）成了天下学术之都。

"后来虽然经历了陈胜吴广起义和楚汉相争，但这里的读书人依然是最多的，光儒生就有数百之众（当时，儒生最多的地方为鲁地，其他学派的书生则多集于临淄）。

"所以，给曹参的治国意见众说纷纭，让他都不知该采纳谁的意见。

"可就在这时，一名精通黄老学说的盖公却哈哈大笑道：'曹相国，何必为了研究新的政策而如此大动干戈呢？'

"曹参道：'哦？先生此话怎讲？'

"盖公道：'虽然政策是因时因地而异，可前人的政策未必就是不好的，后人的新政未必就是好的。现在天下刚刚平定，齐人守旧的心还很重，建议温火烹之。所以说，这时候治理国家最好的办法便是清静无为，让百姓自行安居乐业，相国您呢，只需要把持好此中关键即可，剩下什么的根本就不用管。'

"曹参觉得盖公这黄老思想对自己的胃口，便从此将盖公留在身边，向他学习黄老之术。

"此后，齐国也在曹参黄老之术的治理下安居乐业。这也是刘三儿和萧何推荐他的重要原因。

"所以，等到萧何去世以后，曹参顺利地当上了我大汉的丞相。

"可在他前往长安之前，必须要和朝廷新派来的齐相交接，那新来的齐相连着对曹参拜了三拜，虔诚地询问他治理齐国的办法。

"曹参道：'你不用太过紧张，只要将本国人事方面的事情处理好也就可以了，剩下的都不太用管，至于监狱、法庭和贸易市场就更不要插手了。'

"后任齐相疑惑地道：'没了？'

"曹参道：'没了。'

"后任齐相道：'那就是说齐相这位置就是个养老的地方了？还有，监狱、法庭和贸易市场这都是国家非常看重的地方，为什么不让我管呢？我要是不伸手的话就凭下面的官员和百姓能整得明白吗？'

"曹参笑着道：'呵呵，话不能这么说，相国此位为指导中枢，没有肯定是不行的，但一个合格的领导首先要管好的就是下面的人，如果下面的官员都是不称职的，那么你就是再操心也是白搭，可如果下面的人都是能臣干将，那么你哪怕整天都在睡大觉齐国也会被治理得繁荣昌盛。还有，监、法、贸三地乃是好人和坏人都会出没的场所，如果你要在这强行干扰的话，坏人上哪里去容身呢？那样不但会对齐国的治安产生恶劣的影响，事儿大了甚至有可能产生

动乱，我这么说你明白了吗？'

"那后任齐相杵在那儿寻思了半天，最后还是似懂非懂地点了点头。

"是呀，如果黄老之术一说就能被人体会的话，也就不叫黄老之术了。

"就这样，曹参来到了长安，来到了这个他魂牵梦萦的天下之都。

"本来我们都以为曹参来到长安以后第一件要做的事儿就是改变制度，毕竟凡是新官上任都必须来三把火嘛，而这三把火一般都会从人事、政策和赏罚三方面下手，因为这样才可以培植自己的亲信和增加自己的政绩与威信。

"然而呢，我们这位曹大丞相并没有烧三把火，而是只在人事方面烧了一把火。

"他上任以后根本没有改变萧何的半点儿政策，一切都是继续沿用，并且将官吏中那些善于言辞、苛求深究、一心追求声誉的人全都赶走了，然后从郡国的官吏中选了很多不善言辞、只知埋头苦干的忠厚长者接替他们。

"而做好所有的人事任免以后，你猜曹参整天干什么？"

我道："干什么？难不成还整天睡大觉？"

吕雉道："呵呵，你还真说对了，这老小子自打任命了新的官员以后整日窝在家里喝大酒睡大觉，什么国事他都不管，和之前勤劳的萧何形成了鲜明的对比。

"那些朝中和曹参关系比较好的大臣全都跑过来劝曹参不要如此。可是曹参呢，只要这些人一来，没等他们开口劝谏便将他们全都拉进内室饮酒，并不断诉说着当初的种种，等曹参将话说完以后，这些前来劝谏的大臣们也都喝得五迷三道了。

"这一来二去的，也就没人再来劝谏曹参了。

"就这样，曹参不理政事的'恶名'很快便传到了我儿子耳中。你别看我儿子表面上不怎么理会政事，但那只是和我置气而已，实际上对于天下大事关心得很呢。

"这不，他听说曹参不理会政事以后就开始胡思乱想了，以为曹参是看他年轻而轻视他。

"于是有一天，我儿子将中大夫曹窋（曹参的儿子）叫到身边，以责怪的

口气道：'你父亲为什么不理会政事？'

"因为曹窑一直都在长安任职，所以对于父亲在齐国的所作所为也不是很了解，便支支吾吾地说不知道。

"我儿子也不怪罪他，继续道，'这样吧，你回家以后私自问问你父亲，就说……知道了吗？还有，不要说是我让你问的，明白了吗？'

"曹窑道：'是，是！'

"就这样，倒霉的曹窑回到了家中，然后直接质问曹参：'爹！高皇帝刚刚离别群臣而去，现在的皇帝又非常的年轻，可您身为丞相，却每天饮酒，什么事儿都不向皇帝请示报告，您到底是怎么做的丞相？'

"话毕，曹参一怔，几秒以后直接怒了，转身从桌子上拿起马鞭，然后对曹窑怒道：'你老子我怎么做岂是你个孺子能说长道短的？！你给我趴下！'

"可怜又窝囊的曹窑哪敢说半个'不'字，只能老老实实地趴在地上。

"那曹参也真是不含糊，拿起马鞭就是一顿狂抡，整个相府一时之间被叫骂声、马鞭声和鬼哭狼嚎声所充斥。

"当二百来鞭子抽完以后，曹窑浑身上下已经没有一处好地方了，曹参则将马鞭往地上一扔，愤愤地道：'赶紧给我滚回去伺候皇上去！这天下的事儿岂是你一个小孩子能问的！'

"话毕，曹参转身而去，曹窑也被下人用'担架'抬回了宫中。

"而当我儿子看到曹窑那凄惨模样的同时，心中也被无尽的怒火所充斥，决定给曹参一个狠狠的教训。

"于是，在第二天朝会的时候，我家盈儿当着满朝文武的面吼道：'曹参！曹参！你给我出来！'

"这一声声嘶力竭的大吼把群臣都给吓着了，他们何时见过温文尔雅的汉惠帝如此暴怒。可曹参却没有半点儿惊慌，而是从容地走到中央，然后慢慢下跪道：'臣在。'

"我家盈儿怒道：'你为什么要如此严厉地对待曹窑？你知不知道，他之所以敢去质问你，那都是因为我让他去的！'

"闻言，曹参慢慢将帽子摘了下来，然后先对我家盈儿谢罪，之后道：'臣想请问陛下，论英明神武，您与先皇谁更强呢？'

"一听这话，盈儿马上一脸虔诚，然后对着上天一拜道：'我怎么敢和先皇相比呢？'

"曹参继续道：'那陛下觉得我和萧丞相比谁治国更精明呢？'

"我儿愤愤地道：'你绝对比不上萧丞相。'

"曹参微微一笑：'对喽，陛下说得一点儿都不错，想当初先帝和萧丞相平定天下后已经把所有的法令制度都制定完了，现在只不过是交接给你我二人而已，所以，我们需要做的只是让大臣们各司其职，遵循着原来的法律不变，让我大汉稳步向前而已，还用做其他什么吗？'

"呵呵，曹参说得并没有什么错误，我汉朝现在正是稳步发展的时候，根本不需要什么变法革新，而我儿刘盈虽然没什么大能耐，但也绝不是个昏君，想一想觉得曹参此话很有些道理，便没有再归罪于曹参。

"就这样，我大汉在无为而治的大政策下稳步发展，老百姓的生活也一天比一天好。

"可就在你需要稳稳地养精蓄锐的时候，就是有人不想让你稳，不想让你好过。这人不是别人，正是我大汉的宿敌，匈奴单于冒顿。"

2.2　调戏

吕雉道："公元前192年（汉惠帝三年）春季。此时正是春暖花开之时，本官正领着一些小宫女在外踏青。

"可就在这时，远在北方的匈奴却来了一名使者，点名要见本官。

"匈奴，现为我大汉第一宿敌，一个外交处理不好就有可能引发两国大战，所以我立即中止了踏青活动，换上凤袍，前往正殿面见匈奴使臣。

"那匈奴使者也没有多说什么，而是将一封信交到了本宫手中，可当本宫看完这封信差一点儿没气吐血！你知道这封信写的都是些什么吗？"

我道："什么？"

吕雉道："我都羞于启齿！给你自己看吧！"

话毕，吕雉朝空中一挥手，一封信就这样凭空落在了我的手中，我快速地打开了信件，上面的文字映入我的眼帘。

亲爱的小雉：

我是一匹狼，一匹孤独的草原狼，生在潮湿的沼泽之地，长在平旷的草原之中，我曾多次前往边塞游荡，希望有一日能到中原一游，可因为两国曾经的不愉快，这个愿望一直未能达成。如今，你家老头已然故去，太后你单独居住肯定特别"寂寞"。所以呢，我希望咱俩能用咱们所拥有的交换彼此没有的，这样你也会快乐，我也会快乐，何乐而不为呢？

你的小顿

公元前192年×月×日

看完这封信以后，我愤怒地直接把信撕了，对吕雉愤怒地道："太后！这臭不要脸的明显是在调戏您，您怎能忍受？应该直接出兵荡平匈奴！扬我大汉国威！"

看着气得上气不接下气的我，吕雉无奈地摇了摇头，然后微微一笑道："果然是我汉人后代，看到你为本宫如此挂心我也就安慰了，可我身为一个国家统治者是不能轻易出兵的，一定要将所有的要素都考虑清楚，毕竟匈奴的战力也不是闹着玩儿的。

"于是，本宫忍住了胸中的怒火，先让匈奴使者前往驿馆休息，之后便召集满朝文武前来殿中议事。

"当这些大老爷们听闻信中所述以后极为愤怒，一个个都要杀掉匈奴使者，然后攻打匈奴。樊哙更是咆哮着道：'太后！臣愿率领十万精锐前往匈奴

境内横冲直撞，不杀了单于誓不回朝。'

"话毕，下面的武将们也全都吵着要去攻打匈奴，只有陈平和季布等人保持沉默。

"那陈平是个谋臣，保持沉默很正常，可勇猛的季布沉默就不正常了，于是本官看向季布问他有什么话要说。

"岂料季布出口伤人，张嘴就要弄死樊哙。

"这一句话将满朝文武全都惊呆了，樊哙也气得大脸通红，眼看就要发飙，我见事儿要闹大，赶紧对樊哙使了一个眼色，然后问季布道：'将军为何如此说话？'

"季布回道：'太后！当初陈豨在代地反叛，先帝出三十二万精锐伐之，那时候樊哙也在军中，是为上将军。之后，匈奴将先帝围困在白登山，樊哙却没有半点儿作为。当时的汉军艰苦到了什么程度呢？就像平城百姓唱的那样，"平城之下亦诚苦，七日不食，不能彀弩（因为天气寒冷外加饥饿疲惫而拉不开弓弩）"。现在歌声还在耳边，当初那些受了伤的士兵也刚刚能站起来，而樊哙却口出狂言，说什么要带十万精锐横扫匈奴，这简直就是滑天下之大稽！当初英明神武的先帝都没能完成的事业你领十万士卒就能完成了？我看你是想倾覆我大汉王朝，想让国家再次动荡才是真的！'

"听了这话，樊哙气得直哆嗦，指着季布的鼻子：'你、你，我、我！'

"看着樊哙被气得语无伦次，季布也没有再搭理他，转而对本官一拱手道：'况且太后要知道，那些匈奴人就好像禽兽一般，根本不知道什么礼义廉耻，所以被他们夸奖也没有什么值得高兴的，被他们讥讽也没有什么值得生气的，这就是我的意思了。'

"嗯，听了季布的话，我觉得非常有道理，毕竟现在国家正是休养生息的时候，实在是和匈奴打不起，便从了季布所言，乃回信与冒顿道：

敬天单于挛鞮冒顿：

单于没有忘掉我们这破败的国家，以书信赏赐我，这让我很害怕。退朝以后我曾独自思量，现在我这老太婆已经是年老色衰，头发和牙齿也全都脱落，走路更是不稳，我想单于一定是听别人说错了才以为我还有当年的容貌。所以，我是不值得单于降低了身份而侮辱了自己的。我现在有驾车的马八匹，奉送给单于当作坐骑，希望单于不要再提及此事。

大汉太后吕雉

公元前192年×月×日

"那冒顿本来是想借着这次的羞辱让本宫愤怒，进而命汉朝精锐主动出击攻打匈奴，这样他便可以在平原歼灭我大汉有生力量，进而发兵攻打汉朝，甚至占据之。

"可当他收到本宫的回信以后断定我不是一个简单的女人，乃弃了原本的想法，并再次派遣使者前来我汉朝致歉，表明愿继续与我汉朝结亲。

"为避免与匈奴展开冲突，本宫在无奈之下只能再次派一个宗室之女前去匈奴嫁给冒顿，并又赔了无数的'嫁妆'。这就避免了和匈奴的纷争。

"可同时，本宫也知道我大汉和匈奴早晚会有一场大决战，为避免匈奴长途奔袭我大汉，便急命长安六百里内的青年男女十四万六千人前来长安加筑城墙，并在三十天内完工。

"可是，看着雄伟的长安城墙本宫依然没有安全感，感觉就凭现在的城墙还是顶不住匈奴人的进攻。

"于是，本宫又命各路诸侯王遣数万奴隶前来长安修建城墙，什么时候能达到本宫的标准才能完事儿。"

2.3 政治过渡（1）

吕雉道："匈奴这个大患暂时稳住了，长安的城墙也在一步步加厚升高，本官应该继续处理我的内政了。

"时间匆匆而过，从公元前192年一直到公元前188年这几年天下比较稳定，值得一说的事情也就这么几件而已。

"一、公元前192年三月，本官立闽越君摇为东海王，国都为东瓯（今浙江省温州市北）。"

我道："不是说再立诸侯王要立刘姓王吗？为什么还要立这个叫摇的呢？"

吕雉道："小子你有所不知，这摇是当年春秋时期勾践的后代，在越地威望极高，曾在当初与哥哥无诸协助各路诸侯攻击暴秦（现在的闽越王就是无诸），再加上越地为我大汉极东南之地，不好管理，这才命其为东海王，主管此地。"（注：因为摇的国都在东瓯，所以后人都习惯称其为东瓯王，故本书以后也称东海王为东瓯王了。）

我道："原来如此，我明白了，太后高明。"

吕雉道："二、公元前192年十月，我儿子已经十九岁了，我即将要把权力全都交还给他了。但我不想让我儿子随便娶一个女人就当皇后，生出的孩子成为大汉新一任太子。那样以后汉朝国君身上的吕氏血脉就会越来越淡薄。

"基于此，我强命我儿刘盈娶了我的外孙女为皇后（鲁元公主的女儿），这样以后生出来的太子也是我吕氏族人了，哈哈……"

我道："可这不是乱伦吗？"

吕雉道："瞎说什么？我们那时候并没有什么乱伦之说，国家舆论对于这种事不鼓励也不批判，所以我当初做的这个决定并不是让人接受不了的，你明不明白？"

我似懂非懂地点了点头。

吕雉则继续道："三、公元前191年三月，我儿刘盈年满二十，正式加冕，成为我大汉真正的一把手。

"为此，他大赦天下，并下诏令禁止本地官员干涉平民百姓的正常生活，给予了百姓一定的权利，还废除了秦朝当初藏书者斩的残酷指令。

"可以说，从这时候开始，全国的百姓又可以名正言顺地收藏百家书籍了。对于国民文化来讲，我儿此举绝对是收买了天下文人之心。干得不错。

"四、还是公元前191年三月，因为我儿时常会到长乐宫拜见我，路途中便会经常驱散老百姓，我儿感觉如此非常扰民，便命人在武库南面又修筑了一条天桥。

"可刚刚动工，老叔孙通便火急火燎地赶到我儿面前劝谏道：'陛下！您平时所走的道路正是当初先帝每月举行衣冠出巡仪式的道路啊！陛下作为先帝的子孙，怎么能够在宗庙的道路上空行走呢？'

"我儿一听叔孙通这话大恐，便想迅速拆去天桥，然而此时叔孙通又道：'陛下此举不可，天子是不能有错误的，现在天桥已经开始建设，天下的百姓也都知道了，陛下可在渭河北面再建造一个原庙，每月到那里去举行先帝衣冠出巡仪式不就可以了吗？这样既不扰民，又为先帝扩大了宗庙，岂不是一举两得？'

"我儿听罢连声称善，便从了此计。

"啊，老叔孙通，多么睿智的人啊，可就是这样的人还有人诋毁他。"

我奇怪地道："谁呀？除了一开始那些瞧不起叔孙通的儒生们我没听说谁诋毁过他呀。"

吕雉不屑地道："哼！还不是那个《资治通鉴》的作者司马光嘛。他对于这段事儿竟然是这么评价的，'错误，是人人都无法避免的；只有那些英明神武的人才能做到有错必改，古之圣主怕自己有错而不知，乃置诽谤木与敢谏鼓，哪里有怕百姓知道自己错误的圣主呢？由此可见，做君王的本来就不是以不犯错误为贤明，而是以改正错误为美德。而这件事中，叔孙通却劝谏汉惠帝说天子不能有错误，这不是教君王掩饰自己的过错吗？这么做实在是太荒谬了！'

"哈！还太荒谬？我看这个叫司马光的才荒谬呢。他简直就是一个天真的浪漫主义者。

"此番言论对于一个做臣子的大概是圣哲之言，可对一名统治者来讲就太过荒谬了。

什么叫皇帝呢？那是天之子，那是完美的诠释！如果一个君王时常犯错的话，那他说的话就再也没有权威，施展政令也会被诸多阻挠。所以，很多英明的统治者哪怕知道自己做错了也不会去承认。更何况我儿现在刚刚举行了加冕典礼，就更不能在此间犯错了，那样天下百姓会怎么想？朝中大臣们又会怎么想呢？所以我说，叔孙通此话绝对没有半点儿毛病！再说了，诽谤木和敢谏鼓那是什么时候的事儿？那是尧舜时期的事儿！懂点儿历史的都知道，那时候的很多事情都是司马迁他爹编造出来的，怎么能够相信？"

我点了点头道："听您这么一说还真有些道理。"

吕雉道："好了，不说他了，我们继续。

"五、公元前190年正月，本宫那孝顺的大儿子见长安城墙的修建工程进度缓慢，见我时刻担忧匈奴的侵略，乃复发长安六百里内的青年男女十四万五千人再次修建长安城墙，终于在八个月以后成功将长安城墙修建完毕。

"看着雄伟坚固的新长安城墙，我这担忧的心终于得到了安宁。"

我道："我想问问太后，您修建了这么多年的长安城墙到底有多高多坚固啊，能不能透露一下？"

吕雉疑惑地道："你们的史书上没写吗？"

我赶紧摇了摇头。

吕雉尴尬一笑道："不好意思，那本宫也忘记了，反正肯定不低就是了。你就记住，当时的长安绝对是天下第一坚城就好。"

我："……"

吕雉继续道："六、公元前190年夏季，我汉朝发生了大型旱灾，长江之水都因为此次旱灾有所减少，而紧接着旱灾没过多久，我大汉丞相曹参就这么走了。

"话说国不可一日无君，我大汉这么大的疆土就更不能一日无相了，所以，本宫与我儿刘盈便开始研究让谁来做我大汉的新一任丞相。

"其实丞相最好的人选便是张良了，可这老家伙自从修仙以后便开始不停地嗑药，现在已经把自己弄得人不人、鬼不鬼了，所以丞相的人选便只能另择他人，然而选来选去都找不到好的人选，最后便只能依照我那死鬼老公临死前的遗言，将一个丞相的位置再次掰成两半，给王陵一大半（右丞相）陈平一小半（左丞相），并尊周勃为太尉。（注：汉惠帝和吕后之所以将丞相分成左右丞相一是遵从刘邦死前遗言；二是模仿秦朝曾经战国时期的制度。这种制度有一个好处，就是在国家没有一个能挑大梁的能臣的时候用二等能臣分挑大梁，如此国家便能正常运转。可也有一个漏洞，便是左右丞相如果合作不好的话便会出现相互勾结朋党以擅权的情况，不过这种情况在一个有为之君的手下就都不是事儿了。）

"七、公元前189年十月，之前我那眼中钉、肉中刺的齐王刘肥死了，其子刘襄继承了王位。

"八、还是这一年十月，因为现在国家正在高速发展中，所以非常需要劳动力和兵源，可我大汉有些不知好歹的女子却崇尚浪漫婚姻，一辈子不碰上有缘的就不结婚！当本官知道这事儿以后气得牙痒痒，我最开始愿意嫁给刘三儿吗？可最后还不是听我爹的话嫁给了他？现如今大汉正是用人之际，她们怎么能！怎么好意思这么做？

"于是我和我儿商议，定了一个专治这些大龄单身女子的办法，那便是女子到十五岁的时候如果不嫁就罚一百二十钱，如果到三十岁还不嫁就再罚一百二十钱，我看她们能挺多久！"

我道："您真是绝了！"

吕雉道："这还不算呢，因为国家现在需要钱来进行经济建设，所以我儿和我议定，发诏书公告天下，表示爵位可以用钱来买，但不可世袭，当这消息发布以后，许多身份低贱的商人都倾家荡产地购买爵位，他们不图别的，就图一个活得潇洒，要不然留那么多钱干什么？

"所以这命令发布以后，国库立马就充盈了。然后我儿当即便用这些钱来建造长安市场，试图将长安弄成西北的经济中心，然后还用这些钱修缮了敖仓，毕竟民以食为天嘛，没有粮食什么都玩儿不转。

"可就在我和我儿配合越来越默契的时候……"

说到这，吕雉浑身颤抖，眼泪一滴滴地往下落，我本能地想去给她擦擦眼泪，又怕她弄死我，便只能尴尬当场。

过了一会儿，吕雉抹了一把眼泪，悲伤地道："就在这时候，我儿刘盈却驾崩了。"

2.4　吕氏的春天

吕雉道："然而我孙儿刘恭现在只有八岁，还是一个半大的孩子，怎么能驾驭……"

我赶紧插嘴道："等会儿！太后您先等会儿！怎么？您有孙子了？汉惠帝和他亲侄女生出孩子了？啥时候的事儿？你咋没说？"

吕雉明显有些尴尬地道："这个，倒不是他和皇后所生，不过也差不多了，也是嫡长子。"

我疑惑地道："这话怎么说的？不是和皇后生的孩子怎么就成了嫡长子了？"

吕雉讪讪道："这不是嘛，当时我儿立我外孙女为皇后半年多了也没个一男半女的，正巧这时候有个曾经和我儿发生关系的宫女怀了我儿的骨肉，我就让我外孙女装成大肚子，然后把那个宫女毒杀了，把她的孩子抢过来，对外声称这是我外孙女的儿子。"

我道："您可真行！"

吕雉赶紧道："行了行了，别在这个话题上纠缠了，我们继续吧。

"因为那时候我孙子还小，所以本官害怕，非常害怕。于是在给我儿守丧的时候，看到前来哭丧的大臣时感觉他们都是邪恶的，感觉他们都想弄死老娘！

"所以，本官当时的思想重心全不在我儿身上，想的全是怎么弄死这些对我有威胁的大臣。所以哭的时候也就干打雷不下雨了。

"这种细微的异常连心思细腻的陈平都没有发现，可却被张良的儿子张辟强给察觉到了。

"要不怎么说虎父无犬子呢，这张辟强发现本官的异状以后马上前往陈平的家中，直入主题地道：'丞相，太后只有陛下这一个儿子，如今陛下驾崩了，她却没有痛哭，您知道这是为什么吗？'

"经张辟强这么一说，陈平才反应过来，于是赶紧道：'贤侄的意思是？'

"张辟强道：'意思很简单，陛下只有一个幼子，年仅八岁，无法掌握大权，太后因此害怕你们这些大臣过河拆桥，所以才没有哭泣。如果这样下去的话，我怕太后是要动刀子了。'

"陈平道：'那怎么办？'

"张辟强微微一笑道：'要说这事也简单，现吕氏男人在朝中做官的只有吕台和吕产，两人手上还无实权，所以丞相大人只要推荐吕台、吕产为将，统率整个京师南北军，太后便有了安全感，如果太后有了安全感，那么你们这些先帝老臣也就安全了。'

"话毕，陈平连连称善，遂前往宫中向本宫推荐了我那两个大侄子掌管京城的南北军。

"之前我老公也向你介绍了，这南北军的编制各有五万，合起来十万，都是天下至精之士，只要将他们拿在手中那就什么都不用怕了。

"于是，我当即答应了陈平的奏请，封吕台和吕产为将军，掌管整个京城的南北军。

"这之后，本宫在为我儿服丧的时候才是真的流下了眼泪。

"这一年九月（前188年）本宫成了太皇太后，然后马上立刘恭为汉朝皇帝，并以皇帝还小为由创立了临朝听政制度（就是朝会的时候刘恭坐主座，吕雉坐在刘恭的身边，可实际上拿主意的都是吕雉，完全模仿了战国时期的秦国太后芈八子）。我吕氏掌汉朝之权便由此而始。

"这一年九月，本宫大赦天下，并废除了我老公当年羞辱商人的政策，以收买天下商人心。

"然后，本宫便开始为吕氏谋利了。

"公元前187年正月，一次朝会中，本宫试探性地提了一句要立我侄子吕台为王，想看看朝中大臣们的反应。

"可让本宫没想到的是，这话刚一说就有一个莽汉跳了出来！此人不是别人，正是右丞相王陵！

"这莽汉根本不管本宫的面子，当着满朝文武的面质问道：'太后！当初

高皇帝（刘邦）曾经说过，非刘氏而王者，天下共击之！难道您这么快就忘记高皇帝的誓言了吗？'

"这不知轻重的东西，听了他的话，本官被气得浑身颤抖，但还不好发作，便冷哼一声，转而问陈平和周勃等人的态度。

"陈平马上道：'右丞相说的我不是很认同，正所谓一朝天子一朝臣，当初高皇帝平定天下以后当然想怎么封就怎么封，可现在掌权者为我大汉太后，所以让吕氏称王也没有什么不可以的。'

"陈平说完以后，本官将视线瞄向了周勃，周勃也站出来道：'左丞相说的正是臣想说的。'

"如此，得到了左丞相和太尉的认同，他王陵区区一个右丞相也说不出什么了。

"所以，吕台为吕王这个事儿就提上了议程。

"但等到散朝以后，王陵却拽着陈平和周勃不让二人走，指着便骂道：'你们这两个走狗！当初和高皇帝歃血为盟的时候难道你二人不在吗？现在高皇帝崩了，太后掌权，你们就阿谀奉承无所不用其极！你们的脸呢？死后还有什么颜面去见高皇帝？'

"这一通臭骂给周勃骂得是脸红脖子粗，可是陈平却没有半点儿羞愧，反而冷笑道：'右大丞相，要论当朝争论我是不如你的，可真正管理国家，选定刘氏继承人你比我要差远了。'

"这看似八竿子打不着的两句话却是给王陵说得一愣，想想之后却是无言以对。是呀，在朝廷上如何争论又能怎么样呢？现在军权（南北军）和政权（刘恭）都在我手里握着，他们哪怕全都拒绝，我也可以罢了他们换上新的官员，我大汉官员数以千计，想找几个狗腿子还不是分分钟的事儿吗？

"那陈平就看透了事情的本质，王陵却没有看到，所以，他的好日子到头了。

"因为就在第二天，本官提升王陵为太傅，实则明升暗降，让他以后不要再参与讨论国家大事了。

"呵呵，要不说这王陵是个莽夫呢，有时候还挺可爱的。他一听我如此决定竟在一气之下称病辞职，从此不再理会政事了。这不正遂了本官之心愿吗？呵呵！

"王陵这个头号绊脚石走了，剩下的一切都好办了，但在封吕台为王之前我还是要先好好赏赐一下陈平这个识时务的。

"于是，我升其为右丞相，审食其为左丞相，二人合力总揽国家大政。"

我插嘴道："太后，说到审食其我有一件事要问你，那就是……"

吕雉道："我知道你要问什么，但你别问，我也不会说，我只能告诉你，这辈子我真正爱的只有一个人，那就是刘三儿。"

我道："……好吧，那我不问了。"

吕雉道："啊，想当初我老公还活着的时候总对本官说这天下最厉害的阴谋家就是陈平了。当时本官还不信，但等本官死了以后才知道这是真的。"

我道："为什么这么说？"

吕雉道："知道吗？那陈平自从做了右丞相以后整日在家饮酒作乐，什么正事都不干，比当初的曹参还有过之而无不及。"

我道："他为什么要这样做呢？"

吕雉道："听说过眼镜蛇吗？"

我道："当然知道，这种动物在攻击敌人以前会将身体盘起来，并伪装自己，等到攻击的一刻以迅雷不及掩耳之势咬死对方。"

吕雉道："没错，而这个陈平就是一条残暴阴毒的眼镜蛇，他这么做就是在隐忍，就是在等一个一击致我吕氏之命的机会。

"而他当上右丞相以后的所作所为却是让我放心了，我也错误地认为他真的是一个没有野心的人。

"你是知道的，我妹（吕嬃）当初因为陈平要杀樊哙的事儿一直怨恨他（樊哙这时候已经病死了），等樊哙死后依然不减对陈平的仇恨。所以，当她看到陈平整日不干正事儿便到本官这里来打小报告。

"陈平知道这事儿以后非但没有收敛，反而更加'醉生梦死'，这就使本官对其更加放心，甚至将之前很多抓在手里的权力全都让陈平帮我分担，使其从此在朝中的地位越来越高，话语权越来越重。

"这就是本宫啊，本宫亲手给吕氏埋下了一颗定时炸弹。

"公元前187年四月，本宫追尊我已死去的老父为吕宣王，已死去的大哥吕泽为吕悼武王，然后正式命侄子吕台为新一任吕王，开启了吕氏称王的开端。"

我道："那吕国的地盘是在哪里呢？"

吕雉道："原属齐国的济南郡。"

我道："为什么？"

吕雉道："一、此地富庶。二、继续削弱强大的齐国。"

我道："懂了。"

吕雉道："就像之前王陵说的，这一项举动已经违反了当初我老公的誓言，为了避免刺激各路诸侯王，我又册封了我五个孙子。他们分别是刘山（襄城侯）、刘朝（轵侯）、刘武（壶关侯）、刘彊（淮阳王）和刘不疑（衡山王）。

"就这样，在我的制衡政策下，汉朝并没有发生什么动乱，虽然有些人对我的举动依然表示不服，但也说不出什么来。

"结果，汉朝在本宫有生之年都非常平稳，人民得以休养生息。"

说到这儿，吕雉的身体开始变得模糊，和之前的秦始皇和刘邦一样，她要消失了。

我一愣，赶紧问道："太后！太后！这才到哪儿，你怎么就要消失了呢？你干什么去！"

吕雉道："我累了，不想再说了，以后发生的事儿你就自己看吧，我找刘三儿去了。"

就这样，吕雉走了，我身前的宫殿也没有了，也不知道还有没有人再对我诉说汉朝以后的走向。

2.5　少帝刘恭之死

公元前187—185年，因为吕雉的政治手腕，汉朝的天下都没有什么太大的事情，值得一提的只有几件而已。

公元前187年四月，鲁元公主因病去世，吕雉让她的儿子张偃继承了她的封地，并封其为鲁王。

公元前186年十一月，吕王吕台去世，其子吕嘉继承他的王位。

这一年七月，衡山王刘不疑去世，其弟刘义继承了王位。

还是这一年七月，西汉最伟大的谋略家张良也去世了，死的时候紧紧抱着一块大黄石。

公元前185年的夏季和秋季，大汉连续发了两次大水，共淹了六千两百余家，但因为政府救济得十分及时，所以没出什么乱子。

直到公元前184年，汉朝才发生了两件大事。

第一件，少帝刘恭此时已经十二岁了，不知从什么途径得知自己真正的身世（自己的亲生母亲被吕后所毒杀也知道了），乃大怒，发誓等自己长大了要杀了吕雉。

估计是当时喊话发誓的声音太大了，被身边的小太监听到，便前往吕雉处告密。

吕雉听闻此事以后知道此子不能再留，便将其幽禁于后宫的私狱之中。本想直接杀死了事，但恐怕天下发生动乱，便召开朝会来试探众多文武大臣。

朝会上，吕雉对群臣道："各位王公大臣，本宫今日要对诸位说一件很不幸的事情，我大汉少帝近日来患上一种绝症，久治却不能痊愈，如今病情恶化，已经导致其精神失常，语无伦次。本宫想是不能再让他做皇帝了，这样不但会害了他自己，同时还会害了这天下的百姓。你们赞同本宫的想法吗？"

吕雉统治天下已经好些年头了，政权和兵权都牢牢地攥在手里，根基稳固，根本不是一般大臣所能撼动的，所以这些人虽然对此事抱有疑虑，但是也默许了。

于是，汉少帝刘恭正式被废，并被吕雉毒杀于监狱之中草草处理了事。

正所谓"国不可一日无君"，刘恭死后，吕雉又立衡山王刘义为帝，并将其名改为刘弘。后让轵侯刘朝代替刘弘成为新任衡山王。这便是这一年的第一件大事。

那么第二件大事是什么？就是身在南方的南越王赵佗和汉朝翻脸了。

事情的发生全都归罪于汉朝宫中的一个官员。

此官员认为，赵佗虽表示臣服于汉朝，却在南越境内和一个土皇帝无二，每年向中央进献的贡品也是屈指可数，再加上南越的人都是一群蛮子，有什么资格对汉朝称臣呢？不如断绝和南越的往来，并禁止往南越输送他们最需要的铁器，还不让汉朝人前往南越，这样的话，他们就会慢慢地落后，等数年以后南越就会尽归汉朝所有了。

吕雉感觉这话有些道理，便依计而行。可此举严重触碰了赵佗的底线，他闻讯大怒，认为吕雉此举都是平时和他有仇恨的长沙王进谗言所致，便自称南越武帝，出兵攻打长沙国，疯狂地寇掠了好几个县。

消息很快便传到了中央，吕雉大怒，乃命人掘了赵佗的祖坟，并遣将军周灶统兵攻打南越。

可南越岂是那么好攻的？赵佗不但在北边界布防严密，南越的气候也绝对不是中原人短时间内能够适应的，以后的曹操攻伐东吴不就是败在了水土不服所导致的瘟疫上面嘛。

所以，周灶所统率的汉军行动极为艰难，还没等对南越发起进攻呢，士兵就全都患上瘟疫了。

基于此，吕雉也知道无法用武力来扫平赵佗了，便着力以经济打击的方式来制衡南越，其主要攻击手段有如下几点。

一、禁止一切中原物资流向南越。

二、禁止两国所有的通商途径和手段。

三、命士兵在南越与汉边境修筑壁垒，防止南越再次寇掠。

如此，汉朝和南越这就算对立了，一直到以后的汉文帝上台才彻底解决了这个棘手的问题。

2.6　最后的疯狂

公元前182年十月，吕王嘉于封国之内干尽不法之事，视国家法典如同粪土，吕雉闻讯大怒，乃废吕王嘉，转而立吕产为新任吕王。

要知道，吕氏现在刚刚在天下称王，不知得罪了多少人，顶了多大的压力才促成此事，所以正应该是吕氏好好表现的时候，哪怕是装也应该多装几年才是。

可这时候吕嘉如此行事，这不明显是往吕雉脸上抹黑吗？所以吕雉的反应才会这样强烈。

半年无事，时间很快转到了本年的四月，这个月，北方的马蹄再次震慑了华夏大地，很久没有出现的匈奴人又来了！他们以风卷残云般的速度疯狂寇掠狄道（今甘肃省临洮市）、阿阳（属天水郡）一带的郡县，烧杀抢夺不计其数。

而汉朝方面并没有什么太好的办法，只能在北方多加守备，忍耐嚣张的匈奴。

时间飞速轮转，半年一闪而过，很快又到了次年（前181年）十二月。

这一年，匈奴再次出击，大批集结于阿阳附近。汉军闻讯大恐，乃将戍卒大批往此地调遣。殊不知这都是匈奴的声东击西之计，就在汉军都集结在阿阳，准备和匈奴人拼死一斗之际，匈奴的另一拨奇袭队却再次杀入了狄道，并掳掠了两千余汉朝年轻男女回去充当奴隶。

身在阿阳的匈奴兵见分遣队已成功完成任务，便嚣张地挥着马鞭北去了。

然而就在汉朝西北不断受匈奴人寇掠的时候，我们中央的吕太后在干什么呢？

她还在忙着残杀刘氏宗亲而巩固吕氏大权呢。

公元前181年正月，赵王刘友被监禁于长安，最后饿死。

同年六月，赵王刘恢亦被吕氏所迫，自杀于家中。

我们先看刘友是怎么回事儿。

刘友乃刘邦建汉十一年（前196年）所立淮阳王，他有一个很温馨的家，有心爱的妻子和孩子。可就在赵王刘如意死去的那一年（前194年），这一切都被毁得支离破碎。

那一年，汉惠帝刘盈十分愤怒，遂称病而不上朝，吕雉想尽办法弥补自己的过失却都不见效果。

最后，无奈的吕后只能将赵国的国王任免大权交到了汉惠帝手中，让他随自己高兴册封。

汉惠帝便命刘友为新一任赵王。

这本是一件好事，毕竟赵国要比淮阳国更加富庶强大。可吕后为了方便控制刘友，乃将吕氏族女嫁给了他，并将其原本的正室夫人赶下去当了侧室。

但刘友只爱原来的正室夫人，对于将自己夫人赶下去的吕氏族女非常怨恨，便整日泡在原夫人之所，从未临幸吕氏族女。

吕氏族女因此大怒，便"不辞而别"，直接跑去长安向吕雉进谗言道："启禀太皇太后，那赵王刘友对我吕氏族人十分怨恨，曾经说过，'吕氏成员凭什么能得到王位？等太皇太后死后我一定要杀尽吕氏族人'。"

吕雉听闻此言后怒不可遏，直接召唤赵王进京汇报工作。可等赵王刘友进入长安以后，吕雉根本就不见他，还命人将他困在驿馆，不给吃的，也不让任何人给赵王吃的东西，其目的不言而喻。

刘友自知必死，乃于驿馆之中悲歌道："诸吕用事兮，刘氏微；迫胁王侯兮，强授我妃。我妃既妒兮，诬我以恶；谗女乱国兮，上曾不悟。我无忠臣兮，何故弃国？自快中野兮，苍天与直！于嗟不可悔兮，宁早自贼！为王饿死兮，谁者怜之？吕氏绝理兮，托天报仇！"

就这样，原本有一个幸福美满家庭的赵王刘友家破人亡。

按照刘友死前歌词来分析，这次他之所以会被害死完全是因为被自己的"正室"诬陷所致，可我却不这么认为，因为凭吕雉之睿智怎么可能看不出吕氏族女是在撒谎？又怎么会不调查取证就慌慌忙忙地杀了刘友呢？

所以，吕后这样做，原因就只有一个，便是对刘氏那些不听话的侯王展开残杀，以固吕氏之权。

我们再转过头来看看刘恢是怎么死的。

刘恢，在当初彭越被弄死之后被刘邦封为梁王。后来，刘友被饿死以后便代替其成为新任赵王。

而吕雉呢？还是使用之前的办法来控制赵王，她将吕产的女儿嫁给了刘恢为其王后，将原来的正室夫人同样赶了下去。

刘恢知道刘友是怎么死的，他不想死，所以不敢怠慢吕产之女，便天天对其嘘寒问暖，一点儿都不敢冷落了"佳人"。

可是这个"佳人"呢，却根本不吃刘恢那一套，因为她明白，刘恢真心喜爱的还是之前的那个正室夫人。于是，便按照吕雉之前嘱托，让自己的侍从独揽赵国军政大权，并时刻监视着刘恢的一举一动。这还不算，为了让刘恢真正地爱上自己，吕产之女还强迫刘恢原来的正室服下了毒酒，将其活活毒死。

大权旁落，心爱的女人又被人毒死，刘恢悲不自胜，于六个月以后也自尽了。

此消息很快传到长安，而当吕后听说此事以后只是微微一笑，讥讽道："呵呵，一个诸侯王，为了一介女子便寻了短见，这等窝囊废有什么本事做我大汉的诸侯王？"

之后，吕后草草埋葬刘恢，并不设宗庙祭祀，以绝其血脉的继承权。

然而，就在吕雉杀死两个刘氏诸侯王以后，突然某一日，本来是晴空万里的天空却被一片黑夜所笼罩——日全食来了。

日全食，这个在现代人看起来很普通的现象在古代可不是好事。一般这天象出现只能代表两种情况的发生。

一、统治者的昏庸无道。

二、朝中有权臣祸乱朝纲。

所以在古代一旦出现日全食，统治者要么就会改过自新，要么就会罢免朝中当权大臣。可吕雉真乃天下第一女汉子，甚至连上天都不畏惧。因为就在日食来的那一刻，吕雉表达出厌恶，和左右已经吓得面无血色的侍从道："这绝不是老天针对本官的警告。"

我们看看她之后都做了什么。

首先，立吕产为梁王，然后立皇室宗亲刘泽为琅邪王，之后，又想立吕禄为赵王。可现在天下诸侯王中吕氏已经占了两位，如果再将富庶强大的赵国交到吕氏之手，便保不齐会发生什么动乱。

于是，吕雉将目光瞄向现在正在代国的代王刘恒（后汉文帝）身上，命人前往任命刘恒为新任赵王。

可是刘恒呢？人家聪明得很，自知赵国是一个绝不能碰的烫手山芋，便以守边境为由婉拒了吕雉的任命。

而此举也正中吕雉下怀，乃以刘恒守边、刘氏无人能任赵王为由，任侄子吕禄为新任赵王。

同年九月，燕王刘建去世，已经有了三个诸侯王的吕雉依然不肯罢休，命刺客杀死刘建的世子（刘建只有一个儿子），废其封国，并改立吕通（吕雉的侄子吕台之子）为新任燕王。

至此，天下的诸侯王吕氏已占其四，并且还都是极为重要的地方，不是非常富庶（吕、梁），就是军事强大（赵），要不就是地盘很广阔（燕）。如果再这样下去的话，大汉王朝迟早有一天会改姓为吕。

所以，朝中的大臣和刘氏宗亲都十分担忧，这里面便有陈平一个。

本来，陈平还想像眼镜蛇一样隐忍，等待时机来到再给吕氏致命一击，可现在吕氏实在是蹿升得太快了，如果再不采取行动，最后很有可能会被吕氏篡夺天下。

可现在又能怎么办呢？朝中遍布吕雉的党羽，南北军和政要大权又全在吕雉手里攥着，陈平即使有心亦无力矣，所以只能每日在家唉声叹气。可就在这时，一个人的到来解决了陈平的忧患，吕雉为以后的种种谋划也即将在此人的建议下宣告破产。

这人正是多年前劝赵佗向汉称臣，并为刘邦写《新语》的陆贾。

话说刘邦崩后，吕后篡权，其颠覆大汉而立吕氏之心路人皆知，而陆贾是刘邦时期的心腹之臣，所以怕吕后谋害，便弃官归家，从此不再过问政事，靠给朝中权贵出主意以赚取费用。

要说这陆贾也是个奇人，他一共有五个儿子，都没有什么太大的出息，陆贾怕以后这些孩子为了自己的家产争得头破血流，在辞官没多久就将自己当初在南越所得珠宝全部卖掉（得了千金），将这些钱平分给了五个儿子，让他们从此自己从事生产创业，自己只留十余个侍从和一把价值百金的宝剑，并和这五个儿子道："我告诉你们啊，现在我所有的财产差不多都给你们了，我也没有什么特别的愿望，只是从今以后我会轮流到你们家里去住，到谁家谁都必须给我和我的侍从及马儿好的食物与住宿，平均十天换一家，如果最后我死在谁家谁就负责给我办葬礼，然后我的马车、宝剑和随从就全都给那个儿子了。你们也不要有太大的压力，因为雇我出主意的人很多，所以我总要外出，不会常在家里住，平均一年在每人家也就住个两三次而已吧。"

就这样，陆贾开始了自己的顾问生涯。

而今天，他来到了陈平的家里。

因为都属谋士，再加上都是高祖时代的旧臣，所以二人之间的关系也处得不错，陆贾便成了陈平府上的常客，府中侍从见来人是陆贾便没有阻拦，就这么放陆贾进来了。

而此时的陈平还在低头沉思，竟然没有发现陆贾已经进屋。看到陈平这个样子，陆贾一乐，然后突然大声叫道："嘿！想什么呢？"

陈平吓了一大跳，正想发怒，但一看是陆贾这个老调皮便没有生气，而是略带调侃地道："你个老小子，能不能猜到我现在想的是什么？"

陆贾呵呵一笑道："吼吼，陈大丞相你位居上相，食邑万户，所以绝对不会为了财富而发愁，那还能是什么呢？当然是忧虑现在的吕氏喽。"

陈平见陆贾如此谈笑风生地说出了自己的忧患，料定这老调皮必是有了破解之法，便赶紧问道："老兄你说得对，可有什么好的应对之法？"

陆贾嘿嘿一笑道："丞相岂不闻'天下安，注意相；天下危，注意将'之言？现如今天下表面虽然安定，但吕氏篡权，大乱的波涛已经开始暗涌，所以正是相与将合力之时。那吕氏虽手中掌管着京师的南北军，可别忘了，这天下之兵的大头可是掌握在太尉周勃手中哦。所以，只要丞相你和太尉联盟一处，那么什么困难都不叫困难了。"

陈平一听陆贾此计大悦，乃于周勃庆生之时携五百金前往祝寿。

要知道，因为陈平为天下屈指可数的一等谋臣，所以对于周勃这等武夫一般是不怎么待见的，再加上最早陈平投靠刘邦的时候，周勃对陈平百般诬陷，使得两人后来的关系非常尴尬，所以也就没有什么交情。

可如今，眼高于顶的陈平却携带五百金前来给周勃庆生，这就是一个很明显的信号了。

于是，周勃从开席到结束都坐在陈平的身边和他闲聊，虽然二人都没有在明面上说什么敏感话题，但结果已经不言而喻了，那就是二人已经彻底结为了同盟。

值得一提的是，从这以后陈平果然不苦恼了，为了感谢陆贾给他的谋划，陈平赐给了他一百个奴婢、五十乘车马还有五百万钱以资饭食费用。

估计以后陆贾的那五个儿子非但不会嫌弃陆贾，还都要争相让老父亲前往自己的家里居住了。

我相信，陆贾的晚年一定是相当美满的。

好了，现在吕氏诸侯王封得差不多了，刘氏宗亲也到了隐忍的底线，朝中权贵也已结盟完毕，就等吕雉一归天，这天下就要再次震动了。而这一天，很快就来了。

公元前180年三月，吕雉正前往除恶祭祀（免除各种灾祸的祭祀）的路上。突然，就见一只大狗钻进了吕雉的车驾并疯狂撕咬吕雉的腋下位置。

吕雉大恐，鬼哭狼嚎地嘶吼呼救。

外面的侍卫闻吕雉之吼大惊，便飞奔冲进了吕雉的豪华车驾，可当他们冲进去以后，却发现里面根本什么也没有，只有如同疯了一般的吕雉在捂着腋下狂叫。

自此以后，吕雉就开始卧病不起。也许是感觉自己真的时日不多了，吕雉便紧急将吕禄和吕产从各自封国召回，给吕禄上将军职、北军权；吕产则为相国，领南军，并在病榻上语重心长地和二人道："你们两个给我记住，当初刘三儿曾和大臣们定下盟约，是为'非刘姓而称王者，天下共击之！'如今天下众诸侯王，吕氏已占其四，众多大臣和各路诸侯王早就怀恨在心，可因为我一直在世使他们有所顾忌，所以一旦我魂归西去，他们一定会发动政变，将我吕氏族人赶尽杀绝！所以当我死了以后，你们第一步要做的便是秘不发丧，然后迅速控制住皇帝和长安的实权大臣们，这样就只剩下那些不足为患的诸侯王了，你二人记住了吗？"

吕禄、吕产："记住了！"

吕雉："好了，你们两个去吧，我要休息休息了。"

吕雉，这个和战国时期芈八子同一级别的女政治家就这样离开了人世，她除了残害刘氏宗亲和巩固外戚以外，其实也并没有做什么祸国殃民的事情，汉朝也在她的带领下稳步发展。

那么吕雉死了，汉朝是不是又要经历一场风暴了呢？这是一定的，但在这场风暴开始以前，请允许我先给大家介绍一个人，因为就是他掀起了这场风暴的前奏曲，这个人的名字叫刘章。

2.7　吕氏的幻灭记

刘章，汉高祖刘邦之孙，齐悼惠王刘肥次子，现齐王刘襄之弟，其长相英俊，很有力气。

公元前182年，吕雉开始大量残杀汉室宗亲，齐王害怕吕雉将屠刀挥到自己的头上，便令英俊的刘章前往长安伺候吕雉。

　　而吕雉呢，非常喜欢这个英俊又懂事的小伙子，还将吕禄的女儿嫁给了他。

　　按照以往的经验，这刘章也肯定是不得好死的下场了，可让人意外的是，这吕氏族女却对刘章一见钟情，她在看到刘章的第一眼就被他英武的外貌所吸引，便芳心暗许，恨不得将自己的心掏出来交给刘章。

　　而刘章呢，一开始是很不喜欢吕氏族女的，因为她们的名声实在是太差！可一个女人死心塌地地对男人好，哪怕是最没心肝的男人也会为其感动，况且刘章还是一个豪侠似的人物，怎么会不被吕氏族女所感动呢？

　　于是二人的感情迅速升温。

　　而吕雉呢，人家本来就喜欢刘章，再加上刘章和本族女子这么合拍，当然更喜欢他了。

　　可刘章就这样被吕氏俘获了吗？当然不，对于吕雉打击刘姓诸侯王而强吕氏之势他还是十分愤怒的，并且不但愤怒，他还将这种情绪表现得淋漓尽致。

　　那时候，天下官员和诸侯王都在吕雉的强压下噤若寒蝉，可就是因为刘章的一次军法事件给这些人带来了一股志气和勇气。那么这次的军法事件到底是怎么一回事呢？

　　那天，不知道是什么原因，也许是常例吧，吕雉在宫中举办了一场盛大的酒宴，这场酒宴邀请了朝中所有权贵，因为吕雉非常喜欢刘章，很想要提拔他，就让他当了这次宴会的酒监。

　　刘章听了这个任命之后也没有拒绝，可却对吕雉道："启禀太皇太后，我是武将的后代，做事喜欢用军法，所以请准许我在本次国宴中使用军法来监酒。"

　　当时吕雉也没想那么多，还觉得用军法监酒挺新鲜，便准了刘章的请求。于是酒宴上，刘章手捧着一把大宝剑，威风凛凛地站在吕后身侧，于酒宴开始之前朗声道："太皇太后圣命！本次国宴采用军法处置，有敬酒不饮者，斩！酒宴未毕而离席者，斩！现在，酒宴开始！"

　　看着如此严肃的刘章，众位公卿大臣感觉这不是在开玩笑，便依着"军令"饮酒，哪怕平时那些滴酒不沾的大臣也在这种"威逼"下饮了几口。

　　然而，在酒过三巡以后，刘章却突然献剑舞助兴，舞毕，刘章与吕雉道：

"启禀太皇太后，光是喝酒舞剑实在没有什么意思，臣请为列位公卿高歌一首《耕田歌》以助兴，还请太皇太后批准！"

听了这话，吕雉呵呵一笑，然后道："你这小子生下就是公子，娇生惯养的，怎么可能会唱农民所唱的歌谣呢？"

刘章微微一笑，很自信地对吕雉道："太皇太后勿要小看臣下，臣真的会唱！"

那吕雉是怎么看英武的刘章怎么喜欢，便准了他的要求。可刘章语不惊人死不休，一开口就将所有人的下巴都惊到了地上，只听刘章开口唱道："深耕概种（深耕密种），立苗欲疏（苗子要用手来梳理）；非其种者（不是同类），锄而去之（坚决铲除）！"

这歌一唱完，全场肃静，只能听见深深呼吸之声，还有那"怦怦怦"的心跳声，而吕雉的脸也彻底地黑了。这是什么意思？这明显是借着唱歌来讽刺吕雉铲除异己啊。可现在正是国宴之时，刘章也没有明说，所以吕雉也找不到杀掉刘章的理由，便只能有怒往肚子里咽，可事情并没有结束，恰恰还只是一个开始。

又过了一会儿，也许是《耕田歌》以后现场的气氛有些冷，也许是真的喝多了，有一位吕氏族人悄悄逃离了酒席。

见此，刘章眼睛一亮，提着大宝剑就尾随而去，就当这名吕氏族人刚刚上车想要离去之时，刘章却突然发力，抽出宝剑上去就是一顿狂刺。最后，狠狠地一斩，将此人的人头斩下。

然后，刘章提着这吕氏族人的人头便回到了宫中，直接将这人头扔在了地上，对吕雉一拜道："启禀太皇太后，这人不遵守军令，于酒席之间逃离，臣依照军令将其斩杀！"

哄……整个场面"沸腾了"，此时无声胜有声，席中所有的人浑身发抖。吕雉是气的，吕氏族人是吓的，其他的大臣宗室则是激动的。

喝酒都喝出人命了这酒还喝什么啊，于是，酒宴就这样不欢而散了。

这之后，所有人都认为刘章必死，因为这个世界上凡是得罪吕雉的，还没有一个能逃脱她的屠刀（冒顿和赵佗除外）。

可让人惊异的是，那刘章依然活得好好的，该吃吃该喝喝。所以，从这以后，吕氏族人畏惧刘章如虎，刘氏宗亲和王公大臣则争相结交刘章，使得他声望大盛！

那么"凶残"的吕雉为什么没有杀刘章呢？要知道，这刘章可是狠狠地得罪了吕雉啊。

对于这种结果，一般有三种说法，我列举出来请各位看官自行取舍。

第一种，因为刘章和吕氏族女非常相爱，这让吕雉非常满意，再加上刘章现在就在长安，对吕氏构不成什么威胁，所以吕雉没有杀他。

第二种，因为刘章做事有理有据，没有明显的破绽，所以吕雉没有机会和口实杀掉他。

第三种，吕雉之所以没杀刘章是因为刘章是吕雉的面首。

好了，不管吕雉到底是因为什么没杀刘章，反正刘章是没死，并且最后在讨伐吕氏这件事儿上立了大功，使得其他诸侯王和王公大臣们占了先机。

我们再说前头，吕雉在即将驾崩之时授命于吕禄、吕产，让二人在自己死后秘不发表，而是迅速控制皇帝和王公大臣，进而挟天子以令诸侯。

但这吕禄的嘴不严，竟然将如此重大的消息泄露给了自己的女儿，以为自己的亲女儿不会泄露。可殊不知"嫁出去的女儿泼出去的水"，吕禄的女儿在听说这件事以后二话没说，直接便将此事告诉了刘章。

听了媳妇这话以后，刘章心里无比激动，因为他知道，属于刘肥一脉的江山要来了！

于是，刘章迅速致信其兄刘襄，让他赶紧在齐国起兵西进，自己在城内给他做内应，只要吕氏一除，这大汉皇位必然便是刘襄的了。

那齐王刘襄收到刘章的信件以后根本就没有半点儿犹豫，当即决定起兵讨伐吕氏（此时吕雉已然归西，吕禄、吕产之所以没有在第一时间发兵控制重臣是因为畏惧周勃和驻兵在外的灌婴，所以打算徐徐图之）。

于是，刘襄召来了舅父驷钧和心腹郎中令祝午、中尉魏勃商议具体起兵事宜。可不料消息竟然泄露，被齐相召平得之。

　　那召平听闻齐王想要起兵造反，便极力反对，可现在刘襄的形势是箭在弦上、不得不发，再加上刘襄本人也根本没有想要收弓的意思，所以便想找人暗中杀死召平。

　　可这倒霉的刘襄不知道是怎么回事（极有可能是身边有召平的内奸），还没等派人暗杀召平便又被召平得知。

　　所以，召平也不管三七二十一，直接领兵包围了王宫，不准齐王刘襄出门，意图将大事拖到局势稳定以后再说。

　　可召平千算万算没算到的是，自己的好友魏勃却是站在齐王襄那边的。为了救出齐王，让起兵之事能够成功实行，魏勃乃欺骗召平道："召兄，齐王没有汉朝的发兵虎符便想反抗朝廷，这是违法之事，您包围了王宫也没什么毛病，可这并不是万全之策，因为现在齐王还能在王宫之内活动自如，这就会让大事出现甚多变数，我请求将齐王彻底幽禁起来，这样便能将一切变数扼杀制止。"

　　召平道："你说的这些我都知道，可是我与齐王共事多年，私底下的感情还是有的，就这样把他关起来我实在是做不来啊。"

　　听罢，魏勃微微一笑道："此事好办，既然相国您下不了手，那就让小人帮您好了，您只需要将指挥权交给我，我去帮您把齐王幽禁起来。"

　　"唉！"

　　召平长叹一声，虽然不忍心幽禁齐王，但也畏惧魏勃所谓的"不安定因素"，便从其计，将士兵的指挥权都交给了魏勃。可同时，召平的死期也到了。

　　果然，魏勃在得到兵权以后做的第一件事情便是解除对齐王宫的包围，之后迎出齐王，并当众宣布召平"谋反"之言，然后领兵反包围了相府。

　　那召平此时再笨也知道自己被魏勃欺骗了，便羞愤自杀了。

　　于是，齐王刘襄命驷钧为齐相，和他一起主持大局，命魏勃为将军，祝午为内史，征全齐能战之士准备西入长安。

　　按说兵凑齐了直接出击就行了呗，可刘襄却有诸多顾忌，导致他不敢凭一国之兵西进。那这些让刘襄畏惧的原因都是什么呢？

　　首先，吕雉虽然故去，但最精锐的京师南北军依然掌控在吕氏手中，刘襄害怕自己的齐军敌不过京师南北军。

其次，现在大汉正卒有三分之一都掌控在灌婴手中，而灌婴现在正率领着汉军驻扎于荥阳大防线，试想如果灌婴忠诚于吕氏的话，那么自己别说杀吕氏做皇帝了，估计就是连荥阳防线都突破不了，甚至还有可能撒腿去见自己的爹。

于是，刘襄没敢贸然出击，而是命祝午前往琅邪国欺骗琅邪王刘泽（刘邦的远房堂兄弟）道："尊敬的琅邪王，现在吕氏正在京城发动政变，齐王准备发兵西进尽除暴吕。可齐王有自知之明，他认为自己很年轻，又不懂军事战阵之事，而琅邪王您自从高祖时期就开始跟着高祖南征北战了，所以战斗经验丰富，是统率三军的最佳人选。所以，齐王愿意将整个齐国军队的指挥权都交给尊敬的琅邪王，还请琅邪王不要耽搁，马上前去临淄与齐王商议大事吧。"

那琅邪王刘泽一听这话，简直高兴得不得了。是呀，想想也知道，如果自己统兵铲除了吕氏，那最后的皇位不用想也是自己的了，于是便高高兴兴地前往临淄了。

可他怎么不想想，皇位这东西天下人谁不想要？他刘襄凭什么又出人又出力地帮刘泽赚取皇帝资本呢？

果然，当刘泽到达临淄以后，刘襄直接便将其安排进了王宫之中，好生招待，还说了很多道歉和什么大义之言，可就是不让刘泽出王宫了。

之后，刘襄便让祝午携带刘泽的印信前往琅邪国尽收其兵员，并组成了齐琅联军，准备向西进发，而统帅自不必说，刘襄无疑。

刘泽此时也知道自己完全被刘襄所欺骗，乃反骗道："大王是高皇帝的嫡长孙，本来就应该被立为皇帝，可朝中鱼龙混杂，恐多生变故，而我在现在的刘氏宗族中年龄最大，应该能有些话语权，所以我愿替大王前往关中说服那些朝中重臣，只等大王平定吕氏，便尊大王为帝。"

刘襄竟然信了。

但刘襄也不是完全相信，他虽然对刘泽的提议很动心，但同时也怕刘泽算计他，便派遣了很多随从同刘泽一起前往长安，其名为随从，实际上却是监视刘泽有没有好好为他办事儿。

可一个人真想算计你的话你派几个随从就能防得住吗？让我们拭目以待。

话说琅邪王先一步出发前往长安以后，刘襄当即发布国书昭告天下，细数了吕氏的诸多罪状，表明了自己灭吕的决心，然后领兵直扑长安，展开了斩首行动。

此时，长安方面的吕氏听闻齐王刘襄正率领浩浩荡荡的大军前来征讨自己，大恐，便急命使者前往荥阳防线通知灌婴，让他无论如何都要阻止刘襄的侵攻。

可是灌婴呢？却笑着对部下众将军道："各位，吕氏在长安手握重兵，图谋篡夺刘氏江山，自立为帝。但你我都是从小便和高皇帝打江山的刘氏臣子，怎能助长吕氏气焰？所以，我打算与齐王刘襄合兵一处，给吕氏致命一击，不知我这提议你们认为怎么样？"

那灌婴治军多年，下面的将军基本都是他的铁杆心腹，怎么可能会出现不一样的声音呢？所以一个反对的都没有，全都喊着要和灌婴同生共死。

于是，灌婴便致信于齐王刘襄和正在长安的周勃、陈平等信得过的重臣，然后便打算合兵一处向长安进击。

可就在两军准备合兵一处之时，陈平的书信却在第一时间出现在了灌婴和刘襄的手中，信的大致意思是告诉二人先不要贸然出手，因为此时吕氏在长安的军事力量非常强大，如果二人合兵一处的话一定会刺激到吕氏那脆弱的神经，到时候他们一发疯，朝中的重臣就全完了。不如等自己控制住了吕氏的南北军以后再行出征，那样的话便万无一失。

灌婴和刘襄觉得陈平之言很有道理，便分别驻军于荥阳防线与齐国西边境伺机而动。

时间：公元前180年七月。

地点：丞相府。

只见一个被捆绑得严严实实的老头儿气得脸红脖子粗，对着面前的陈平和周勃就是一顿臭骂："陈平！周勃！你们难道忘了当初随高皇帝争霸天下的事儿了吗？你们忘了哥几个并肩作战的事儿了吗？好哇，如今高皇帝驾崩了没几年你们两个就要造反了，你们还有什么脸去下面见高帝，你们还有什么脸去……"

周勃不耐烦地制止道："行了行了！别说了，这次绑票也不是我的主意，正主在你身边呢，有什么疑问你问他。"

这被绑票的老头不是别人，正是大汉赫赫有名的老将军郦商了。

听了周勃的话，郦商疑惑地看向陈平，陈平嬉笑着小跑过来，赶紧给郦商松绑，并一边松绑一边骂道："谁让你们将郦将军绑过来了？我不是让你们好好请人家过来吗？一个个的看我一会儿怎么收拾……"

郦商不耐烦地插嘴道："行了行了！你别在这儿和我演戏了，到底怎么回事儿？说！"

陈平笑着道："老郦你也别激动，还不是你儿子和吕禄的关系很好嘛，而现在我大汉危机重重，我想着利用你这样这样，然后再这样……"

话毕，郦商大吼道："不行！绝对不行！你小子这不是拿我儿的命来开玩笑吗？我不答应，绝对不……"

陈平道："来人，带郦老将军去内室休息，岁数大了身体不怎么好。"

郦商道："陈平、周勃！我跟你们两个老小子没完……"

不一会儿，一个年轻的小伙子前来相府拜见陈平，他先是对陈平深深一揖，然后道："丞相大人，听说您知道我爹现在下落，请问他老人家现在何处？"

陈平沉着脸道："郦寄，实话告诉你吧，你爹现正在我手中，我现在有事儿需要你办，只要你办得好，我便会还你一个健康的老爹；你要是办砸了，呵呵，你就再也看不到你爹了！"

话毕，郦寄本想发怒，但一想父亲现在还在陈平手中，便只能隐忍，问陈平究竟何事。

陈平道："此事对于你来讲没什么难度，只需要这样……"

郦寄道："什么？这！唉……好吧！"

就这样，郦寄找到了吕禄并对其道："吕兄，当初高皇帝和吕后共同安定了天下，立刘氏诸侯王九人，吕氏诸侯王四人，这都是经过大臣们议定的，并已经向天下公布，没谁对此有什么异议。如今太皇太后已去，皇帝年幼，正是您急流勇退之时，可您呢？现在却出任京城上将，把持军权。如此，必会让京城的大臣们误会您是要谋夺大汉的江山社稷，这样的话，您的晚年可就危险了。何不将大印和军权全都交给太尉周勃，并请梁王（吕产）归还相印给朝廷，您二人再与朝中大臣们誓结盟好，之后各回封国。这样的话，齐国的士兵也会撤走，朝中的大臣们也会安心，你吕氏众人也可以继续当你们的诸侯王了，这正是造福子孙后代的事啊，还希望您能听得进去。"

那吕禄对郦寄是一百个信任的，再加上他说得也很有些"道理"，便将此事和一众吕氏族人商讨。

结果有人赞成有人反对，场面一时陷入僵局，最后还是吕产发话了："各位少安毋躁，前一段时间我派了贾寿前往齐国探听虚实，如果打探到齐王真的是畏惧我吕氏而发兵的话，那么我们便按照吕禄的谋划行事，可如果那齐王存有别的心思或者一门心思想要灭掉我吕氏族人，那么我们就发动政变，控制朝中重臣和皇帝，到时候再挟天子鼓动天下吕氏力量与齐王决战！"

于是，这事儿就暂时被压下来了。

过了一段时间，出使齐国的贾寿回来了，可当他听说了郦寄的建议以后直接急了，连忙劝吕产道（此时吕禄不在身边）："大王，您要是真想保住晚节的话，为什么不在吕后刚崩之时回到封国呢？现在劲弓已开，还有什么退路呢？再加上那齐王刘襄此次领兵西进岂是逼吕氏退位那么简单？他是要杀尽吕氏族人而自立为帝啊！现在给您的只有一条路了，那便是马上发动政变，控制整个长安！"

话毕，吕产一个哆嗦，知道贾寿之言才是正理，便决意按其所说行事，打算于次日发动军事政变。

可二人千算万算没有算到，就在他们商量大事之时，一只耳朵却在一旁偷听。

紧接着，这偷听之人便将贾寿与吕产的对话报告给了曹参之子曹窋。曹窋闻讯大急，快马加鞭将此事全部汇报给了陈平和周勃。周勃闻讯大恐，转身就走。陈平一把将周勃拽了回来道："你干什么去？"

周勃道："还能干什么？当然是马上前往北军壁垒将他们控制住了，要不然你我就全都成吕氏的俘虏了！"

陈平面色阴沉地道："那你先别急着走了，你现在一没有皇帝符节，二没有北军将印虎符，别说控制北军了，估计你连北军壁垒都进不去。"

周勃急道："那怎么办？眼睁睁等着沦为阶下囚吗？"

陈平沉思几息，然后突然道："不然！现在还有挽救之法。皇帝符节现正在襄平侯纪通手中，太尉你现在马上领人前往纪通处夺下符节，之后伪造皇帝之命控制北军。郦寄你也别闲着，现在就往吕禄处骗取将印虎符，此二事只要成功一件，吕氏便不会再有作为。现在，你二人只管前去行事，我则坐镇中央，有什么事儿迅速向我汇报！"

"好！（齐声）"

就这样，周勃与郦寄各自前去行事，只剩陈平还在冥思苦想。

又过了一会儿，陈平一拍大腿道："对呀，我怎么把他给忘了。来人！"

"在！"

陈平道："去，马上往朱虚侯（刘章）府中请他来我府一叙！"

"是！"

过了一会儿，刘章急匆匆地来到了陈平府中，陈平也不玩儿虚的，单刀直入将自己的谋划说了一遍，最后道："可此事有一破绽，那便是如果吕产提前行事，长安便会陷入万劫不复之境地，所以有一件事儿虽然有危险，但只有朱虚侯你才能胜任啊，所以还请帮我！不，还请帮我大汉！"

话毕，陈平给刘章深深一揖。

刘章赶紧将陈平扶起，坚定地道："身为大汉宗室，我有责任为了大汉江山献出生命，丞相你就说吧，让我刘章做什么？"

陈平道："你现在马上往太尉处协助他，只要成功控制了北军就马上分出一千士兵前往皇宫驻守，一定不能让吕产接近皇帝。"

刘章道："是！"

说罢转身就走。

看着刘章逐渐远去的身影，素来谨慎的陈平还是不能完全放心，便将曹窋叫来道："贤侄！你素来于王宫侍奉皇帝（汉惠帝、汉少帝、汉后少帝三任皇帝），为心腹亲信，我想问你，现在能控制多少宫中郎卫？"

曹窋道："启禀丞相，我曹窋在宫中多年不是白待的，可控多数郎卫！"

陈平道："好！现在给你一个任务，那就是马上告诉宫中卫尉，让他率领郎卫堵住皇宫各门，从现在开始谁都不让入内，特别是吕产，哪怕动武也绝对不能让他先行进入皇宫！"

曹窋道："是！"

曹窋说完也走了，陈平该做的也都做了，现在，他只能等着，等着大生或者大死。

现在，我们再来看看周勃和郦寄是否顺利吧。

首先，周勃方面不怎么顺利，因为纪通在没有皇帝的手谕的情况下死活都不肯将符节交给周勃，周勃本想硬抢，可宫中侍卫众多，根本无法成事。

可就在周勃急得如热锅上的蚂蚁之时，郦寄却突然来到他的身边，手中紧紧握着本该在吕禄手中的将印虎符。

周勃大喜，便风驰电掣地前往北军壁垒主持大事。而此时的吕禄亦不在北军之中。

那么将印虎符是怎么到了郦寄的手中呢？

原因很简单，之前郦寄找到吕禄以后也是豁出去了，直接单刀直入道："兄弟，如今东面的齐王刘襄已经和灌婴结为联盟，即将领大军前往长安，我劝兄弟你赶紧将将印虎符交到太尉手中，然后马上返回自己的封国，不然等联军一到，你必定大祸临头！"

吕禄和郦寄乃是至交，根本一点儿都不怀疑郦寄的用心，便直接将将印虎符交到其手中，之后对郦寄作一揖，转身便走了。

就这样，周勃轻轻松松便控制住了实力强劲的北军。可就在这时，一名皇宫禁卫军火急火燎地来到了北军壁垒，连气都来不及喘便道："报告太尉！吕产现已领兵前往皇宫，我郎卫阻挡不让其进入，但人数比不上吕产，已经渐入下风，还请太尉速往救援。"

砰！周勃狠狠踢翻了身前的桌子，然后叫吼道："好个吕产，好个大胆孟贼，竟敢猖狂至此！来人！"

"在！"

"给我率领北军精锐前往救……"

就在周勃要发布命令之时，刘章突然站出来道："启禀太尉！丞相叫我来之前便已预料到了事态的发展，所以让您在控制北军以后分给我一千精锐充当头阵，还请太尉成全！"

一听是陈平之谋，周勃没有丝毫犹豫，直接便道："好！既然你有这个心那我就成全你，你现在就领本部一千精锐之士前往皇宫，务必给我控制住局势，我大军随后就到。"

刘章道："得令！"

与此同时，皇宫正门处正陷于大乱之中，宫中郎卫根本抵挡不住吕产所部的冲击，正处于节节败退之中（还有一部分郎卫在卫尉吕更始的带领下对其两面夹击），再这样下去，局势就要失控了。

可就在这时，刘章所部千名北军精锐也已经赶到，看到吕产正嚣张地在宫廷之中指挥战斗，刘章一马当先，直接领导着千名精锐在吕产背后发起凶猛的突击。

吕产所部猝不及防，顿时大乱，再加上此时天助刘氏，正好刮起了一阵大风，而这阵大风直奔吕产所部，使得吕产所部乱上加乱。

吕产一看兵败如山倒，撒腿便逃。

可此时宫门方向已经被北军堵得严严实实，根本没有一丁点儿逃跑的机会。于是，吕产只能舍弃南军而向宫中逃窜。

南军一见主帅已跑，再也没有半点儿斗志，便都缴械投降了。

可刘章岂能如此轻易放过吕产？所以，他根本就没管那些投降士卒，而是率领众人追杀吕产。

最后，吕产被刘章堵在了郎中府的厕所之中，刘章哪会和吕产多说半句废话，直接将其人头斩掉了事。

如今，吕产已死，长安再也没有任何人能够威胁刘氏江山了，可同时，刘章和吕产的搏斗也惊扰了正在皇宫中休息的汉后少帝刘弘。

刘弘此时还是一个半大的孩子，虽然知道出事了，但不敢前去一探究竟，只能让谒者手持自己的符节前去观察。

而这倒霉的谒者正好碰到了迎面而来的刘章。刘章一看手持符节的谒者便上去争抢符节，意图用此符节进皇宫深处诛杀吕更始。

这谒者见刘章什么也不说直接来抢符节，吓得转身便逃，可他哪有身强力壮的刘章跑得快？刘章直接追上这个谒者，一个标准的摔跤将他弄翻在地，然后伸手就抢符节。

这谒者也真是个汉子，死死地拽住符节就是不肯撒手，他这一举动给刘章弄得哭笑不得。最后，无奈的刘章只能让谒者陪着他一起前往宫中杀死了吕更始。

如此，吕更始和吕产全被斩杀，皇宫也全在刘章的控制之中。

之后，周勃依从陈平"斩草除根"之计，乃令北军大兵满长安搜索吕氏族人，只要发现直接斩杀，不必上报。

就这样，长安被吕氏族人的鲜血所染红，吕氏族人男女老少被满门诛杀，无一逃脱。

值得一提的是，那边吕禄还没等收拾完东西就被北军大兵给拖出去斩了头，吕雉的妹妹吕媭也被乱棍打死。身在燕地的燕王吕通也被周勃派出去的"特使"突然斩杀。鲁王张偃（鲁元公主之子）也被废去了封国。

如此，权倾朝野的吕氏一族在旦夕之间便被灭种，不知身在九泉之下的吕太公和吕雉对此有何感想。

处理完这所有的事以后，周勃和陈平直接把持住朝政，封济川王刘太为梁王，并派使者前往通知灌婴和刘襄，让他们双双罢兵。

如此，齐军返回了齐地，灌婴也返回了长安。

可事情还远远没有结束，因为现在当朝皇帝刘弘是吕后一手提上来的傀儡，这些大臣害怕这孩子长大以后会找他们报仇，便聚在一起造谣商议道："少帝、梁王、淮阳王和衡山王都不是惠帝的亲生儿子，当年吕后设计夺取了他人的孩子，杀死了他们的生母，强逼惠帝认为子，后来便封他们为诸侯王，其用意便是来加强吕氏的力量。现在吕氏已经被灭族，但吕后所立的帝王很快就要长大了，到时候，我们这些杀死汉后少帝'恩人'的人估计都要被灭族哩，不如将这汉后少帝赶下去，然后再从诸侯王中另立贤能的人为皇帝。"

话毕，场中大臣们全都默默点头，没一个人拒绝此人的建议。

就这样，汉后少帝刘弘的命运便被决定了。

这时候，有一人突然说道："各位，齐王是高皇帝的长孙，我看可立他为皇帝。"

这话说完，众人还是没有反应，是呀，这次要不是刘襄在外部给吕氏压力，陈平和周勃怎么可能如此顺利就灭了吕氏呢？所以刘襄不管是在血缘上还是功劳上都应该被立为皇帝。

如果任局势继续发展下去的话，那么刘襄有七成以上的概率会成为大汉皇帝，也就再没有后来的文景之治和汉武帝了。

可就在这时，场中的琅邪王刘泽却是一声冷笑，然后道："诸位请听我说，我大汉本国泰民安，歌舞升平，为什么却突然出现了如此大乱的局面呢？那就是因为吕后的霸道和吕氏外戚的强悍所导致的。所以有关于外戚的一切我们都应该重视起来。首先呢，我个人对刘襄为帝这个事儿并没有什么太大的抵触，我们两个人平时的关系也是不错的，可是呢，我不能因私而忘公啊。要知道，齐王刘襄的舅舅驷钧为人残暴是出了名的，所以我敢肯定，假如齐王最终成了皇帝，那么驷钧绝对会成为第二个吕后。所以，是绝对不能立齐王为新任皇帝的。我看代王刘恒为人就不错嘛，平素不管是朝中重臣还是代地百姓都对其赞誉有加，再加上代王还是现在高皇帝的儿子中年龄最长的一位，所以立他绝对是名正言顺的。还有，代王为人忠孝仁义，而我们大汉除了无为而治最讲究的是什么呢？当然是忠孝治国了。"

就这样，在刘泽的撺掇下，朝中重臣同意了立刘恒为新任汉皇，并遣人秘密前往代国接刘恒入京，刘襄也成了"画蛇添足"这一成语的典型。

第三章

汉文之治

3.1　汉文帝登场

时间：公元前180年九月

地点：代国王宫。

此时，代王刘恒正在招待从京城来迎他入长安做皇帝的特使。

这要是一般的诸侯王接到这个比天还要大的馅饼一定会乐得抽风，可素来谨慎至极的刘恒没有被这突然掉下的馅饼砸晕，而是微笑着对特使道："还请特使先去驿馆等候，此事我还要和老母商议才能决定。"

特使转身走掉以后，刘恒并没有直接寻找老母薄姬，而是将所有的重臣全都叫到一起，问他们对此事是何看法。

其中郎中令张武和众人交头接耳一阵后站出来道："启禀大王，现在朝中重臣基本都是跟随高祖一起打天下的'老狐狸'，他们擅长用兵，使惯了阴谋诡计，之前他们为什么会对高皇帝和吕后言听计从呢？那是因为高皇帝和吕后的政治手腕，以及他们手上的兵权罢了。如今吕后刚刚逝世，这些所谓的肱股之臣便喋血京城，由此可见其残暴狡猾。所以我等猜想，陛下这次前往京都是十分危险的，轻则会被当成傀儡操纵，重则有生命危险！所以，还请大王托病不去，以观事态发展变化再做计划。"

呵呵，什么叫时机？套用赵高当初劝胡亥的那句话："时机啊时机，我们应该像赶路的人那样，备足干粮、策马扬鞭，绝对不能耽误了时机！"

事实就如同赵高所言，不管是行军打仗，还是政治决断，都要有勇气把握时机，要不然便稍纵即逝矣。

如果按照张武所言，那么朝廷一定会再立其他的诸侯王为汉皇，以后的"文景之治"也不再会发生了。

幸好，就在这时，一名叫宋昌的中尉站出来道："郎中令和群臣的意见是错误的！大王！秦朝末期，其制度残酷无道，各国诸侯和各地的英雄豪杰全都相继起事，当时大大小小的势力何止百家，可最后只有高祖一人得到了天下。高祖凭的是什么？凭的是无与伦比的政治手腕和天下归附的民心。所以自从那时候开始，这天下的英雄豪杰便已经断了做皇帝抑或控制天下的念头。他们只想让自己的子孙后代有安稳的生活而已。这，只是第一点。"

话毕，宋昌向着西方的天空一拜，然后道："第二，高祖真是太伟大了，他怕以后有人会反对汉朝，所以设置诸侯王国的封地犬牙交错，使他们相互牵制，根本就没有造反的胜算。当初的淮南王英布强不强大？最后不还是死于非命了吗？可如果这些大臣们谁要是敢挟天子，或者要了天子的命，那么这天下的诸侯王便都会群起而攻之！试问，单凭一个朝廷的南北禁卫军，能是天下诸侯王的对手吗？所以，他们绝对不敢威逼殿下。

"第三，汉朝建立的同时也废除了残酷无道的秦法，制定了新的《九章律》，所以老百姓全都安分守法，人心无法动摇。试想一想，凭借此三条，哪怕朝中的大臣们有心建立新的政权，难道天下的百姓会同意吗？天下的诸侯王会同意吗？那么这种情况，朝中那些老奸巨猾的家伙难道看不出来吗？他们会自寻死路吗？答案是否定的！现在，高帝的儿子也只剩下陛下与淮南王（刘邦最小的儿子刘长）了，而淮南王不仅要比大王小，政绩也不是很突出。可是大王则不一样，大王贤德圣明，仁爱孝顺，治理地方的功绩天下皆知，所以大臣们这是顺应天命所为啊，根本就不存在一丁点儿谋害大王的心思，所以请大王不要再有任何犹豫了，赶紧继承大统吧！"

说实话，宋昌这话说得真是没有半点儿水分，完全的大实话，换别人肯定立刻就去当皇帝了。可是刘恒是一个极为谨慎之人，就是这样他依然犹豫，不敢下定决心，便找自己的母亲薄姬商议此事。而薄姬呢，也和刘恒一个样，于是母子二人商量来商量去也没商量出个结果来，所以最后干脆直接用占卜的方式来决定自己的命运了。

于是，这母子二人便招来占卜师，让他给刘恒占上一卦。

这占卜师手拿一个乌龟壳摇晃了好一阵，然后一扔，就听"啪"的一声，乌龟壳应声落地，然后这个占卜师赶紧将乌龟壳拿起端详，过了一会儿激动地道："大王！王后！看啊！龟壳上出现了一条裂缝！"

刘恒忙道："此为何意？"

占卜师道："大横深深！意思是说大王即将成为天王，光大先帝之业！"

刘恒嗤笑道："呵，我都已经是王了，还当哪门子的王？你这龟壳不是出毛病了吧？"

占卜师笑道："大王您只知其一，不知其二！我所说的天王不是普通的王，正是天子啊！所以大王这次前往京城不但没有任何危险，以后还会成为一代明主，受世人敬仰！"

这话一说，刘恒"砰"的一下站了起来，然后左右游走，这回甚至连占卜师和薄姬都以为刘恒是一定要当皇帝了，可当刘恒下一句话说出来以后，两人直接晕倒了。

"我还是不太放心，这么着，我让我舅舅（薄姬的弟弟薄昭）去京城探听风声，如果真的没问题我再前去。"

于是，薄昭奉命前往京都面见陈平、周勃等朝中重臣，就是想看看他们态度如何。

就像宋昌和张武说的，这些人都是一群"老狐狸"，怎么会看不出刘恒的想法？所以他们都在薄昭面前竭尽所能地夸赞刘恒的贤明，并保证一定为汉朝、为刘恒"死而后已"。

不只这样，这些威震天下的汉朝宿老为了能够得到刘恒的信赖，甚至对薄昭都百般应奉，这可真让薄昭受宠若惊了。

所以，当薄昭回到代国面见刘恒以后什么都没说，直接就是两句话："朝中重臣完全可以相信，没有一丁点儿的疑点！"

这话一说，刘恒才真的放下心来，并微笑着对身边的宋昌道："事情果然像你所说的那样。"

于是，放下心来的刘恒便领着宋昌、张武等六名心腹前往长安了。

可当一行人到达高陵（长安北三十公里左右）时，刘恒却命车驾停止前行，并让宋昌前往长安再一次探听虚实。

宋昌得令，策马扬鞭前往长安，可当宋昌到达渭桥（渭水上的桥梁，正对长安西门）之时，就见整个长安西门彩旗飘飘，整个长安所有的权贵大臣全都堵在西门等着迎接刘恒。

这架势还有什么说的，如果这阵仗都是造反的话，那么恐怕谁都不敢做皇帝了。

于是，宋昌赶紧跑回去向刘恒报告此事。

话毕，刘恒仅存的那一点儿怀疑也烟消云散了，直接令车驾全速前往长安。

很快，刘恒到了长安西门，迎接他的是那些天下闻名的老臣的跪拜称臣，还有数之不尽的万岁之声。

刘恒的心被震撼了，以至于他的灵魂都爽到了九天之外。

就在这时，天下闻名的太尉周勃小心翼翼地走到了刘恒的车驾前，然后极尽献媚地道："我请求单独向大王进言。"

这话说完，刘恒直接愣住了。（这人是谁？这就是那统率千军万马的周勃大元帅吗？这就是那视诸侯王如粪土一般的周勃大元帅？那他现在在干什么？难道是在这向我献媚？抑或想给我留下一个好的第一印象？这是真的吗？）

看着半天都说不出一句话的刘恒，宋昌赶紧替他道："我家大王说了，如果太尉您要说的是公事的话，那么请公开地说；如果您要说的是私事的话，那么不好意思了，天子没有私事。"

这话一说，周勃的冷汗唰唰往下流，感觉到了这个新主人确实不是一般人，与其和他耍些小心机还不如赶紧表态。

于是，周勃立即跪到了地上，双手捧着玉玺和虎符献给了刘恒。

玉玺是什么？那是象征着皇帝身份的东西；而虎符又是什么？那就是兵权！这周勃一上来便将唯一能节制住皇帝的两样东西全都拿出来了，这说明了什么？这说明了周勃是真的想要拥护刘恒为帝。

刘恒当时是真想马上将这两样重要的东西都收入囊中，可他不能！那样的话会显得自己非常急切，给有心之人留下舆论攻击的口实，于是很淡定地道："太尉的心意我收到了，但这事情先不急，等我到驿馆之后再商议也不迟。"

就这样，刘恒没有在第一时间进入皇宫，而是直奔驿馆而去。

当时，整个长安城全部戒严，只见那些平时威风凛凛的大臣此时全低眉顺目地跟在一个一身便装的年轻人（此时刘恒二十三岁）身后往驿馆方向行进。

等到了驿馆以后，刘恒安坐主位而不言语。因为驿馆地方有限，所以不能容百官全部进入，所以在场中的只有丞相陈平、太尉周勃、滕公夏侯婴、大将军陈武、御史大夫张苍、宗正刘郢客、朱虚侯刘章、东牟侯刘兴居、典客刘揭。

毫无疑问，场中这些人都是能在汉朝呼风唤雨的人。

这些人见刘恒自从进入驿馆以后一句话都不说，只是在主座那喝茶，所以不知应该怎么办，只有陈平反应是最迅速的。他明白，现在面前的这个年轻人要的根本就不是什么虎符，也不是什么玉玺，而是名正言顺的身份以及与其相匹配的人心啊，而人心这个东西有自己主动开口要的吗？

于是陈平赶紧站出来道："启禀大王，皇子刘弘（汉后少帝）等人都不是惠帝真正的儿子，他们没有资格继承国家正统，我们在座的这些人以及宗室、大臣、列侯，还有全天下两千石以上的官员都认为，只有大王您的血脉才是纯正的刘氏血统，也只有您最适合做皇帝，希望您能登上天子之位，率领我大汉臣民走向新的辉煌。"

刘恒听后心里极为激动，但表情依然淡漠地道："丞相实在是高看小子我了，作为大汉皇帝的责任实在是太重大了，应该由一个有才能的皇子担任，而我呢？并没有那种才能，也不适合做这个天下的皇帝，希望你们能重新考虑一个合适的人来，我是绝对不做这个皇帝的。"

这话一说，正悔恨刚才慢了陈平半拍的众臣全都反应过来了（开玩笑，你不想当皇帝大老远地跑京城干吗来了？还不是想玩儿"三让"的把戏嘛），所以一个个争先恐后地要刘恒做皇帝，并极尽溜须拍马之能事为刘恒歌功颂德。

就这样，在谦让了五次以后，刘恒终于道："既然宗室、将相、诸王、列侯都认为这个天下再没有谁比我更适合做这个汉皇的了，那我就不敢推辞了。"

就这样，刘恒收了玉玺和虎符，并打算移驾前往未央宫。

3.2 "善后"

可就在刘恒等人打算出发的时候，刘恒一激灵，好像想起了什么，然后马上坐回原地不走了，只有场中的众位权贵杵在原地发愣。

那这是怎么一回事呢？刘恒为什么不马上前往未央宫呢？原来，现在未央宫还住着一个皇帝呢，这便是汉后少帝刘弘了。

想想也是，一个皇宫两个皇帝，这有多荒谬！

而这回最快反应过来的不是陈平，而是东牟侯刘兴居，他赶紧站出来道："启禀陛下，诛除吕氏我没有立什么功劳，所以我现在请求皇帝能允许我在您入宫以前去清理宫室。"

夏侯婴也赶紧站出来道："臣愿与东牟侯同去。"

话毕，刘恒默默地闭上了双眼，并没有作声。

这算是默许了，夏侯婴和刘兴居都懂。

于是，二人对刘恒深深一拜后便领兵前往了。

此时，未央宫中，汉后少帝刘弘正在卧室安安静静地学习读书认字，可就在这时，宫中传来了很大的动静，抱着好奇的心理，刘弘出了卧室前往"出事"地点，而身后的郎卫们也尽着自己的职责跟在身后保护。

可就在这时，凶神恶煞的刘兴居和夏侯婴领着一群大兵由远及近，慢慢地逼近了年幼的刘弘，而常年身处宫中的刘弘何时见过如此凶恶的阵仗？便躲在郎卫叔叔的身后瑟瑟发抖。

见此，夏侯婴淡漠地指着刘弘道："你不是刘氏的后代，没有权利坐皇帝的位置。"

紧接着，刘兴居对刘弘身边的郎卫们大吼道："这儿没你们的事儿，赶紧放下武器退出皇宫！"

闻言，多数的郎卫们都依言而行，只有少数的贴身护卫依然将刘弘护在身后，并紧紧地拿着武器不肯放下。

见此，大太监张释赶紧跑到这些护卫身边说明缘由，这些忠心的护卫听说了新皇帝的事儿才放下武器，最后不舍地看了一眼刘弘，慢慢退出了皇宫。

之后，夏侯婴命左右赶紧把刘弘架着离开皇宫。而当刘弘路过夏侯婴身边的时候，他哆哆嗦嗦地问道："伯伯，您这是要把我送到什么地方去啊？"

夏侯婴冷漠地看了一眼刘弘，然后把头转过去依然冷漠地道："让你住在宫外。"

就这样，汉后少帝刘弘被暂时安置在了少府官邸，最后被残忍地杀害。

如此，汉文帝刘恒正式入主未央宫，成为西汉的第五任皇帝。

3.3　阴险

公元前179年十月，汉文帝元年，汉文帝将自己的老母薄姬迎入宫中，尊其为皇太后，并大赦天下，赏赐全国各家家长每人一级爵位，赐给每家牛和酒，让天下百姓痛饮五日。

之后，汉文帝便打算赏赐诛灭吕氏的有功之臣了，可就在这时，陈平却突然面见了汉文帝，并想要辞去丞相之位。

汉文帝闻言非常惊异，赶紧道："丞相这是何意？我现在刚刚登基，正是用人之际，丞相熟悉我大汉内务，怎么能就这样走人呢？我想你有这样的决定一定是有原因的，不如说出来我们共同商讨一下，何必辞职呢？"

听了汉文帝之言，陈平暗中松了口气，然后道："启禀陛下，想当初高祖开国之时，周勃的功劳不比我大，可在诛除吕氏之事中我的功劳却不比周勃大，所以我请求沿用当初的制度，将丞相分为左右处之，并将右丞相让给周勃来担任。"

话毕，汉文帝深深地看了一眼陈平，遂答应了他的请求。

于是，本年十一月，汉文帝大赏功臣，命周勃为大汉右丞相，陈平为左丞相，灌婴为太尉，将吕雉当年所夺的齐国领土全部归还给了齐王刘襄，并大赏了有关群臣。

可到这大概有的人会问："那陈平好像在本次除吕事件中立功也不小吧？怎么就把所有的功劳全都让给了周勃了呢？"

事情当然没有那么简单，陈平聪明着呢，当然不会将好好的馅饼白白奉送给周勃，他这么做有两点原因。

第一，陈平为当时最强的阴谋家这是人所共知的事情，而身为一个君主最怕的不是周勃这种武夫，而是陈平这等专从别人身后下手的阴谋大师，而且陈平现在还是朝中权力最大的人，所以汉文帝一定会对他百般防备，久而久之便会对陈平的地位造成打击，甚至有可能威胁身家性命，而陈平此举不但消除了汉文帝对他的敌意，还会让他对自己另眼相看。

第二，陈平料定周勃这莽夫根本就不是丞相之材，再加上周勃表面上沉默谨慎，可实际上却是一个喜形于色的家伙，所以最后的丞相之位一定还会归于自己之手。

所以，周勃只不过是陈平的一个挡箭牌和衬托自己能力的绿叶而已。

那么陈平所想是不是正确的呢？答案是一切都如陈平所料。因为自从周勃升任右丞相以后，那简直是嚣张得不行，甚至于在朝会刚刚结束，还没等汉文帝退朝他就先行退离，并且汉文帝还非常尊重地目送周勃离开他才退朝。

当然了，周勃此举是汉文帝的赏赐他才敢这么做，但有的时候别人给你的赏赐你也要看看能不能接才是啊，像这种赏赐，说实话，如果是陈平的话，他是肯定不会接受的，可周勃却不懂。

果然，在某次退朝以后，一名为袁盎的郎中令对汉文帝道："臣想请问陛下，右丞相是个什么样的人呢？"

汉文帝想了想后回答道："右丞相是国家的重臣！"

话毕，袁盎呵呵一笑道："非也，我看右丞相只能算是一个功臣而已，算不上重臣。"

汉文帝疑惑地道："为什么这么说呢？"

袁盎道："所谓国家重臣，那是皇帝彻底的心腹，是什么事儿都要先考虑皇帝的利益才会去做的，是主在人在、主亡人亡的存在。想当初吕后当政时，诸吕掌权，擅自封王，刘家的天下虽然侥幸没有被断绝，但也像一个幼儿一般无力。那时候右丞相掌握兵权，却没能匡扶挽救大汉江山，直到吕后去世，诸侯王与大臣们一起讨伐吕氏，才使得右丞相掌握了军权，并恰好成功而已，所以我说他只能算得上是功臣，却算不上是重臣。现如今，右丞相对陛下的赏赐非但不感恩戴德，还时不时地流露出张狂骄傲的神色，我觉得这违背了臣下主上的基本礼仪，长久下去会产生不必要的麻烦，所以希望陛下以后不要再用这种谦卑的态度来骄纵周勃了。"

汉文帝感觉袁盎的话很有道理，便从其建议，在以后朝会上逐渐地威严起来，并且一旦周勃先自己一步退朝的话，汉文帝就会拿那寒冷如冰的眼神紧盯他。因此，周勃十分惧怕，再也不敢嚣张了。

那么袁盎的劝谏对不对呢？我觉得是对的，因为如果继续这样下去的话，不但会乱了君臣之礼，还会让周勃更加嚣张，进而得罪汉文帝，使自己万劫不复。所以说，袁盎此举不但正了君臣之礼，还算是救了周勃一命呢。

可周勃不理解啊，这征战沙场一辈子的将军感觉汉文帝对自己的态度越来越冷，觉得肯定是有人从中使坏，便从侧面打听，最后还真让他打听到袁盎和汉文帝的对话了，于是愤愤地前往袁盎府邸，指着袁盎怒骂道："我和你哥关系非常要好，你知不知道，你现在之所以能当上郎中令还有我的关系呢，可如今你呢？却在皇帝面前诽谤我！你小子真是忘恩负义！"

这要是一般人早就和周勃认错了，可袁盎呢，这是个硬脾气的，死活不和周勃认错。本来嘛，人家做的全是为了朝廷和你周大丞相以后的人身安全，根本就没有半点儿错误，凭什么要道歉呢？

就这样，周勃臭骂了袁盎一顿以后，愤怒而去，从此再也不和袁盎有半点儿交集。这般城府怎能当好丞相呢？所以陈平的料想并没有半点儿错误。

时间匆匆而过，很快地，几个月过去了，汉文帝对如何处理国家大事也逐渐得心应手，同时也发现了周勃的很多不足，断定他根本不是治国之材，便有了赶他下台而独立陈平的心思。

于是，在某一日，汉文帝开始"提醒"周勃了。

那天朝会，从来不问周勃问题的汉文帝却突然道："右丞相。"

周勃道："臣在。"

汉文帝道："我想问问你，咱们汉朝一年一共会审判多少案件呢？"

周勃想了想后谢罪道："这个……臣不知，还请陛下恕罪。"

汉文帝道："哦，没关系，那咱们汉朝一年的钱谷收入共有多少呢？"

这时，周勃已经是汗流浃背了，原因无他，因为周勃根本就不知道，于是谢罪道："臣，臣不知，还请陛下恕罪。"

汉文帝的脸当时就拉下来了，转而道："左丞相！"

陈平道："臣在！"

汉文帝道："刚才我问周勃的那些问题你知道吗？"

陈平非常淡定从容地道："启禀陛下，这些问题您不应该问我呀，应该要问有关官员才是。"

汉文帝眉毛一挑，饶有兴趣地道："哦？那有关官员又是谁呢？"

陈平微笑道："如果陛下要问的是刑事案件，那么具体数据应该找廷尉问；如果陛下要问的是钱谷收支，那么应该去找治粟内史。"

汉文帝笑道："哈！左丞相这话说得好轻巧，那假如各个部门都有人各司其职的话，丞相还管什么呢？"

陈平对汉文帝一揖道："所谓丞相，对上辅佐天子，理通阴阳，顺应四季的变化而制定政策；对下则使万物各得其所；对外安抚四夷和诸侯；对内使百姓安居乐业，使卿大夫能够各展所长。如此，以宏观的角度控制全局，并对陛下直接负责便是丞相的责任，而不是要什么细节都去深究。"

这话说完，汉文帝乐了，对陈平的回答非常满意，只剩下周勃在原地瑟瑟发抖。

之后，散朝，陈平转身离开。

可还没等他走呢，就听后面一声大吼："陈平！你站住！"

陈平微微一笑，不用猜就知道喊住自己的一定是周勃了。

只见周勃怒气冲冲地走到陈平身前质问道："陈平！你既然这么熟悉丞相的业务，为什么之前不曾教授于我？"

听了这话，陈平故作惊异地道："哎哟我的右大丞相，你身为右丞相却不知道丞相应该做什么吗？这可真让我难以置信。况且，就是我教了你这些东西也没有用啊。试想一下，如果陛下再问你京城有多少盗贼你能答得上来吗？哪怕你能答得上来，还会有很多的问题在等着你，直到你答不上为止。"

话毕，陈平再次一笑，然后转身走了。

看着渐渐走远的陈平，周勃愣在原地久久不能言语。

回到相府以后，周勃越发感觉汉文帝这次对他的态度实在诡异，便将自己的门客全都召集起来询问他们的看法。

其中有一个门客对周勃一揖然后道："启禀丞相，您主持大局诛灭吕氏，并扶立代王成为汉皇，所以有了名。陛下为了感激您的恩德，所以封您为右丞相，这又有了权，如此名权双收，是个君主都会有所顾忌，就更别提陛下这种谨慎得吓人的皇帝了。所以，今天在朝会上陛下才会'善意'地提醒一下丞相，可如果丞相还不醒悟，继续把持着右丞相的位置不放，那么过不了多长时间，陛下的'善意'就会变成'恶意'。那时候，恕我直言，恐怕丞相大人的大难就要临头了。"

这话一说，周勃一个哆嗦，料想确实如此，便前往宫中面见汉文帝，并提出辞去右丞相的职务。

而汉文帝接下来的举动也确实印证了周勃门客的猜测没有半分错误，因为他根本连点儿客气的话都没有便直接同意了周勃的"请求"。

于是，右丞相周勃下台，汉朝又重新恢复了一个丞相的制度，而这个丞相便是陈平了。

3.4　连环杀人案

好了，周勃下台了，陈平终于成了大汉皇朝真正的丞相，虽然这个时间并不是很长，但汉朝也在陈平和汉文帝的努力下奋发向上，老百姓也得以安居乐业。

那么我们就来看看这段时间汉朝天下都发生了什么值得一提的大事吧。

公元前179年十月，因琅邪王刘泽拥立之功，汉文帝迁其往燕国为燕王。

同年十二月，汉文帝废秦朝连坐之法，所以从这时候开始，老百姓犯那些普通的罪便不会再牵连自己的左邻右舍和妻儿老小了（谋反除外）。

还是同月，一天朝会之上，一名大臣手捧奏折启奏道："陛下，如今海内大统，国泰民安，然陛下虽龙体安康，可还需早立太子，以明宗庙传承。"

话毕，汉文帝龙躯微震，旋即正色道："此举不可，我的德行浅薄，能力平庸，现在上天还没有欣然接受我的祭祀，天下民众也还没全部对我的执政表示满意，在这种情况下，我怎么能够册立太子呢？这不是让天下的人都认为朕是一个自私的人吗？所以这事儿不能着急，还需要再放一放。"

这话一说，熟悉汉文帝性格的官员马上反应过来，便又上来一名官员道："不然，预先确立太子，正是让天下臣民安心的优良之策，怎么能叫自私呢？还请陛下速择皇子册立储君才是。"

汉文帝心中高兴，可口中依然道："不行不行，怎么能选择皇子册立为太子呢？现在的楚王是我的叔父，年纪大，见识广，识得大体。吴王是我的兄长，淮南王是我的弟弟，这都是杰出的能人啊。还有很多的诸侯王、宗室、刘氏兄弟，他们都是贤德之人，所以我希望能推荐他们其中贤德和有能力的人来继承皇位。"

又有一位大臣心里冷笑，可表面上却装作非常惊慌的样子道："这怎么能行？只有陛下的皇子才能继承国家大统！还请陛下慎重啊！"

汉文帝道："非也，如果朕不去选择那些有能力的人却立自己的孩子为太子，那么人们就会认为朕忘记了那些有才能的人而一心想着自己的儿子，所以我觉得这样做非常的不可取。"

大臣道："不然！陛下想想，之前的夏、商、周统治天下多少年呢？我恐怕这天下就没有统治时间比它们再长的了，那是因为这三个朝代都采用了父终子及的政策，如此才能国泰民安，并且这已经是我华夏几千年的传统，是绝对不能改变的。况且高祖当年一统天下以后分封了各路诸侯王，让他们都成为各自封国的始祖而子孙传承代代不绝，于是才立太子以安定国内人心。现在这种制度已经深入到了百姓的心中，是不能更改的。所以，如果放着应该立的人不立，反而立那些诸侯宗室的话，那就是违背了天下人心和高祖的本意啊。基于此，陛下您一定要立自己的皇子才是人间大道啊！"

这话说完，汉文帝这心里简直是乐开了花，所以只能"勉为其难"地道："唉，既然你们都这么说，那朕只能选一个儿子立了。"

一听这话，下面的大臣们急了，赶紧道："陛下！这可不能选啊，从古到今都是立长不立幼，正所谓'废长立幼为取乱之道'，我看只有长皇子启才可立为太子。并且皇子启不但最为年长，还非常的敦厚仁慈，绝对是太子的不二人选，还请陛下恩准！"

汉文帝虽然不是那么情愿，可想想大臣的话也有些道理，便于本月册立了皇子刘启为大汉皇朝的太子，其母窦氏为大汉皇朝的皇后。

那么刘启真的是汉文帝所有的儿子中最年长的吗？

实际上并不是。

那么他是怎么当上这个长子的呢？

来，详细说这事儿之前，先让我们来认识一下刘启的母亲——窦皇后。

想当初吕雉执政的时候，窦皇后只是王宫中的一名宫女。吕雉为了稳住天下的诸侯王，每年都会从宫中挑选很多美丽的宫女送到诸侯王手中来充当他们的奴仆。而不用说，窦皇后便在其中。

因为她的原籍是在清河郡（今河北省清河县东南），所以希望能够被分配到赵国，这样也可以"衣锦还乡"嘛。

于是窦皇后便找到了负责此事的宦官，请求他一定要将自己登记到赵国去。

可到了最后呢，这宦官却将此事给忘得一干二净，竟然将窦皇后给弄到了前往代国的宫女之中（一说窦皇后拜托宦官的时候没有贿赂，这才故意给她安排到代国去的）。

窦皇后听说此事以后气得浑身直抖，竟然在前往代地当天鬼哭狼嚎，直到被大兵拿着刀威逼才不情不愿地去了代国。

可有的事情真的是天注定的，运气来了你想挡都挡不住。

这窦皇后如果到了其他诸侯王手中的话，她顶多就是被"新鲜"几天而已，可到了汉文帝刘恒手中，那可真就不一样了。

他见到窦皇后以后简直惊为天人，从此以后便只宠爱窦皇后一人，其他的人，包括自己的王后都不怎么搭理了。

于是，没过多久，窦皇后给刘恒生下了第一个孩子（女儿）——刘嫖。

之后，又生了老二刘启（后汉景帝）和刘武（后梁孝王）。

可是没过多久，已经给汉文帝生了四个儿子的代国王后却因病去世了。

多年过去了，代王刘恒也成为新一任的汉皇，可就在他刚刚成为汉皇的时候，之前代王后给刘恒生的四个儿子也相继去世了（他们的年纪都要比刘启长）。

而刘启呢，也就这样顺理成章地成了刘恒一脉最年长的皇子了。

3.5 南越的重新归附

公元前179年三月，汉朝第一个养老保险出台，为了让孤寡老人能够安详地度过晚年，汉文帝下令，以后凡到八十岁的老人，国家都会供给米一石（一个月赐一次，一石等于二十七斤）、肉二十斤、酒五斗。

因此，以往被儿女嫌弃的老人从此成了家中的香饽饽（那么多食物绝对够一家三口吃一个月了），所以整个天下的老人们全都对汉文帝感恩戴德。

公元前179年四月，刘启被立为太子的三个月以后，齐国和楚国在同一时刻发生了超大规模的地震，一共二十九座山峰被同时震倒，甚至地下泉水都被震得喷涌而出，汉文帝紧急采取赈灾措施，使得两个封国没有发生什么动乱。

公元前179年六月，汉文帝将自己带过来的六位心腹亲信全都封为了九卿，宋昌更是被封为卫将军、壮武侯，掌管京都军事大权。

同月，汉文帝赏当初跟随高皇帝刘邦征战南北的有功之臣三百户食邑，两千石以上大员则赏五百户。

如此，各方平衡，民间和官场都对汉文帝的手腕敬佩有加。

还是同月，汉文帝多次在朝会中对各方官员表示，治国要从节俭入手，呼吁全天下的人民节俭。

而且，汉文帝并不是随便说说，他自己也是这么做的。

这个月，有一个人向汉文帝进献了一匹能够日行千里的宝马，可汉文帝并没有接受，而是以此事做文章，在朝会上当众道："每当天子出行，前有鸾旗为先导，后有专属的禁卫军做护卫，并且每次出行不过五十里而已。所以，朕要这千里马做什么呢？不过是浪费资源而已。今天，借着这个事儿我也和诸位说一下。从今日开始，朕不再接受任何百姓进献来的奇珍异宝，所有百姓进献的物品不得拿入宫中。"

于是，汉文帝在满朝文武面前将千里马归还给了这个向他进献的百姓，并报销了这个百姓前来京城和返还的路费。

就这样，在汉文帝优秀的治理手腕下，汉朝不断地发展，真正做到了百姓安居乐业。

而这些作为也被周边的邻居察觉，使他们越来越不安心。

南方的南越武王赵佗便是其中之一。

这赵佗和吕雉闹翻以后曾经出手攻击寇掠长沙国，并抢了好几个县的物资。之后吕雉也曾派人前往击之，可因为南越的地理气候因素，使得北方大兵水土不服，瘟疫蔓延全军，最后只能无奈撤军。

但自从这以后，吕雉对南越国实行了严酷的经济打击，使得南越国再也没有中原先进的铁具和科学技术。

要知道，我们汉人的聪明绝对能排进世界前三，自从战国开始一直到清朝统治以前，我华夏绝对是世界上科技最发达的国家之一。

并且，汉朝在公元前86年左右就已经发明了炒钢技术，很多士兵的兵器也都换成了钢铁制造，不管是锋利度还是耐用度都要比铁、铜武器更加突出，这比欧洲整整领先了一千八百多年（18世纪中叶，英国发明了炒钢法）！

面对这么一个快速发展的民族，身在南越的赵佗能不眼红？能不想时时刻刻都得到汉朝的发明和科学技术？

可如今呢？看着本来差距就大的两国差距继续拉大，他赵佗怎能不着急？

并且，经过上一次南越对长沙国的寇掠，中央加强了对南越边境的驻防，使得赵佗再也不能用抢夺的方式来获得汉朝的物资和科技人才了。

可很快，一个人的到来让赵佗终于松了一口气，南越和汉朝又再次成为当初高祖时候的"附庸"关系。

那么这是怎么回事儿呢？

原来，汉文帝认为，现在汉朝虽然在稳步发展，可最大的敌人还是居于北方的匈奴。

在这种情况下，实在不宜再多树政敌。

所以，汉文帝想恢复和南越之前的关系，便重新修缮了赵佗故乡的祖坟，并专门设置官员把守。

这还不算，为了表示自己的诚心，汉文帝还挖门凿洞地满世界寻找赵佗在中原的亲戚兄弟，并给他们丰厚的赏赐以笼络赵佗。

当这些做完以后，汉文帝又派遣与赵佗有过一面之缘的陆贾出使南越。

而此时正在为越、汉关系头痛的赵佗一听陆贾为汉朝出使而来，一下就蹦了起来，并亲自前往迎接陆贾。

看着也是满头白发的陆贾，已经上了岁数的赵佗不胜唏嘘。

可当两人客气一番后，赵佗就开始步入正题了。

他微笑着和陆贾道："不知这次汉皇让陆兄前来我处所为何事呢？"

陆贾自信地道："这次我就不和大王废话了，就让我皇直接和大王对话吧。"

因为现在赵佗已经成了南越武皇（自封的），所以听陆贾叫他大王并不是很高兴，但碍于两人之间的关系和现在急需修缮的汉越关系，赵佗还是皱着眉头将陆贾递给他的信打开了。

可当赵佗看到信中所写以后浑身一震，然后竟颤抖起来，最后甚至直接跪了下来。

那么信中到底写的是什么？能让枭雄赵佗都激动成这个样子呢？

来吧，让我们看看汉文帝都和赵佗说了什么。

敬南越王：

朕为高皇侧室所生之子，曾被安置于遥远的代地，充当一个守边的代王。因为一南一北路途遥远，加上我这人也没什么开阔的眼界，所以没能与你相识，这真是朕的一大遗憾。

后来高祖不幸去世，惠帝也相继病故，朝政则由吕后把持。这期间，吕后听信奸臣之言，才使得你我两国关系陷入了僵局，这真是我大汉之不幸啊。

再后来，诸吕在吕后病故以后趁机造反，我大汉摇摇欲坠，幸得开国功臣们齐心协力才能挽救大汉，诛灭吕氏。

最后，大家一起选择朕为大汉新任皇帝，朕因为无法推辞百官的拥戴，这才不得不登基称帝。

之前吕后命人掘了你的祖坟，这让朕十分心痛，现在已将你的祖坟修缮，并有专门的官员看护。

至于你的兄弟和亲戚，现在朕已经给了让他们一辈子都可以无忧的钱财供他们生活。

可之前朕曾听说大王不但抢劫了长沙国的好几个县，还不停地派散兵骚扰我大汉南疆。我想请问英明神武的南越王，难道你觉得你能在战争中只获得利益而不受到损害吗？

我相信，只要战事一起，必定会让很多士兵战死沙场，到时候不知道有多少幸福美满的家庭会因为两国战事而家破人亡。

朕不忍心做这得一亡十之事。况且，我汉朝若出动大军得了南越的土地，并不会增加多少疆域，朕夺得了大王的财富也不会增加多少财源。

基于此，朕是真心不想和大王你开战。所以，以后五岭以南的土地大王你还是可以自由治理，做什么都可以和以前一模一样。朕只希望以后继续和南越发展双边关系，毕竟这天下有两个"皇帝"嘛，还是相互派遣使者来回问候好一些。

嗯，就这样吧。

大汉皇帝刘恒

公元前179年××月××日

谦卑！谦卑！谦卑里还含着隐隐的威胁（信中只在最后提了一嘴皇帝，之前全都是以王相称。还有，汉文帝隐约地也提醒了赵佗，汉朝不管是版图还是国力经济都要比南越强太多了，还重点说了一句"两个皇帝"），这叫什么？这叫给赵佗台阶下，让双方面子都好看，如果这时候赵佗再不知怎么做他也不是当世之枭雄了。

于是看过信件以后的赵佗哐当一下便向北方跪下了，并虔诚地拜了几拜，然后站起来恭敬地和陆贾道："陆兄，我听说这天下两雄不能并立，两贤不能共同存在，如今汉皇的心胸和气魄皆胜佗数倍。所以，从今以后我将废去帝制、黄屋，一切都以诸侯王的规格从事，并在此宣誓，南越从此为大汉藩属，永不背弃，佗必遵诸侯王之职，按时纳贡，永远尊汉为长。"

话毕，赵佗赐给了陆贾无尽的财宝，并日日以国宴招待。

这还不算，在陆贾临走之时，赵佗也亲自写了一封信交给陆贾，让他务必转交与汉文帝。

那么这封信是怎么说的呢？我只能这样说，汉文帝谦卑，赵佗要比汉文帝还要谦卑，并且满满的恭敬。

尊敬的大汉皇帝：

蛮夷大长，愚昧老臣赵佗昧死拜上书信交与我伟大的皇帝，老夫（注意，只声称了一声老臣，之后就全都是用老夫来声称自己了）本来不过是在越地的一名小吏，幸得高皇帝宠爱，这才敢在越地称南越王。

孝惠皇帝继位以后不忍心断了与我南越的关系，依然给老夫丰厚的赏赐，这让老夫感激涕零。

可在高皇后（吕雉）当政以后，歧视我们南越蛮夷，乃断了我们最需要的金、铁、农具、马、牛、羊，哪怕是给点儿牲畜也只给雄的，不给雌的（够阴损的）。

老夫和治下之民都是一些土著，是离不开大汉的怀抱的，所以这等于是断了我们的命根子。

老夫不知自己究竟犯了什么错误，便三番五次地写信前往大汉向吕后认错，可这些认错的信件都没有得到回复。

最后，在无奈之下，老夫只能领着治下蛮夷前往北方靠抢劫为生。

后来，老夫又听说我在中原的祖坟被刨了，宗室兄弟全都被赶尽杀绝，最后一怒之下才称了皇帝，犯了过错，可这心里面绝对没有推翻大汉这种胆大妄为的想法啊。

再后来，高皇后听说我在南越称了帝，削去了我南越王的封号，断绝了两国之间的联系，并采用经济打击的方式来制裁老夫。

老夫当时私下认为，这都是长沙王挑拨离间的结果，这才发兵攻打了长沙国边境，可我真的没有反抗大汉的心思啊。

老夫已在南越生活了四十九个年头，孙子都一大把了，正是安享晚年的时候。

可是我呢，现在是夜不能寐、食饭不香，就是我南越最性感貌美的女子在我身边，我也是没有一丁点儿的兴趣了。

这是为什么呢？就是因为我不能侍奉汉朝的缘故。

现在，老夫有幸得到陛下的哀怜，再次恢复我原来的封号，允许我南越再次和汉廷互通使节。这样，老夫即使是死也可以瞑目了。

所以从今以后老夫再次改称号为王，并发誓永远为大汉之藩属，再也不敢称帝了。

蛮夷大长赵佗

公元前179年××月××日

就这样，南越算是再次回到了祖国的怀抱，汉文帝也终于解决了南方的一大隐患。

3.6 悲哀的开拓者（1）

故事进行到现在，我们再来简单地回顾一下大汉的发展史吧，看看现在的大汉是一个什么样的国家。

自从刘邦统一天下以后，对内打击异姓诸侯王，对外"镇抚"南越和亲匈奴，使得汉朝有了喘息之机。

之后，汉朝开始稳定向前迈进，不管是军事还是经济都有了长足的发展，其间萧何制定了基本的为政纲领，曹参则制定无为而治的大管理方针，又经历了汉惠帝和吕雉时期，使得无为而治更加深入人心，可以这么说，现在的无为而治已经真正成为汉朝的基本国策了，谁要是想动这个国策，那他就要做好成为全民公敌的准备。

那么这样的人真的存在吗？我要告诉大家的是，存在！并且他就像一把利剑一样无所畏惧。

从公元前179年开始，朝中的大臣们便会经常看到一个不到二十岁的小伙子总是跟在汉文帝身后，并时常与汉文帝彻夜长谈国事。

结果，小伙子越来越得到汉文帝的重用，不到一年的时间便从博士升为了太中大夫。

这个人是谁呢？便是贾谊了。

贾谊，洛阳人，十八岁的时候因为学富五车而闻名当地，大家一提到贾谊都会竖起大拇指称赞他为神人。

当时的河南郡守吴公听闻贾谊才能优异，便将他召到门下为客。

结果，贾谊给吴公提出了很多的合理化建议，让吴公在本地改革创新。

吴公纳其言，在河南郡大刀阔斧地改革创新。最后，他的政绩在全国排在第一位，遥遥领先于其他同僚，也得到了汉文帝的关注。

后来，汉文帝听说吴公和前秦丞相李斯是同乡，还和李斯学过很多学问，便将吴公召来京城，让他担任廷尉，主管国家法度。

可自从吴公见到汉文帝以后便不止一次强推贾谊，说贾谊有经天纬地之才，绝对不可埋没。

汉文帝看吴公如此器重贾谊，便给了贾谊一个博士的位置（贾谊是当时最年轻的博士）。

那时候，汉文帝遇到不能解决的难题总是习惯先和博士们议论之后再和大臣们敲定，碰到实在太过为难的问题的时候，汉文帝才会和大臣们商议解决。

可自从贾谊为博士以后，每当有那些令年长博士都支支吾吾地说不出办法的问题时，只有贾谊一人能够一针见血地将问题解决，并且办法简单有效。

所以，汉文帝越发器重贾谊，不到一年便破格提拔他为太中大夫。

当时，明眼人都能看出汉文帝是要重用这个年轻人了。

可贾谊性格太过直爽刚烈，只想着让汉朝大跨步地向前跃进，而忽略了最基本的人际关系。

贾谊认为，当时的汉朝已经统一天下二十余年，国家也已稳定，经济也在稳步提升，可国家依然沿用前朝（秦朝）的很多习惯和旧制，这是不可取的。

因此，贾谊劝谏汉文帝应该改变旧习，创造汉朝特色文化。其建议主要如下。

一、改定历法，并起草各种新的仪式法度。

二、提倡国家改国色为黄。

三、更改官职名称，创建汉朝独有的官职体系。

对于贾谊的提议，汉文帝心中实际上是认同的，可他素来都是一个谨慎之人，恐怕突然改变这么多会触及朝中大臣的利益，便没有着急实行。

而众多朝中大臣呢？虽然对贾谊此举不怎么满意，但一是皇帝并没有实行；二是这些改革也没触及他们的根本利益，所以大臣们也没有过激反应。

可当贾谊再提出建议的时候，朝中的权贵们就无法再容忍他了。

那么贾谊到底提了什么建议呢？

贾谊建议汉文帝应该马上将留在京城中的诸侯们遣回封地，不让他们继续在京中逗留，因为这些诸侯权贵在朝中享有很高的地位，在地方拥有很大的权力，如果继续任由这种情况发展下去，便会对国家安全产生影响。

当贾谊这项提议说完以后，朝中的那些大臣可都炸锅了。以周勃、灌婴为首的"反贾势力"联合起来上书汉文帝，说贾谊这人接二连三地搬弄是非，意图扰乱朝纲，独揽大权，这样的人绝不能留，必须马上赶出京师。

汉文帝本来是想重用贾谊的，可无奈他行事太过刚直，在中央没多长时间就把满朝文武都给得罪了，如果继续让他留在京师的话，说不定哪一天就会让人给害死。

于是，汉文帝决定雪藏贾谊，让他前往长沙国做长沙王子的太傅，以此来磨去他的锐气，让他能够适应形势，学会腹黑。

可我之前也说过了，剑是什么呢？那是最高冷的存在，宁折不弯。当初的吴起一直到死都没有改变过自己，如今的贾谊能吗？当然也是不能的。

他在前往长沙国赴任的途中路过湘水，不知怎么的就想起了战国时期的屈原，当时悲从心来，便写了一个《离骚赋》来抒发自己的情感。

那么贾谊从此以后便要开始他悲催的一生了吗？是的。

那么贾谊从此以后便要一蹶不振了吗？不是。

如果贾谊就这样没落了，那他有什么资格接受"剑"这一称号呢？关于他的事迹以后还有很多，我们不要着急，按照历史进程慢慢地来吧。

现在，贾谊走了，留在京城的诸侯们得意了，可没等他们得意多久，汉文帝就让他们哭了。

就像之前贾谊所说，让这些权倾朝野的诸侯继续在京城中逗留的话对朝廷始终不是什么好事儿，现在贾谊走了，你们也没什么脾气了吧？

于是，汉文帝动手了，只不过在动手之前他要先等一个病重之人过世，这样时机才算成熟。

这人就是整个汉朝的谋主——大汉丞相陈平。

公元前178年十月，伴随着病重已久的大汉丞相陈平的离世，汉文帝宣布由周勃继承陈平的丞相之位，继而在一次朝会中宣布："各位，朕听说古代诸侯建立的国家有一千多个（西周初期），这些诸侯各自守护着自己的封地，并按时入朝进贡，据说那时候国泰民安，上下舒心，从来都没有什么祸乱发生。

可如今，咱们汉朝的列侯还有很多都滞留于长安之中，离自己的食邑很远，使得运送至京城给养的士兵们非常辛苦，所消耗的额外物资也很多，这样的话就会浪费我大汉的资源，列侯所管辖的民众也得不到良好的管理。

所以，朕命令现在还在京城滞留的列侯们迅速返回自己的封国。

哦，当然了，周丞相身为我大汉的丞相，管理着全天下人民的生计，朕离不开他，所以他可以留下。

还有，灌婴为我大汉军界的精神支柱，所以他也不能走，还得在京城辅佐于我。剩下的，今日给我返回封国去吧。"

这话一说，朝中诸侯们全都蒙了，他们的带头人周勃和灌婴此时得了好处，当然无法为他们请命，而这些人没了头领的带领，也全都没了脾气，便依了汉文帝所言，乖乖地返回了各自封国。

周勃和灌婴也从此失去了自己的羽翼。

这些人走了以后，京城的官职空出了很多，汉文帝便命地方着力推荐各地的贤良、方正（刚正不阿、行为方正）、能直言极谏者前来京中任职。朝廷也因为汉文帝的这个政策变得更加正气（因为这是第一次选拔贤良，所以没有什么水分，各地的筛选大体还是合格的）。

好了，我们再将目光锁定在身在长沙的贾谊身上吧。

自从他听说汉文帝将朝中诸侯"赶回"封地以后十分舒爽，因为汉文帝此举正是证明了对自己的信任和对于自己提案的认同，所以贾谊再接再厉，上了一个《论积贮疏》给汉文帝定夺。

还记得汉高祖刘邦那时候，对商人抑制得非常厉害，那时候商人没有半点儿地位，几乎和秦朝时候的商人地位是一模一样的。

后来，汉惠帝和吕后为了给国家充盈的财富，乃令商人可以以钱换爵，使得商人的地位得以提高。

再到后来，全国商人基本都用金钱来买爵位，以此来提升自己在社会上的地位。

所以，越来越多的人从商，使得靠种地为生的农民逐渐凋零。

要知道，古代人没有什么高科技，耕地清一色为人牛结合。所以耕地的人力减少就表示着以食为天的汉朝要逐渐走下坡路了。

针对此事，贾谊上了《论积贮疏》以激励汉文帝重视农业生产。其大致意思如下。

启奏陛下，春秋时管仲曾经说过："民以食为天，一个国家的粮食要是充足，天下的百姓便会安定，也会懂得礼节。可如果一个国家的百姓连饭都吃不上，那么谁都不会在乎什么礼节，天下也即将大乱。"

鄙人认为，管子此言为天下至理，老百姓吃不饱饭国家却能安定的，说实话，从古代到现在，我还从来都没听说过。

古人有言："一男无耕便有饥；一妇无织便有冻。"

生产是要分一年四季的，可消费它却没有限度，所以社会上的财富肯定会有缺乏的时候。圣人治理天下，对于重视囤积和治农了解得十分细致，考虑也很周详，所以他们的粮食储备总是能让天下安定。

可现在许多人却背弃了他们的本命而前去经商，这样下去的话，吃饭的人就会变得越来越多，粮食就会越来越少，这是天下真正的灾难。

并且，现在淫靡奢侈的风气在一天天增长，这又是天下的大害。如果继续纵容这两种灾害蔓延下去的话，国家最后就会走上覆灭的道路。

还记得汉朝刚刚成立的时候，百姓为了能吃饱肚子每天都提心吊胆，怕不下雨，怕收成不好。

最后朝廷靠卖爵来增加收入、有的百姓甚至靠卖子女来度过艰苦的日子。这些事现在还好像在我面前，陛下怎么能一看天下逐渐安定便忘记了危险呢？

陛下不要以为现在粮食储备还够就放松警惕，岂不知灾祸时常都会突然发生，天灾（旱灾、地震等）人祸（战争）一旦突然发生，难道陛下能够靠着现在的粮食供养那成千上万的士兵和饥民吗？

答案肯定是不能，而一旦陛下无法满足这些人的需求，那么那些胆子大的人便会开始抢劫官府进而导致天下的再次大乱，我大汉皇朝也将再步前朝的后尘。

所以，我恳请陛下能够积贮粮食，因为粮食充足便会财力有余，而财力有余做什么都会成功。

用它来攻城，就会有成百上千的重型攻城器械供您驱使，使您攻无不克；反过来，用粮食来防守，便能守得牢靠，拖也能拖死前来侵犯的敌人。

如此，才能真正算得上是国富民强，使任何人都不敢冒犯我大汉的天威。

所以，我再次请求陛下，请驱使百姓重新回到农业上去吧，让那些从事商业和无业游民也都走向田间，如此定能积蓄充足，天下也会真的安定，这是臣下的真心话，请陛下一定要慎重考虑。

那么贾谊这番话有没有用呢？非常有用，因为贾谊的文书刚到汉文帝手中没有几天，汉文帝便用行动表明了他对贾谊的信任。

那天，正在朝会中，汉文帝突然对满朝文武道："各位，一个国家最重要的是什么呢？是农业，如果一个国家农业不发达的话，就什么都做不了，所以从今天开始，朕要亲自带头耕作，用自己亲手耕种的粮食来供给宗庙。并且，朕宣布，今年只收百姓一半的田租，以此来鼓励百姓耕种。"

次日，整个长安城都震动了，因为汉文帝换上老百姓所穿的农装，亲自带着百官（也是一身农装）前往耕地。

汉文帝此举如同风一般传遍全国。正所谓上行下效，中央下面的那些地方官一看汉文帝都如此重视农业，他们就更不能落后了，所以一个个都带领手下的官员们亲自前往耕作。有的还亲自带人到乡间、闹市宣传耕作的光荣，还有的官员甚至发布政策，重赏本地耕作最好的百姓，并重点表扬，让他们拥有了无限的荣耀。

那么在汉文帝如此大力提倡农耕下汉朝会丰收吗？答案是肯定的，甚至之前很多跑去经商的人都跑回来重新耕作了。

那么提出了根本性问题的贾谊会不会因为此次建议重新回到长安担任要职呢？

当然不会。因为贾谊的能力汉文帝是清楚的，他之所以要让贾谊前往封国，一是为了让他躲过朝中权贵的抨击；二是为了让他能够磨炼自己的脾气，所以没把贾谊的棱角磨平他是绝对不会放贾谊回京城的。

贾谊啊，你还是继续在地方磨炼你那"不成熟"的性格吧（一说汉文帝不放贾谊回京是为了给自己的后代留一个能臣）。

3.7 审食其

好了，贾谊说完了，短期内也没他什么戏码了，咱们继续回到长安看看这段时间汉朝都发生了哪些事儿吧。

公元前178年三月，朝中大臣向汉文帝建议："现在京城有很多滞留的刘姓宗室，应该将他们下派下去成为诸侯王，这样也方便巩固刘姓江山。"

汉文帝依此言，封赵幽王刘友（之前被吕雉软禁，最后饿死于长安的那个）的长子刘遂为赵王，刘遂的弟弟刘辟强为河间王，将强大的齐国划出好几个大郡分别派给了刘肥的儿子刘章为城阳王、刘兴居（刘肥三子）为济北王。最后封自己的儿子刘武（二儿子）为代王，刘参（三儿子）为太原王，刘揖（老小）为梁王。

看到这大家也许会有疑问了，为什么之前讨伐吕氏立功很大的刘章和也有功劳的刘兴居会被封到掰开的"三齐之地"呢？

那是因为之前不管是刘章还是刘兴居都力推刘襄为汉朝新一任皇帝，汉文帝怕他们人心不服，这才将他们派到了一个小地方（这之前，朝中大臣为了让刘章和刘兴居为他们所用，便开了空头支票，许诺只要吕雉被灭，刘章便会被封为赵王，刘兴居成为梁王）。

所以从这以后，刘章和刘兴居都对汉文帝有着无尽的愤恨，一颗造反的种子也就在心中慢慢发芽了。

好了，这事儿先暂时放在一边，我们继续往下说。

秦法规定，凡是有民间议论批判国家政策得失的，全都要被处以极刑，这项法令一直到汉文帝时期都还在延续着。

然而汉文帝对这种政策很不感冒，他认为，如果阻碍民间的言论就会使得百姓没有基本的言论自由，那些隐藏于市井的贤人也不会前来投靠自己，于是在本月废除了诽谤、妖言之罪，使得天下百姓重新获得了言论自由。

公元前177年三月（汉文帝三年），周勃再次成为丞相到现在已经有一年了，其羽翼也都被汉文帝散尽。于是，汉文帝对周勃下手了。

那天，朝会之中，汉文帝微笑着对周勃道："我说丞相啊，记得上一年我曾说过现在京城中的列侯们是都要返回自己封邑的呀。可是呢，最近我听说还有很多列侯赖在长安不肯走，他们都是我父亲时代的国家功臣，我也不好太过直白地将他们赶走，所以朕觉得丞相您是不是带个头返回封邑呢？这样他们也不好再赖在长安不走了。"

汉文帝这已经是很明显的"卸磨杀驴"了，周勃要是再听不出来他也白在官场这么多年了。

于是，在万般无奈之下，周勃将相印还给了汉文帝，返回了自己的封邑。

那么汉文帝接下来任命谁当丞相了呢？是不是自己的心腹呢？呵呵，不是。

周勃走后他非但没任命自己的亲信为大汉丞相，反倒是任命了灌婴为大汉新任丞相，还取消了太尉之职，让丞相军政大权一把抓。

那这是为了什么呢？汉文帝不是想起用自己的心腹吗？为什么还要让灌婴来做这个丞相呢？

这其实很好解释，因为自从周勃以后，灌婴一直都是汉朝的太尉，把持着相当大的军权，汉朝军界那些有头有脸的将军没有几个不是灌婴一手提拔上来的，而赶走周勃这个老上司也许就会触及灌婴那条脆弱的神经。

所以，为了避免进一步刺激到灌婴使得他铤而走险，汉文帝这才让他做了一国的丞相。

可能有的人还会问："那只给灌婴丞相不就行了吗？为什么还要让他军政大权一把抓呢？"

这也好解释，因为灌婴赖以生存的先决条件就是他手上的兵权，如果没有了兵权他什么都不是，所以如果只让灌婴当丞相而剥夺他手中的兵权也会触碰到灌婴那脆弱的神经，所以汉文帝才会让他军政大权一把抓。同时也向天下老臣表明态度，那就是我刘恒并没有卸磨杀驴，现在还在世的初代老臣我还是会重用的。

这等一石二鸟之计也不失为一个好办法，并且现在灌婴已经年老，估计是活不了多长时间了，军政大权早晚会再回到汉文帝手中，所以他才会如此决定。

好，我们继续往下说。

同年四月，城阳王刘章一天到晚地想不开，结果忧愤成疾，被大白鹤给接走了。

还是这个月，淮南王刘长来到了长安拜见汉文帝，并且在长安干了一件"大事"，弄得朝野震动，那就是将吕雉曾经身边的红人（抑或是面首）审食其给杀死了。

那刘长为什么要杀审食其呢？

说这事儿之前，我们还是先简单地介绍一下这两个人吧。

审食其，他是沛县人，从刘邦起兵开始就跟着刘邦了。

可后来，刘邦领兵四处出击，常年在外，便让审食其留下照顾刘老太公，帮忙操持家务。

再后来，刘邦在彭城被项羽大败，慌忙逃窜，审食其带着刘老太公一家前往寻找刘邦，可刘邦没找着，反倒是被楚军给逮住了，便和刘老太公与吕雉一起进了监狱（传说从这时候开始审食其对吕雉的照顾无微不至，吕雉也是在这时候对审食其产生情愫了）。

之后，楚汉"停战"，项羽便将刘邦一家都送了回去。为了感激审食其对自己家人"无微不至"的照顾，到刘邦统一天下以后便封审食其为辟阳侯。

后来，刘邦归天，传说审食其从这时候开始便和吕后有了不正当的关系，审食其也成了吕后真正的情人和左右手（都是传说，并没有实质证据，但是从刘邦死后吕雉和审食其的密谋便能看出端倪）。

直到公元前187年，吕雉命陈平为右丞相，审食其为左丞相，陈平当时采用隐忍的策略，所以审食其一时之间风头无二，成了朝中最有权力的大臣。

之后，吕雉归天，吕氏被灭，汉文帝在登台的第一时间便将审食其赶回了家中，这就是审食其简短的经历了。

再说刘长。

刘长是汉高祖刘邦最小的儿子，他的母亲曾经是赵王张敖的美人，但张敖见此女长得貌美如花，便没有"动手"，而是打算找个机会将此女进献给刘邦。

果然，不久以后，刘邦经历了白登山之围，路过赵国的时候把气全都撒到了张敖身上，张敖畏惧，便将此女进献给了刘邦，这便有了一夜之欢。

可刘邦身边美女如云，像刘长母亲这等姿色的在宫中一抓一大把，所以玩儿了一夜之后便领兵走了，也没将此女带走。

可毕竟此女和刘邦"好"过，所以张敖是不敢再将她留在自己宫中了，便另在王宫之外给她建造了一个别苑，让她在此生活。

后来，贯高等人行刺失败，张敖以及其身边的人全都被牵连，刘长母亲就这样不明不白地进了监狱。

可这女人怀了刘邦的骨肉，不甘心受此待遇，便和看押监狱的小吏道："我怀了皇上的骨肉，不能在监狱生活，请将此事上报。"

监狱小吏不敢怠慢，赶紧将此事上报。

之后层层上传，终于传到了刘邦的耳中。

可刘邦当时对张敖正是愤怒之时，这种情绪也就转嫁到了此女身上，便没有管她，任她在监狱里受苦。

后来，刘长的舅舅赵兼走了吕雉和审食其的后门，希望两人能帮刘长的母亲说说好话。

可吕雉嫉妒此女，不为其辩白，审食其估计这时候也劝不了吕雉，便没有尽力争取。

结果，刘长的母亲悲恨交加，在生下刘长以后便悬梁自尽了。

消息很快传到了刘邦耳中，那时候张敖已经被释放，刘邦也很惭愧，便厚葬了刘长的母亲，并让吕雉好生抚养刘长。

心狠手辣的吕雉在抚养刘长这事儿上还真没的说，像对待亲儿子一样对待刘长。

后来，淮南王英布造反被刘邦平定，刘邦便将刘长封为了淮南王，因为刘长是吕雉一手养大的，所以之后吕雉残杀刘氏王族的时候并没有动刘长，反而还给了他很多好处。

可不知从什么时候开始，刘长知道了自己母亲的死因，便时常愤恨。因为吕雉虽然不是他的生母，但却有生母之实，所以刘长并没有愤恨她，他心里唯一恨的只有审食其一人。

但当时审食其是吕雉身边的红人，所以刘长也不敢擅自动他。

几年以后，吕雉病死，吕氏被灭族，汉文帝继承了大统，因为刘长是吕雉一手抚养出来的，汉文帝便对他诸多防备，本来是想直接将这个"危险分子"剔除封国的，可无奈封刘长为淮南王是刘邦的命令，再加上汉文帝也不想落下一个"杀弟弟"的恶名，便不好下手，只能使用捧杀策略对付刘长。

有一句话说得好：要想毁灭一个人，就要先让他疯狂。

那么怎么才能让一个人疯狂呢？

很好办，要么将他逼得走投无路，要么就惯着他、宠着他，让他以为自己天下第一，什么都得围着自己转。

很明显，汉文帝就打算用后者来让刘长疯狂。

所以，从这以后，汉文帝就装着爱护刘长的样子，什么都依着他。所以刘长越来越骄纵，竟然有好几次犯法汉文帝都不管。

于是，刘长越发肆无忌惮，竟然将主意打到了审食其身上。

公元前177年四月，汉文帝三年，刘长前往长安拜见汉文帝，虽然他想借着这次来长安直接将审食其给解决了，但还不知道汉文帝对他到底是个什么态度，如果解决审食其的代价是赔上自己的性命，那这个代价可就太大了。

所以，刘长在杀审食其以前先来拜见汉文帝，就是想要试探汉文帝是不是真的喜欢他，他犯了错以后会不会杀了他。

于是，刘长在上朝的时候表现得非常蛮横，缺少很多基本的礼节。

但汉文帝并没有怪罪于他，反倒是露出了喜欢的表情（一说刘长力能举鼎，武艺高强，所以汉文帝才喜欢他）。

散朝以后，汉文帝邀请刘长一起前往上林苑打猎，甚至让刘长和他同坐一辆车，其间二人相谈甚欢，刘长也完全掉进了汉文帝给他挖下的大坑里，竟然管汉文帝叫大哥。

行了，现在有这么一个大哥为自己扛事儿刘长还怕什么呀？所以审食其的死期便要到了。

于是，刘长和汉文帝打猎完毕，回到长安以后，马上辞别了汉文帝，直接前往审食其的家中去了。

那审食其自从赋闲在家以后可真称得上是老老实实做人、勤勤恳恳做事了，平时大门不出、二门不迈，对谁都是客客气气的，怕的就是有人要害死自己。现在一听说淮南王刘长亲自到家里拜访，便赶紧跑出屋外亲自迎接，可他的笑脸所迎来的并不是同样的笑脸，而是冷冰冰的一个大铁锤子。

那刘长一见审食其跑出来迎接自己，便直接命人将他擒住，然后从袖中取出铁锤，直奔审食其的脑袋而去。

噗！审食其命丧黄泉。

唉，可怜的审食其啊，估计直到死了都不知道刘长为什么要杀他，真是千古第一"躺枪"者的不二人选。

那刘长杀了审食其以后自知犯了大罪，便直接跑到了皇宫之中，袒胸露背地给汉文帝下跪道："陛下！我来向你谢罪！我刚才杀死了审食其！"

汉文帝沉默了一会儿问道："总要有个理由吧，你为什么要杀死他？"

刘长道："陛下，当年我的母亲不应该因为赵王的事情入狱，审食其本来有能力劝说吕后拯救我母亲，却不尽力争取，这是他的第一宗罪。

"另外，当初赵王刘如意和他的母亲都是没有罪过的，可吕后杀死他们的时候审食其却没有阻止，这是他的第二宗罪。

"还有，吕后给诸吕封王，这是要干什么？这要干的就是迫害我刘氏啊，可审食其却没有阻止，这是他的第三宗罪。

"所以，我只是为了天下而杀死了坏人，为母报仇，并不是反对陛下。可如今，我已经触犯了大汉的法律，理应受到刑罚，还请、还请大哥你杀了我吧。"

杀了他？汉文帝早就想杀他了，但作为极度谨慎，并时刻都想着流芳千古的汉文帝，现在杀了刘长还不是时候。

为什么？因为刘长说得多好听啊，人家是为母报仇。当然了，如果汉文帝现在想要杀了刘长的话，凭着这一次他斩杀前左丞相的理由就够了，可汉文帝真的借着这件事儿杀了他，天下人会怎么看汉文帝，一定会说汉文帝是一个不近人情、弑弟而立之人。

所以汉文帝并没有对刘长动手，还装作不忍心杀他的样子将他放回封国，继续采用"捧杀"的策略来对付刘长。

然而当刘长离开长安以后，袁盎却感觉现在刘长的状态很不对劲儿，于是面见汉文帝劝谏道："启禀陛下，臣觉得淮南王现在实在是太过骄纵，如果不加以制止的话很可能会铸成大错，不如暂时削减其封地，减少他的直接力量，这样也能给淮南王敲一个警钟啊。"

汉文帝："袁郎中你多虑了，淮南王乃是朕的弟弟，怎么可能造朕的反呢？"

袁盎见汉文帝并不"相信"自己的谏言，也就没有再多说，骑驴看唱本——走着瞧呗。

至于刘长会不会造反咱们以后再说吧，现在还是将目光瞄向东方吧，因为有人真的造反了。

3.8　刘兴居之反

公元前177年五月，就在刘长刚刚离开长安之时，北方那令人恐惧的马蹄声再次响彻大地，匈奴右贤王在本月突然率领全部家当（具体兵力史无记载，但从本次的战绩来看应该是近十万匈奴轻骑兵），先是侵占了整个河南之地（此河南为今内蒙古自治区鄂尔多斯市），然后突袭了上郡边塞。

因为除了之前刘邦和冒顿对阵那一次以外，匈奴人出兵汉朝从来都是寇掠边境就算完事，并没有什么太大的军事行动，所以边塞守将没想到此次匈奴人出动了如此数目的兵力。

于是，上郡边塞被匈奴人攻破，烧杀掠夺无数。

而此时汉文帝才知道匈奴的动向（由此可见匈奴轻骑兵之速），便迅速命丞相灌婴仓促集结材官、骑士、轻车组成了一支八万五千人的队伍后便向东疾奔，目标直指匈奴右贤王。

此次被动出击虽然第一统帅为灌婴，但汉文帝也知道事态的严重性，所以自己也在后压阵，为的就是给士兵们带来士气（这相当于御驾亲征了）。

这还不算，汉文帝走之前还下令长安继续集结大军，准备灌婴一有不敌便再次攻击匈奴。

可就在这万分紧要之时，汉朝内部竟有人造反了，这人是谁呢？就是现在的济北王刘兴居了。

之前也说了，因为封地的事儿，刘兴居一直都对汉文帝耿耿于怀。如今，北方匈奴人入侵，汉文帝御驾亲征，正好给了刘兴居一个造反的机会，于是便举起大旗公然造反，意图趁此机会西进长安，之后一举控制天下。

但天下所有的封国都有汉文帝的间谍，所以那边刘兴居刚刚宣布反叛，这边汉文帝便知道了。

于是，汉文帝紧急从太原返回长安，而这时候长安已经集结了十万士兵。

见此，汉文帝立即下令北方灌婴采用守势拖住匈奴人，只要将匈奴人堵住，让他们无法继续寇掠大汉城邑便记大功一件。后命新集结的十万汉军停止向北方增援灌婴，转而迅速向东平定刘兴居之乱。

这还不算，为了防止东征汉军出现意外，汉文帝还命祁侯缯贺迅速赶往荥阳防线，在此地征兵设防，就是怕东征大军出现意外以后反叛军会长驱直入杀进长安，到那时就万事皆休了。

可汉文帝很明显是想多了，为什么呢？我们先来看看北方匈奴人。

匈奴军队这次前来汉朝虽然攻势凶猛绝伦，给汉朝造成了非常大的损失，可是呢，主要目的还是寇掠抢劫，而绝非占领地盘创建政权，所以基本还是秉承了打完就跑的传统。

基于此，当右贤王得知汉朝出动大军前来迎击自己的时候便果断率领大军向北返回了，使得汉朝军队"不战而胜"。

上郡被祸害得相当惨，已经归顺汉朝的少数民族和上郡本地的百姓基本被残杀掠夺殆尽。

不过不管怎么说可恶的匈奴人是撤了，所以现在只需要对付刘兴居便可以了。

公元前177年七月，叛军和汉军即将碰面，汉文帝也没闲着，而是对叛军进行了舆论攻势，向天下发布了檄文："我大汉济北的臣民，朕知道你们是被迫才和刘兴居共同反叛的，朕怜惜你们，所以特此发布信息，凡是在朝廷军队未和叛军交战以前就重新回到大汉怀抱的，朕统统既往不咎。是官兵的，还会保留你原来的职位编制，普通老百姓也是这样，只要你在交战之前脱离叛军的部队，我大汉绝对不会对你另行惩罚，你以前怎么样以后还是怎么样。"

汉文帝这招简直是太厉害了，本来嘛，现在天下大定，百姓丰衣足食，谁没事儿闲得造反呢？

所以，当汉文帝的檄文传遍天下以后，叛军的人数便一天比一天少，士气也是一天比一天低落。

于是乎，在最后总决战的时候，叛军已经完全失去了战斗的能力和欲望，被汉军轻松地平定。

济北王刘兴居见兵败如山倒，料想自己最后的结果肯定是十死无生，便挥剑自杀了。

3.9 一朝新人一朝欢，前朝旧人毙浅滩

时间就像滔滔江水匆匆而走。

很快，半年过去了，这半年过得非常平稳，就连上郡的百姓也从死亡的阴影中逐渐走了出来，重新开始从事生产劳动。

可就在公元前176年十二月，一个人死了，而他的死造成了一连串的连锁反应，使得中央的官场开始"改朝换代"，一批批刘邦时代的老臣接连告别历史舞台，有的赋闲在家，有的则直接被抓去了监狱。

那么这个死的人是谁呢？就是老一辈大臣的代表，军政大权一把抓、权倾朝野的丞相灌婴了！

灌婴死了，终于死了，从今以后再也没有前朝大臣能够制约得住汉文帝了。

于是，汉文帝开始进行官场大调整。原来那些刘邦时代的老臣们被汉文帝一个个地"请"下了台，换上来的要么就是自己的心腹，要么就是有才干的年轻俊杰，

这其中有两个人是不得不提的，他们便是新任廷尉张释之和新任丞相张苍了。

我们首先来看张释之。

张释之，字季，堵阳人。从小便和哥哥张仲在一起生活。因为张释之读书很多，做事有板有眼，看事物也非常透彻，所以张仲认为张释之以后一定能够做大官，便花钱给张释之买了一个骑郎的位置。

可张释之在骑郎的位置上一待就是十年，其间没有丝毫建树，所以张释之心灰意冷，想要主动请辞回家帮助哥哥种田。

可当时的中郎将袁盎在张释之请辞之前发现了他的才能，认为他是一个有大才的人，舍不得其离去，便请奏有关单位调张释之为谒者（皇帝身边的近侍，负责传达皇帝的命令），以此亲近皇帝。

果然，张释之成为谒者以后离汉文帝近了，便有机会向汉文帝展示自己的学问，所以很快便得到了汉文帝的器重，让他成了谒者仆射。

有一次，汉文帝带着张释之前往上林苑虎圈观虎。其间，汉文帝询问上林尉上林苑珍奇走兽的情况（原文并未记载，估计是问上林尉现在上林苑有多少老虎、狮子、鸵鸟之类的）。

汉文帝一连问了上林尉十几个问题，那上林尉一听这些乱七八糟的问题左看看右看看就是答不上来。

而这时，管理虎圈的负责人一见领导答不上问题，赶紧上前替其回答，并说得头头是道。

汉文帝一听大悦，便转头对张释之道："看没看到，官吏就应该像他一样熟悉业务，上林尉不行，我看就让他来代替上林尉得了。"

这要是一般谒者早就乐得去办理手续了，可张释之却没有这样做，反倒是从汉文帝的任命中看出了汉文帝现在的缺点。

那么这个缺点是什么呢？当初刘邦为什么能够打败项羽进而一统天下呢？我认为至少有一点是因为他能放权，该他管的事情他管，不该他管的事儿绝对不细究，所以下面的官员才能放心做事、各司其职。

可现在汉文帝所任命的事情却不是他一个皇帝应该管的，如果放任汉文帝这种行为继续下去，会对汉朝的江山不利。

所以，张释之便反过来询问汉文帝道："陛下，臣下请问，周勃是一个什么样的人呢？"

汉文帝道："忠厚长者。"

张释之道："是呀，忠厚长者，像他那样的忠厚长者在平时说话的时候也会谨慎，不想明白是绝不会乱说话的，有的时候甚至连话都不敢说，这不就是身为长者和官员应该有的谨慎吗？这不正是要让天下人学习的地方吗？"

话毕，张释之指着那个虎圈的管理员道："难道要让天下人都学习这个伶牙俐齿、喋喋不休的家伙吗？想当初秦朝多用能舞文弄墨的文人来充当朝中官吏，可最后的结果呢？那些官吏们用优美的言语来奉承夸大秦始皇的功绩，让他看不到自己的过失，最后在秦二世的时候亡了国。而如今的陛下呢？就因为这个虎圈的小吏伶牙俐齿便打算破格提拔他，我想问陛下，您真正了解这个人吗？我恐怕陛下提拔这个小吏以后天下人都会随之附和，夸夸其谈，用粉饰太平来迷住陛下的双眼，到那个时候陛下就再也看不清将要走的道路了。所以，我希望陛下能够谨言慎行，不要被一时的欢乐而冲昏了头脑，也不要随便去干涉其他官员应该管理的事情。"

话毕，汉文帝恍然大悟，便撤销了提拔虎圈管理员的任命。之后，汉文帝也没有心思再看奇珍异兽了，而是让张释之和自己共坐一个车驾回宫，其间和他讨论了很多现在朝中的政策和弊病。

从这以后，汉文帝便更加器重张释之。但这还不是张释之能够成为廷尉的主因，促使张释之真正成为廷尉的，是张释之做事不畏权贵（一说投机取巧、哗众取宠）！

话说一次，梁王刘揖前往京城拜见汉文帝，因为太子刘启平时和刘揖关系特别的好（一说汉文帝最宠小儿子刘揖，所以刘启才装作和刘揖很要好，以此来迷惑汉文帝，让汉文帝认为他是一个心胸开阔之人，认为他继承大统以后是绝对不会动刘揖的），所以那一次刘启亲自出城迎接了刘揖，并和刘揖共乘一辆车回到皇宫。

估计是那天两个人实在是太高兴了吧，所以在路过司马门的时候并没有下车（司马门：严格来讲那是只有天子才可以走的地方，一朝太子也不是不能走，但为了对天子表示尊重，是绝对要下车的）。

张释之见此，赶紧追上刘启和刘揖，并让二人赶紧下车。

那刘启是一个脾气暴躁的人，虽然依照礼法下了车，可并没有给张释之什么好脸色看，张释之也没管那个，直接将太子刘启驾车走司马门没有下车的事儿上报了（一说张释之秉公执法，一说张释之惧怕刘启以后报复，便想用此事把太子给弄下去）。

可这事儿最后不知怎么传的，竟然传到了薄太后耳中，薄太后听闻以后大怒，直接将汉文帝叫到身旁问他是怎么管教的儿子。

孝顺的汉文帝见老娘发怒了，赶紧摘下帽子认错。

所以从这以后，汉文帝便认准了张释之是一个不畏权贵的好官，而这种官最适合干的便是廷尉了。

于是，在老一辈权贵的靠山灌婴死去以后，张释之被第一时间任命为廷尉。

而自从做了廷尉以后，张释之也确实没让汉文帝失望，其中有两件事情是最能表达他是如何不畏权贵的。

第一件，张释之成为廷尉没多久，汉文帝出宫祭祀，正好路过渭桥，可就在先头部队路过以后，正巧在汉文帝下桥的时候，突然从桥底下钻出来一个莽汉，这莽汉一看汉文帝就在自己的眼前，一转身就跑了。

这突发的一幕把大家全都吓坏了，汉文帝车驾的马儿受惊，差点儿掀翻了"龙车"。

好不容易将马儿的惊恐情绪平息的汉文帝大怒，指着莽汉逃跑的方向对左右吼道："把那人给我逮回来！"

左右听令，急往抓捕。那莽汉就是一个普通的小老百姓，怎能跑得过训练有素的宫廷郎卫！所以没过多长时间就被提了回来。

之后，汉文帝看都不看他一眼，直接就将此莽汉交给了张释之治罪。

把一个小老百姓交给一朝廷尉治罪，汉文帝什么意思？很明显是要杀了这个百姓。

然而张释之并没有，他详细地审理这莽汉以后便前去向汉文帝汇报了。

此时，皇宫之中。

张释之道："启禀陛下，臣来汇报莽汉惊驾之事。"

汉文帝道："嗯，什么时候杀了他。"

张释之奇怪地道："杀了他？为什么要杀了他？他只不过是违反了清道戒严之令，按照《九章律》处罚条令，只需要让他缴纳一定的罚金就可以了。"

一听这话，本来很淡定的汉文帝直接怒了，他震惊地道："什么？就上缴一点儿罚金这事儿就算了？张廷尉，我劝你说话以前先过过大脑，你要知道，他今天可是把朕的马儿都给惊到了，如果朕今天用的不是这匹马，而是一匹性子比较烈的马，那将会怎样，你有考虑过吗？"

张释之道："启禀陛下，臣已经调查取证过了，这百姓乃是长安乡下人，这是第一次来到京都，所以不熟悉清道戒严令，没有在第一时间四散走开，直到看见您的车驾才想起京城有这么一条法律，所以仓皇逃窜至渭桥之下。因为不知道陛下车队隆重延绵，这才没算准时间，提前跑了出来，所以惊动了圣驾。基于此，我便按照《九章律》给此人定为不遵清道戒严令之罪。"

看到汉文帝还是有些不甘，张释之继续道："陛下，什么叫法律呢？法律严格来说是国家的根本，是下到百姓、上到皇帝都应该遵从的，如果陛下因为一己之私就想改变法律，那我们大汉以后还拿什么取信于民呢？况且当时陛下立马命人把他杀了也就罢了，可您最后将他交到我的手中，那不就是让我用国家正典之法来审理他吗？而我身为廷尉，是天下公平的象征，一旦有偏，那么导致的结果便是使天下官员在运用法律之时都会任意而为。所以，还请陛下能够明察。"

话毕，汉文帝虽然还是有那么一些不甘，但张释之说得在理，他也就没再说什么，并且从此在心中更加器重张释之。

我们再来说第二件事。

一日深夜，有一小偷潜入了高祖庙，将供奉给汉高祖的一个玉杯给偷走了，汉文帝得知后大怒，当即命令全城戒严，就是掘地三尺也要把这个小偷给抓出来。

后来，下层幸不辱命，小偷终于被抓住了。汉文帝认为此等大罪从建汉一直到现在都没有发生过，所以非常重视，便将此小偷交给了张释之审理，想要让张释之诛了小偷的九族。

可张释之审理之后向汉文帝提交了报告，说明此小偷犯了偷盗宗庙服饰器物罪，应该立即斩首。

汉文帝这次再也忍不住了，直接站起来对张释之吼道："张释之！你怎么审的案子！这小贼偷的是什么？是我大汉开国高祖的供奉之物，我之所以将此人交给你审理，就是想让你找个理由灭了他的全族！可是你呢？凡事都要依照国家法典来办！你让我以后九泉之下拿什么脸去见高祖！"

张释之见这次汉文帝动了真火，再也没有了往日的从容，赶紧将帽子脱下，下跪谢罪，可始终不说自己错了，只是道："启禀陛下，按照国家法律，臣判处这小贼斩首示众已经是最大的处罚了。陛下有没有想过，今日您灭了此人全族心里是痛快了，但国家法令也会因此而改变，假如以后有百姓抓了长陵的一堆土，或者不小心踩死了长陵附近的一只蟑螂，您也要这样处罚吗？"

话毕，汉文帝直接愣在当场，一时不知该如何答话，只能愤愤地道："你别跟我在这一套一套的，你等着，这事儿我找别人问问去，回头再收拾你。"

之后，汉文帝找到了自己的母亲薄太后商量此事，然而薄太后却认为张释之说得正确，应该按照他的意见来办，汉文帝这才批准了张释之的奏请，并且更加器重他。

所以，通过这两次得罪皇帝事件，张释之迅速打响了名头，成为汉朝的一股清风，不但朝中清流前来交好张释之，就连天下百姓也无时无刻不在称赞张释之的公正。

正所谓上行下效，那些地方的汉朝官员也在张释之的带领下公平断案。

一时之间，汉朝的冤案比率急速下降，这不得不说是张释之的功劳。

当然了，也有一种说法是说张释之哗众取宠，因为他知道汉文帝器重自己和心中的主张，这才每次都拿汉文帝"开刀"，怎么没见他得罪其他权贵呢？

这话说得有些道理，可咱别管张释之到底是不是哗众取宠，起码在他担任廷尉期间，国家刑法确实没有出现过什么娄子，总体还算公平，这就是他的功劳，无法磨灭。

行了，说过张释之后我们再来看看张苍，他又是何德何能能坐上汉朝官场第一把交椅。

张苍，河南阳武人，自幼开始读书，成年以后熟悉各方书籍与音律历法。秦朝时候，张苍曾任御史，主管天下户籍，后不知因何罪逃回了家乡（一说手脚不干净），从此过着隐姓埋名的生活。

不久，陈胜起义，群雄并起，就在刘邦讨伐秦朝时张苍投奔了他。

可张苍不改本性，在跟随刘邦没多久以后又犯了毛病（一说收受贿赂），被检举以后，按照军规，张苍是要被斩首的。

可就在要行刑的一刻，刽子手手上的屠刀却被王陵叫停了。

原来，王陵见张苍生得皮肤白皙［《汉书·王陵传》"肥自如瓠（户）"］，样貌伟岸，认为这美士一定不是个平凡之人，便制止了刽子手的屠刀，并将张苍推荐给了刘邦。

之后，张耳死，张苍被刘邦任命为赵相，前往赵国辅佐张敖。

再之后，燕王臧荼反叛汉朝，刘邦亲率大军平叛，张苍也统率一支军队协助刘邦，立下不小的功劳，所以被封为北平侯，食邑一千二百户。

由于张苍非常善于计算，再加上他的功劳，所以刘邦就将张苍调回了长安，让他充当计相（管理财政的高官之一）。

你还别说，张苍还真干得不错，汉朝的财政税收在他的管理下规规矩矩，很少出娄子。所以，这一干就是四年之久。

后来，因为做事很少出差错，外加之前在秦朝时曾经管理过天下户籍，熟悉各种经典的关系，朝廷就提拔了张苍为御史大夫。

按说，御史大夫从来都是丞相的备胎，要是现任丞相出现了什么差错或者意外，御史大夫都是要顶上去的。可不管是刘邦还是他媳妇，或是他的儿子们都不是按套路出牌的人，所以，张苍这个御史大夫一直到现在才真的做上了丞相。

因为张苍做事非常谨慎，很少犯错，所以汉朝在他的治理下也是一步步稳稳向前。

好，现在丞相也立完了，御史大夫这个职位也空出来了，作为丞相的左膀右臂，此职务是必须要马上安排人的。

那安排谁好呢？汉文帝犯难了。

可就在这时，有人对汉文帝说："启禀陛下，现在的河东（今山西省夏县西北）郡守季布很有贤名，不如让他来做御史大夫如何？"

汉文帝道："季布？我也听说过，可他有什么能力呢？"

大臣道："陛下可知一诺千金？"

汉文帝道："知道。"

大臣道："这就是形容季布的诚信了。"

汉文帝一听大悦，便命人前往河东郡召唤季布，想让他担任新任御史大夫。

可等季布到达长安以后，还没等拜见汉文帝呢，便又有一个大臣慌忙地来拜见汉文帝，并对其道："陛下！我今日陪媳妇逛街，途中看到季布已进入长安，我冒昧地问一下，可是陛下将此人召唤至此的？"

汉文帝疑惑道："是呀，我想让他来做御史大夫，怎么了？"

这大臣一听这话急了，道："不行！这万万不可啊陛下！那季布虽然守信，可脾气暴躁任性，不会亲近大臣，而不管是丞相还是御史大夫都得是八面玲珑，能协调阴阳之人才！再说，陛下可知那季布最早是干什么的？"

汉文帝道："他不是项羽的旧将吗？"

大臣道："我是说更早的时候！"

汉文帝道："那不知道了。"

大臣道："游侠！并且还是一个非常有名的游侠！陛下啊！御史大夫，那是一国的脸面，陛下怎么能让一个游侠来担任此职位呢？"

汉文帝一听这话大惊，便后悔召唤季布前来了。可现在季布已经到了长安，用什么办法才能不失体面地将季布弄回去呢？

于是，汉文帝决定就把季布晾在驿馆，不召见他。汉文帝相信，时间过得久了，季布一定会看出其中端倪，不用自己说明原因便会自行离去。

可汉文帝错了，大错特错。

正如之前的大臣所说，那季布是一个脾气暴躁任性的人，怎能受得了如此对待？所以，哪怕他知道汉文帝是什么意思也不回河东郡，就等着汉文帝的召见。

很快，一个月过去了，汉文帝见季布一点儿要走的心也没有，想想始终把一郡之首晾在一边也不合适，便硬着头皮召见了季布，并且其间只说了一些不痛不痒的"家常"便放季布回河东郡了。

可就在季布打算告退，汉文帝以为没什么事儿了的时候，季布却突然说了几句话，差点儿没把汉文帝噎死。

只见季布在告退之前突然对汉文帝一拜，然后道："陛下！愚臣乃一无能之人，承蒙高祖高看而重用，这是对愚臣的信任，也是愚臣这一生最大的荣耀，所以哪怕是能力有限，愚臣在河东郡依然兢兢业业地做事，生怕有一点儿疏忽而被治罪。之前，陛下无故将臣召唤至京城，我想是有些不了解愚臣的大臣以为臣很贤能，进而'诓骗'陛下，想让陛下任命愚臣一个重要的职位吧。可如今臣来了，陛下将臣晾在驿馆一个月，召见以后又让愚臣返回河东郡，我想这一定是有人诋毁我的缘故。陛下，您因一人的称赞就想将我召来担任要职，后来又因一人的诋毁将我遣回河东郡，恕臣直言，我恐怕从此以后天下人就看出陛下的深浅来了。"

嗬，这话说得这么狠，"深浅"这两个字实在是太污辱人了，这不就是说汉文帝浅薄嘛。所以汉文帝听了季布的"嘲讽"以后被噎得半天说不出一句话，最后只能面带惭愧地道："这个，爱卿你误会朕了，因为河东郡是我非常重视的郡，这才特地召见你，想问问此郡现在的情况而已。"

见汉文帝都把话说到这个份儿上了，季布也不好再嘲讽他，便告退离开了。

那么这之后谁当上了御史大夫也无据可考，从公元前176年一直到公元前171年关于御史大夫这个职位的记录都是一片空白，史料上没有一点儿的线索。

好了，现在该封的也封完了，正所谓"一朝天子一朝臣，长江后浪推前浪"。

这个"前浪"便是周勃。

这又是怎么回事儿呢？

话说周勃自从被汉文帝"请"回封邑（绛县）以后，整日都提心吊胆，害怕有人杀他，因为在周勃的印象中，老刘家人都是那种卸磨杀驴的角色，当初的刘邦是那样，刘邦他媳妇也是，他刘邦的儿子也绝对好不了，所以他每天都在家中"红色警戒"，只要有点儿风吹草动便穿上盔甲准备肉搏。

有一次，河东尉在境内巡视，恰好巡视到了绛县，"草木皆兵"的周勃一见郡尉前来，下意识地就认为这是"某些人"派过来杀自己的，于是迅速穿上盔甲，命手下拿起武器前往"接待"郡尉。

那郡尉本来是好心顺路拜访周勃，哪能想到竟受到了如此待遇，强颜欢笑地与周勃应付了两句便仓皇而逃了。

结果，该郡尉将此事上报给了长安。

长安的官吏对于此事也不敢有丁点儿的怠慢，便上报给了汉文帝，说周勃有谋反的企图。

周勃，那可是现在汉朝军界的元老级人物，说他有一呼百应的号召力也绝不为过。于是，汉文帝抱着"宁可错杀一千也绝不放过一个"的心理，命人前往绛县将周勃给收捕入狱了（一说只是想吓唬周勃一下，没想杀他）。

这可怜的周勃，纵横战场一辈子，在监狱竟然被一个普通的狱吏严刑拷打。最后，周勃实在受不了这罪，便让家里人偷偷给了这狱吏一千两银子，就是想让这狱吏从此以后不要再折磨他。

那狱吏看到白花花的银子眼睛都放光了，可严刑逼供是上面的意思，他如果不照办的话也不好交差。那现在既不让周勃受罪也不得罪上司的办法只有一个了，那就是想办法让周勃无罪。

于是，在一次给周勃送饭的过程中，这狱吏往袖子里藏了一块木牌，上面写着五个明晃晃的大字，"以公主为证"。

周勃一见这五个字大喜，赶紧依计而行。

那么这五个字是什么意思呢？

原来，汉文帝当初刚刚登基的时候，为了笼络住天下人心，便将自己的女儿嫁给了周勃的长子周胜之。汉文帝别人的话可以不信，但自己的女儿完全没有必要怀疑，所以此狱吏的意思便是想让公主给周勃求情。

周勃便依计而行，不但写信给自己的儿媳妇，还写信给薄太后的弟弟薄昭，将所有的封邑全都献给了薄昭，只求薄昭能在太后面前美言几句，放过自己。

薄昭是怎么行动的咱不得而知，但这公主要比狱吏更聪明，当她得到自己公公的书信以后，没有马上前去寻找汉文帝，而是直接找到了自己的奶奶——薄太后。

一日清晨，汉文帝正在和袁盎争论些什么。

袁盎："陛下！绛侯（周勃）是不可能谋反的！您怎么能听信传言就将他抓起来呢？请您现在马上释放绛侯，将案情查明后再动手！"

那边袁盎争得脸红脖子粗，可是汉文帝呢？理都不理他，那意思太明显了，不管你怎么说，我就是要杀了周勃。

可就在这时，突然从大殿外进来一个老太太，用自己的拐杖狠狠敲击着大殿的地面，指着汉文帝就骂："你怎能如此妄为！"

汉文帝闻言大怒，本想命左右将这不知死活的老太太拖出去斩了，可当他看清老太太的真容后吓得冷汗唰唰往下流。因为这老太太不是别人，正是汉文帝的母亲，薄太后。

汉文帝一看自己娘都来了，赶紧跑过去问候。

可还不等汉文帝开口，薄太后便直接将裹在自己头上的头巾取了下来，对着汉文帝脸上就扔了过去，并骂道："你是不是认为绛侯谋反了？"

汉文帝："这、这，不是儿认为，是有人和儿说……"

薄太后："说什么说！我问问你，当初是谁将你捧上皇位的？"

"……"

薄太后："绛侯他当初手捧着玉玺、虎符，掌握着整个南北军的时候都不曾叛变，怎么？现在只凭一个小小的绛县就想叛变了？你觉得这可能吗？难道你想要卸磨杀驴不成？"

话毕，汉文帝一边对薄太后认错一边道："儿知错了，还请母后不要生气，儿这就放了绛侯。"

就这样，绛侯周勃从监狱的大牢里走了出来。当他又重新呼吸到新鲜的空气以后，心中不禁感慨万千，对着苍天长叹道："想我周勃率领千军万马纵横天下十余年，何曾想到，监狱中的一个小吏竟也如此威风！"

之后，已经多年没有搭理过袁盎的周勃亲自前往袁盎家中感谢袁盎在汉文帝面前为自己说好话，并为当初自己的无礼而向袁盎道歉。

之后，周勃回到了家乡，从此以后老老实实做人，一直到死都没有再出过什么事端。

3.10 悲哀的开拓者（2）

好了，周勃终于重获自由了，再来看看身在长沙国的贾谊吧。

贾谊到了长沙国以后，心中抱负得不到施展，每日郁郁寡欢，虽说之前汉文帝听从了贾谊的《论积贮疏》，开始重视国家农业，可自从那以后再也没有召见过他，使得贾谊更加难过。

可贾谊不知道的是，汉文帝从来没有将他忘却，反倒时时刻刻惦记着他。公元前176年九月，心中思念贾谊的汉文帝决定将这把利剑召到长安，想要看看这把利剑现在磨得怎么样了。

所以，当二人再次见面的时候，汉文帝以鬼神为议题，和贾谊进行了论述。

那贾谊的才思何等敏锐，知识何等丰富，只一开口，汉文帝便被贾谊的思想深深吸引，之后，竟然在自己都不知道的情况下走到了堂下，只为了能距离贾谊更近，能更加清晰地听到他的言论。

结果，二人不知不觉便从白天聊到了晚上，等到将贾谊送走以后，看着贾谊那越来越远的背影，汉文帝无奈地叹息道："朕已经很久没看到贾生了，本以为才华已经超过了他，可没想到彼此之间的差距却越来越大了。"

之后，汉文帝命贾谊为梁王刘揖（汉文帝最小的儿子，极为受宠）的太傅，让他尽心尽力地辅佐刘揖。

那么到这儿问题又来了，既然汉文帝现在正在给朝廷大换血，那为什么不将贾谊留在宫中呢？当初极力反对打击贾谊的人不是都死的死、退的退了吗？

关于这个问题，历来众说纷纭，当然，不确定的事情我不会乱下决断，只把众多可能罗列出来，各位看官自行取舍。

一、虽然贾谊在这次会见汉文帝的过程中再次得到了汉文帝的认可，可汉文帝对贾谊的性格依然表示担心，他认为这样的人是绝对无法在朝中混开的，最后很有可能会因为树敌过多而死无葬身之地。所以，汉文帝再次将贾谊雪藏了起来，只不过这次是藏在了自己最宠爱的梁王刘揖那边，这就是让天下人了解自己的态度，让天下人都知道，他这就是在给贾谊打下一个良好的基础。

二、现在的太子虽然是刘启，可那时候是逼于无奈（朝中大臣苦苦力劝），只能按华夏礼法立长子为太子。可实际上，汉文帝是想立刘揖为太子的，之前张释之不是敢当众不给太子面子吗？那是为什么呢？不就是因为他知道汉文帝的心思吗。所以，汉文帝才会将能力出众的贾谊安排给刘揖做太傅，这就是一个很明显的信号了，就是想给刘揖留一个能臣，让他的政绩变为天下第一，好为以后改换太子找一个好借口。

三、贾谊虽然有一定的能力，但是他和汉文帝治国的中心思想不符，所以汉文帝不想用他，可贾谊很聪明，总是能出一些好点子避免汉文帝犯错，抑或增强汉朝的国力，所以汉文帝还离不开他，便只能将他安排到一个距离自己比较近的地方。这样又不必整日看着他，听着他的唠叨，又可以在有问题的时候得到他的帮助。

以上，便是现在最流行的几种说法。

时间飞速，一转眼，便到了半年以后。

公元前175年四月，汉文帝做了一项改变，虽说贾谊百般阻挠，可最后汉文帝还是硬着头皮做完了，这便是改造四铢钱，除盗铸钱令，使民得自铸。

最早的时候，秦朝所用的货币是一种叫作"半两钱"的货币，刘邦一统天下以后，感觉这种货币实在是太过笨重，便另行制造一种叫荚钱的货币。可谁料到此钱过轻，分量不足，便造成了通货膨胀。直到汉文帝的时候，一石米竟然卖到了一万钱！

所以，为了使这种情况得以缓解，汉文帝便命下属官员新造了一种叫作四铢钱的货币，这种货币要比荚钱更有重量，里面所含的铜等物质更为密集，可以彻底解决现在通货膨胀的问题。

可问题来了，如果只依靠政府的力量来造钱，短期之内绝对无法满足民众的需求，甚至有可能会造成货币紧缩的窘态。

所以，为了迅速改变局势，快速制造出四铢钱以供天下臣民使用，汉文帝下令，开放民间铸钱。

为了保障民间铸造钱币的重量和质量，汉文帝采用了一套监督铸钱质量的方法。

可汉文帝这项政策刚刚宣布，贾谊和贾山二人便立马上奏阻止。

首先是贾谊，他劝谏道："启禀陛下，您想要重新改造货币这项举措是没有任何值得怀疑的，这非常好。可是，您让老百姓自行铸造钱币这件事就大错特错了。虽然您下了命令，有敢在钱里面夹杂铅和铁的就要处以黥刑。可是陛下您有没有想到，这些老百姓他们凭什么要为国家铸钱呢？还不是为了获利吗？如果不在自己制造的货币里面添加铅和铁的话，他们的利润就非常小，甚至可以忽略不计，可是，哪怕只在钱币里添加一点点铅和铁，那么这些百姓都会获得丰厚的利益。所以，在利益的驱使下，百姓很可能会铤而走险，私自在钱币里面添加铅和铁。因此，您想要完全制止他们这样做是绝不可能的，难道您还能让自己的士兵一天到晚地在人家家中监督吗？并且，如果放任百姓私自制作钱币，那么国家一定会掀起一股铸钱热潮。这样的话，之前很多原本从事农耕的老百姓便会改为从事铸钱，如此，国家低劣的钱币每天都会增加，可五谷杂粮的收获却会大幅度降低。这不就使得好事变成灾难了吗？这是绝对不能继续的。所以，现在最好的办法就是由国家政府来管制货币的制造，这样虽然速度上没有让百姓制造来得快，却能有效去掉后续的麻烦，还请陛下慎重。"

这便是贾谊对汉文帝的劝谏，之后是贾山，他的劝谏更加简单粗暴。

"陛下，钱这个东西本是无用之物，可有了它却能让人变得富贵。所以这种东西必须要掌握在帝王手中才能使天下安定。可如今，陛下却让百姓来掌握天下之赏，那么以后陛下去赏赐谁呢？这不是将统治天下的权柄拱手让人吗？所以，愚臣认为，此事是绝对不能继续下去的。"

这两种说辞都说得有理有据，那么汉文帝会听吗？

答案是不会。

这之后，汉文帝不但没有废除此项指令，还赐宠臣邓通管理蜀严道（今四川省雅安市西）铜山，让他自己铸钱。而与此同时，身在吴国的吴王刘濞也利用此时机开豫章（今江西省南昌市）铜山铸钱，使得从此以后，"吴邓"之钱遍布天下。

那刘濞是谁之前说过，大家也对他有些熟悉，可邓通又是谁呢？

邓通，蜀郡南安人，因为划船技术非常到位，所以被朝廷任命为黄头郎（掌管船舶驾驶的官员。一说邓通此官是买来的，而非推荐）。

那他一个划船的，最后怎么能如此被汉文帝看中呢？那就源自一个梦了。

一日，汉文帝正在批阅公文，可突然间，他模糊地感觉天上有一个神仙正在召唤他："来吧，来吧，上来，我让你长生不死。"

汉文帝大喜，乃登天而行。

前两步还算顺利，汉文帝蹬着空气一步一步向天上行走。可到后来，举步维艰。就在汉文帝要从天上掉下来的时候，突然从下面蹿出一人，此人出现以后二话不说，直接从汉文帝后面狠狠一推！

噗！

伴着一声巨响，汉文帝顺利登天。

登天以后，汉文帝回头深深地看了一眼推他的男子，并记住了他的面容。然后，汉文帝并没有成仙，而是睡醒了。

睡醒以后，汉文帝对梦中推他的那人久久不能忘怀，可既然是梦，那就一定是假的，还能怎么样呢？

可是有一天，汉文帝携嫔妃们前往渐台（今湖北省江陵县东）游玩，其间想要登船往水中去。可就在这时，汉文帝看到了在船上候驾的邓通。

砰！汉文帝浑身一颤，好似被雷震到一般。那些嫔妃和随从什么时候见过汉文帝如此失态？所以下面的人都不知该如何是好。

一时间，场中宁静得针落可闻。

抱着好奇的心思，邓通慢慢地将自己的头抬起。可当他抬起头的那一刻，正好与汉文帝的双目对上。

唰唰唰！砰砰砰！

两股电流相互碰撞，汉文帝突然用手指着邓通大叫道："就是你！你就是……"

话音未落，一旁训练有素的贴身郎卫迅速出手，没等汉文帝反应过来便将邓通擒住。

汉文帝大怒，赶紧吼道："都给我住手！谁让你们这样做了？"

那些郎卫一怔，知道误解圣意，赶紧松手。

那汉文帝小跑到邓通身边，将其扶起，柔声地问："没事吧？你叫什么呀？"

邓通赶紧下跪道："谢陛下关心，小人并无大碍，小人名叫邓通。"

汉文帝道："邓，邓，登！哈！没错了，你小子就是助我登天之人啊！好，好哇！从此以后，你也别当什么黄头郎了。来，随朕回宫，你以后就是我的贴身侍者了。"

就这样，邓通和汉文帝回了长安，并从此以后都在汉文帝的身边服侍起居生活。

那汉文帝极为宠幸邓通，每天都要赏赐给邓通不一样的华丽衣装。可邓通为人谨慎，为免自己招朝中权贵忌妒，便整日不出宫门，只是专心致志地伺候汉文帝。

为此，汉文帝更加宠幸邓通并大力提拔，邓通的官职很快便到了大夫。

这还不算，汉文帝还怕邓通没有钱花，所以没多长时间便赏赐邓通一次，每一次赏钱都不低于一万，前后竟达十余次之多。

有一次，汉文帝给邓通找来一个当时非常有名的相术师，想让他看看邓通的气运。

那相术师不敢不用心，所以来来回回地看了三次，但每次看完都是摇头叹息。

汉文帝疑惑地道："我说先生，你唉声叹气干什么？"

那相术师再次长叹一声道："陛下，老臣实不敢相瞒，邓大夫这辈子虽然享尽了荣华富贵，可他最后的结局却是因为贫穷饥饿而死的。"

这话一说，汉文帝哈哈大笑："看来你也并不像外界传言的那么神呀，我身为一国之君，我想让邓通富有，谁能让他贫穷？"

于是，汉文帝赏邓通蜀严道铜山，让他富甲天下。

那么邓通的结局究竟怎么样呢？是不是真如那相术师所说饥贫致死呢？说这个还早，我们后面再说，现在书接上文。

那汉文帝拒绝了贾谊和贾山的奏请，依然我行我素，强推百姓自铸四铢钱政策，其益处也是非常明显的，那便是改变了流通中钱币劣小轻薄的状况，形成了钱币流通总量市场的自动调节机制，并促进了商品交换经济的发展，对以后的"文景盛世"起到了积极的推动作用。

可它的隐患也是相当大的。

首先，就像之前贾谊所说的那样，汉文帝此政策，不但增加了"劣币"的出现率，还使得老百姓唯利是图，大批量的农民都跑去私铸钱币，使得国家的粮食产量有所下滑。

其次，汉文帝此政策，使得周边的诸侯王们抓住了法律的漏洞。他们自发组织百姓帮自己铸造四铢钱大发横财，使得自己的财力大增。

汉文帝此举也给以后的七国之乱埋下了一个大大的伏笔。

行了，距离七国之乱也还很遥远，咱们现在先不说了，还是回头看看长安吧，此时汉文帝的阴谋终于达到了，因为淮南王刘长，果然反了。

3.11 阴谋得逞

时间：公元前174年的某一天。

地点：长安皇宫。

大臣道："启禀陛下，现在淮南王是越来越过分了，他在淮南国嚣张跋扈，视我汉朝律法如无物，俨然就是一副土皇帝的德行，您知道吗？自从上一次淮南王杀审食其回国以后，他每次出行的礼仪规格都要和您一样。这是干什么？这不就是要造反吗？还请陛下一定要将这事重视起来，不然到时悔之晚矣。"

话毕，汉文帝默默点头，却没有给这个大臣任何回复，只是让他先行退去，然后将自己的舅舅薄昭叫了过来，并且吩咐道："舅舅啊，刘长最近的举动实在有些过分了，然而他是我的弟弟，我实在不好深说他，就劳烦您给他写一封信好好劝劝他，让他收敛一下。"

此信写得实在很长，其大体意思主要是让刘长要有所收敛，可信中的内容实在是有够直接粗暴，竟然细数了刘长所有的过失，还拿历代反王来和刘长做比较（一说此信其实是汉文帝所写，只不过用了薄昭的名而已，为的就是激怒刘长，让他造反，而这个黑锅则让薄昭来背），最后甚至写道："所以，你应该痛改前非，并向皇帝谢罪，告诉皇帝，'臣不幸早早地便失去了父母，从小就成了孤儿，常常受到死亡的威胁。可陛下您继位以后，我仗着您的恩宠，做了很多不轨之事，想想都觉得自己不是人，所以心中诚惶诚恐。现在我正在面北而跪，不敢奢望您的饶恕，只希望陛下您能用国家的刑罚来对待我'。只要你这么说，皇帝一定会很高兴的，但如果你还执迷不悟的话。呵呵，那等着你的是什么我也不多说了，你自己寻思去吧。"

所以，当淮南王拿到"薄昭"寄给他的书信时气得浑身哆嗦。因为薄昭是汉文帝的舅舅，所以是汉文帝绝对的心腹，既然他写信都这么不客气，那么也就可知现在汉文帝对自己的态度了。

于是，刘长怒了，你们不是都以为我要谋反吗？行！那我就谋反，让你们看看。

就这样，公元前174年十一月，刘长命大夫但、伍开章与棘蒲侯柴武的世子柴奇合谋，领七十余武艺高超的刺客前往长安待命，并派遣四十余战车前往谷口准备发动叛变。

然后，派遣使者前往闽越、匈奴，准备里应外合。

刘长的策略是这样的，首先命四十余辆战车在谷口发动叛变，吸引朝廷的注意力（兵力），然后再在此时机令刺客刺杀汉文帝。

汉文帝一死，国家势必大乱，而在此时给匈奴和闽越信号，让他们出兵攻打汉朝，这样，就能从这次大乱中取利，甚至抢夺汉室江山（一说刘长并没有想抢夺汉室江山，只不过是对汉文帝撒撒小脾气而已）。

可令刘长无语的是，此计谋还未等实施便宣告破产，原因很简单，那就是事情提前泄露了。

之后，汉文帝命人将刘长"召"到了长安，然后将其关押起来。

因为汉文帝对这次刘长的反叛事件极为重视，所以命丞相张苍、御史大夫冯敬（只在审讯中暂代御史大夫），及廷尉张释之一起审理此案，来了一出"三堂会审"。

那刘长性格刚烈，既然谋反事情已经失败，料想必死，所以也没有什么隐瞒，不但对本次反叛事件的主谋供认不讳，还将曾经自己犯下的罪状和盘托出。

于是，皇宫大殿之上，丞相张苍手捧着一沓"罪证"和汉文帝道："启禀陛下，经审讯调查，淮南王刘长废先皇法令，不听陛下诏令，不但在生活中挥霍无度，所坐马车及仪仗队的规格更是与陛下看齐。他还自行在国中任命两千石以上高官（按照汉朝律令，封国中两千石以上高官只能由中央政府来任命），并收容那些被天下通缉的囚犯。谋反事情败露以后，刘长最开始还隐瞒自己为主谋的事实，将那些参与反叛的人全都隐藏了起来。并且，在刘长为淮南王的这段时间，他徇私舞弊，擅自动用关系给人治罪。其中……"

还有很多罪名我就不说了，总的来说，刘长犯的这些罪杀他十次都够了，所以张苍最后给汉文帝的答复是："经过愚臣与冯大人、张大人的共同讨论，得出的结果是斩立决！"

听此言，汉文帝非常激动，可素来谨慎的他还是没有当场答应，而是和众多大臣道："唉，刘长是我的弟弟，我真不忍心治他的罪，所以各位还是再商议一下吧。"

结果呢，根本就不用商议，殿下的大臣们就好像提前商量好了一般，全部举双手赞成弄死刘长。

按说你现在直接弄死刘长就得了，别再装腔作势了。

然而汉文帝偏不。

汉文帝听了殿下大臣们的言论以后叹息一声道："法不外乎人情啊，刘长是我的弟弟，我是真心不忍心杀害他。所以让他死的话就算了吧，朕看就废了他的王爵，将他流放得了。"

呵呵，流放，凭刘长的脾气，他怎么可能受得了如此的生活和奇耻大辱？所以肯定会在流放的途中自杀，汉文帝这么聪明不会考虑不到这一点吧？

他考没考虑到这一点咱暂时先不猜测了，可别的大臣考虑到了，并来了一个落井下石。

只见一名大臣说道："陛下，为了能深刻地给刘长一个警告，还请陛下将其流放至蜀地的严道县，让他在那里自己盖房子生活。这样，才能给刘长一个刻骨铭心的教训（凭着刘长的性格，这绝对是往死里逼他啊）。"

话毕，汉文帝连考虑都没考虑，便准了此大臣的建议，并下诏道："给严道县的县令下一道指令，就说朕说的，让他等我弟弟到达以后每天都要给五斤肉、两斗酒，米粮也要按照所携带的人数分发。"

就这样，汉文帝杀尽了刘长的亲信，然后命人将刘长及其家眷架上囚车。

之后，在万众瞩目之下，囚车上背影落寞的刘长离开了长安，前往那未知的蜀地。

可就在刘长刚走没多长时间，袁盎突然找到了汉文帝，并很是不客气地对其道："陛下，恕臣直言，淮南王如今之所以反叛，您是有责任的。"

听了这话，汉文帝满脸阴沉地问："朕有责任？朕有什么责任？"

袁盎道："陛下一直纵容淮南王，不给他设置严厉的国相和太傅，以至于让淮南王到了今天这种地步。如今皇帝既然不想杀淮南王，那为什么不想想其他的惩罚措施，而将他发配到遥远的蜀地去呢？要知道，淮南王性格刚烈，如若他一时想不开，在路上发生了什么意外，那到时候您可要背上一个杀自己兄弟的名声了。"

听袁盎这样说，汉文帝紧张的心情才慢慢地平静下来，他微笑道："其实我也不想让我弟弟去蜀地受苦啊。可是，他现在实在是太过分了，不惩治一下是不行的。所以，我只让他在蜀地待一段时间，待他心生悔意之后便会将他召回，这期间是不会发生什么事儿的，你就放心吧（呵呵，袁盎啊，看来你还是不了解朕的心啊）。"

就这样，袁盎被汉文帝打发了回去。

那么刘长现在的处境怎么样呢？是不是真的像袁盎说的那样出事儿了呢？

答案当然是"对"。

话说刘长自从出了长安以后，心情可谓极度糟糕，他想了想从前锦衣玉食的生活，又想了想以后将要面对的生活，顿时失去了继续活下去的希望，便绝食而死了。

按说刘长已经绝食了，护送的人就应该赶紧打开囚车喂他吃饭才是，可那些护送刘长的官员不知为什么，竟然不敢打开囚车，囚车到了雍县（此时刘长已经死了）才被打开，然后官员才向上面汇报此事。

关于官员们不敢打开囚车的原因史料上并无记载，不过比较流行的说法有两个。我罗列出来，各位看官自行取舍。

第一，汉文帝就是想要除掉刘长，所以在出发之前派人嘱咐了押送官员，让他们不给刘长食物。所以此种观点认为，刘长根本就不是绝食而死，完全就是被活活饿死的。

第二，官员之所以不敢将囚车打开，是因为汉朝法律有规定，囚车在到达指定位置之前是不能被打开的，不然沿途的官员是要被治罪的。

刘长死了，汉文帝高兴了，但为了摆脱有可能出现的弟弟"杀"舆论，汉文帝硬是装腔作势地一顿痛哭。

可是，不管你怎么哭，这天下依然有人私下议论，说刘长实际上是被汉文帝所杀的。

于是，汉文帝的假哭变成真哭了。

要知道，汉文帝一辈子为人谨慎，他为了什么？难道只是权力和自身的安全吗？答案当然是"不"，他还有一点是必须要的，那便是青史留名。

所以，汉文帝绝对不允许后世的史书上有一点儿对自己的"污蔑"。

但是现在各种舆论都说刘长实际上是死于汉文帝之手，这下好了，牌坊没立上，这让汉文帝怎能不犯愁？

于是，袁盎又来劝了。

3.12 说话是一门艺术

这次没等袁盎说话，汉文帝就主动和其道："丝啊（袁盎字丝），你来了，快到我身边来，朕后悔啊，当初要是听了你的话，现在也不会闹到如此地步了。"

袁盎对汉文帝深深一拜，道："陛下也不必如此难过，现在事情已经过去了，还请陛下想开。再说了，这次的事件虽然对您有影响，可您有三件圣人的行为，足以掩盖这一次的事件。"

汉文帝听了这话一怔，赶紧问道："哦？我做了三件圣人之事？哪三件？你快说说。"

袁盎微微一笑，不紧不慢地道："陛下在代国为王的时候，曾有一段时间，太后患了重病，这病一得就是三年，其间陛下没睡过一次安稳觉，没吃过一次安生饭，每天都陪在太后身边陪伴服侍，并且次次喂药都是陛下您亲自喂到太后口中。这种孝行，哪怕是民间的孝子也很难做到，就更别提身为一国之主的陛下了。所以，这是陛下做的第一件圣人之事。"

听了这话，汉文帝微微点了点头，因为这事儿自己确实做得漂亮，并且最后还让全天下的人都知道了，这不得不说是自己的一个重要的舆论筹码。

之后，袁盎继续道："还记得吕氏刚刚倒台的时候，京城权贵手握大权，独断专行，那是一个混乱的旋涡，是谁都不敢，也不愿意触及的地方。可是陛下您却义无反顾地前往这危险的旋涡，您的所作所为，哪怕是古时候的孟贲和夏育也无法相比！这是您的第二件圣人之事。"

话毕，汉文帝的老脸微微泛红，尴尬地咳嗽了两声以后继续道："哈，哈哈，是呀，天下人估计也都是这样认为的吧，小丝你继续。"

袁盎道："进入长安以后，在代王官邸，百官共同拥护您为新任汉皇，可是您却连续五次辞让，您的美德、您的心胸、您的无欲无求通过这件事体现得淋漓尽致，整个天下谁不赞扬您的美德？这就是您的第三件圣人之事。"

汉文帝十分得意道："嗯！爱卿说得没错。"

然而袁盎并没有说完，见汉文帝表情逐渐舒缓以后，继续和汉文帝道："并且，淮南王之前所作所为也确实过分，您就是杀了他，甚至灭了他身边的人也不为过。可是，您却只是放逐了他，并且打算等淮南王改邪归正以后再继续信任他，只不过后来因为看管官吏护卫不慎才使得淮南王含恨九泉。所以，陛下不必难过，只需要将沿途应该将淮南王囚车打开喂他吃饭却没有这样做的官吏全部斩杀便可以了。"

于是，汉文帝依言而行，并以可怜淮南王为名，将他还只有七八岁的四个儿子全都封为了列侯，他们分别是阜陵侯刘安、安阳侯刘勃、阳周侯刘赐和东城侯刘良。

汉文帝以为做完这些事以后再也没有人会因为淮南王之死来议论自己了。

可是汉文帝错了，群众这种人群，在什么时候眼睛都是雪亮的。因为从这以后，民间流传了一首歌，歌词是这样的：

一尺布，尚可缝；一斗粟，尚可舂（冲）。兄弟二人不相容。

好了，不管世间人们是怎么议论汉文帝的，刘长这事儿也算是翻篇了，我们再来看看汉文帝的另一个心腹吧，这人的结果虽然没有刘长那么凄惨，可也是草草地被汉文帝"赶"到了别的地方。而究其原因竟然是因为他磨叨！

话说袁盎自从上一次让汉文帝打开心结以后，得到了汉文帝的恩宠，使得他在朝中的声望大振。可这世界上就是有这么一种人，一旦有点儿小身份和名望他就开始嘚瑟，而这种人最后的下场也都好不到哪里去。很明显，袁盎就是这么一个人。

自从他"小人得志"以后，一天到晚在汉文帝面前啰里啰唆，先是极尽羞辱汉文帝最宠爱的小太监——赵谈，之后又阻碍汉文帝的"业余爱好"，然后又将魔爪伸向了汉文帝的宠妃——慎夫人。

虽然其出发点都是好的，可最后汉文帝终于忍受不了袁盎的磨叨，把他赶走了。

现在我们来将这三件事儿一件一件地说说。

第一件，袁盎和赵谈的争斗。

当时汉文帝有一个非常宠爱的太监名叫赵谈，因为袁盎自从得到汉文帝的重用以后便开始"多管闲事"，对那些祸国殃民的太监很看不上（注：赵高之事过去并没有多久，这就又来了个赵谈，都是姓赵的，也不怪袁盎会这样敏感了），所以每次看到汉文帝和赵谈在一块儿的时间长了，便要说长道短一番。

那身为当事人的赵谈肯定是不乐意了，于是便总在汉文帝身边说袁盎的坏话，希望汉文帝能赶紧把这个一天到晚絮絮叨叨的家伙给赶走。

因为太监一般都是皇帝最喜欢的人，并且一天到晚都跟在皇帝身边，所以袁盎对于小太监的"谗言"非常害怕，便总想找个机会一次性地"处理"了赵谈。

正巧那时候，袁盎的侄儿袁种正担任汉文帝的贴身骑士，所以对汉文帝和赵谈之间的关系非常熟悉，知道两个人最脆弱的点在哪里，于是便和袁盎道：

"叔，侄儿有个办法能一劳永逸地解除那死太监对您的威胁，不知道您敢不敢干？"

袁盎一听这话大喜，赶紧道："你这小子，我和那死太监现在已势同水火，再也没有缓和的可能，所以现在只要能给他扳倒，你叔我就没有什么不敢做的。你说吧，让叔我怎么做？"

袁种微微一笑道："这好办，既然叔不想再与他和好了，那么不如一次将这太监得罪死了。这样的话，以后他再在您背后说您的坏话，陛下一定认为他在公报私仇，并治罪于他。您也可以一次性地解决这个心腹之患了。"

袁盎一听此计大妙，便决意依计而行。

于是，某一日，在汉文帝让赵谈为陪乘外出游玩的时候，袁盎发飙了。

只见袁盎直接拦住了汉文帝的车驾，先是给汉文帝磕了一个头，然后指着赵谈便开始破口大骂："启禀陛下！臣听说有资格陪同天子同车出行的都是当世的英雄豪杰。如今，我大汉不缺少豪杰，可陛下为什么不让豪杰陪同您出行，偏偏要带着这个身有残疾的人呢？您让天下能人以后怎么看您？"

话毕，汉文帝哈哈大笑，就将赵谈劝下了车。

赵谈本想据理力争，可圣命已经下达，他身为一个太监还能再说什么？只能一边流着眼泪一边下了天子的车驾。

那么赵谈以后的结局究竟是怎么样的呢？这个咱就不知道了，因为从此以后这人再也没出现在史料的记载中。可袁盎，那是一次又一次地担任了重大的角色，谁输谁赢已然明了。

说完了袁盎和赵谈的争斗以后让我们再看看第二件事——阻碍汉文帝的"业余爱好"。

要说咱们现代人，估计每个人都有比较擅长的爱好——运动。

那么古代的人呢？哈哈，也是如此。

汉文帝不但有自己喜欢的运动，还对此酷爱，动辄就从这个山头"飞"到那个山头去，一点儿都没有节制，他所热爱的这种运动就叫作——驾车。

还是某一天，处理了许多奏章的汉文帝打算休息一下，好好到外面玩乐一番，便率领众多大臣前往霸陵。

到了霸陵以后，一行人登上一座山峰，汉文帝在山上深深地吸了一口气，然后一把将驭者推开，拿起马绳就打算往山下冲，寻找一下那久违的刺激。

谁料到汉文帝就要往下冲的时候，一只手拽住了汉文帝的马绳。

原来身为"陪乘"的袁盎早就在一旁仔细地观察着汉文帝的一举一动，一见汉文帝又要冲动，便马上将其制止住。

见自己唯一喜爱的体育运动被袁盎阻止，汉文帝顿时不高兴了，斜眼冷瞄了一眼袁盎道："有事儿，还是袁大人害怕了？"

袁盎也不畏惧，眼神坚定地道："没错，臣是害怕了！陛下，臣听说拥有千金之人坐下的时候绝对不会靠近屋檐，哪怕是拥有百金之人也会离楼台边缘很远很远，这是因为什么？这是为了避免发生危险。而陛下您身为天下之主，身上肩负着千万人的生命，可如今您要干什么？竟然打算驾着六匹马拉着的大车往山下冲。试问，如果在途中发生什么意外，您怎么对得起天下臣民们的期待？怎么对得起您的母亲薄太后？怎么对得起身在九泉的高祖？"

这一顿大道理说得汉文帝无言以对，都把已经归天的刘邦给搬出来了，这车还怎么驾？

于是，汉文帝只能百般无奈地松开了手中的缰绳。

可从这以后，汉文帝对袁盎便有了抵触情绪。然而"愚蠢"的袁盎并没有发现汉文帝的变化，依然我行我素。

那时候，汉文帝最宠爱的妃子是慎夫人。这慎夫人仗着汉文帝的宠幸，总想把窦皇后赶下皇后之位取而代之。窦皇后是一个城府极深的人，不到万不得已不会出手，而那时候正是汉文帝最宠爱慎夫人的时候，所以为避免触怒汉文帝，窦皇后便一直忍而不发。

可"人善被人欺，马善被人骑"，慎夫人见窦皇后"尿"了，便得寸进尺，总将自己弄得和皇后一样，这表现在很多方面。

比如，后妃陪同皇帝出行，能紧挨着皇帝身边而坐的只能是皇后，其他嫔妃都要在皇帝和皇后身后才是道理。

可人家慎夫人呢？就不，她所坐的位置不但和窦皇后保持平行，甚至有时候直接坐在皇帝身边，这就触及袁盎的底线了（一说为窦皇后纵容袁盎出手）。

有一次，汉文帝携众大臣嫔妃前往上林苑游玩，侍从和平时一样将慎夫人的座位安排在窦皇后的身旁。而袁盎就趁着各位嫔妃还没入席的时候，将慎夫人的位置稍微往后拉退了一些。

等各位嫔妃入场以后，慎夫人见自己的位置要比窦皇后靠后，当场就发怒了，她闷哼一声，直接退席而去。

这一举动将汉文帝弄得措手不及，然后仔细观察下发现了事情的起因，便也起身，愤怒地吼道："是谁将慎夫人的座位往后拉的，站出来！"

话毕，下面一众大臣皆噤若寒蝉，只有袁盎站了出来，不卑不亢地道："启禀陛下，将慎夫人座位向后拉的人就是愚臣。"

汉文帝道："大胆！慎夫人是朕的妃子，你小子管事竟然管到朕的家里了，还有什么是你不敢干的？啊？"

袁盎道："陛下息怒，臣听说'尊卑有序，上下便和'。皇后是什么？那是天下之母，而慎夫人再怎么说也不过是陛下的妾而已，而现在妾和皇后竟然并肩而坐，这不就等于失去了尊卑的次序吗？如果朝廷内部都失去了尊卑的次序，那么陛下以后还怎么要求天下人守尊卑呢？陛下如果是真的宠爱慎夫人，赏赐她无尽的金银珠宝也就好了，为什么还要害了慎夫人呢？难道陛下忘了当年的'人彘'事件了吗？"

话毕，汉文帝沉默了片刻，只能无奈叹息一声，并让手下将袁盎的话原封不动地转告给了慎夫人。

慎夫人也是个有些城府的人，一听袁盎讲的都是大道理，也不好驳斥，只能无奈地坐到了窦皇后的身后。并且为了表示自己的大度，竟然还赏了袁盎五十金。

可自打这次事件以后，汉文帝就再也受不了如同"苍蝇"一般的袁盎了，遂将其下派到陇西郡（今甘肃省临洮县附近）作为一郡之尉。

那袁盎别管有多磨叽，但能力绝对是有的，所以当他到达陇西郡以后，陇西郡的军事力量节节攀升，甚至士兵们都争着为其效死命。

汉文帝听说以后非常欣慰，乃升袁盎之职，将他从陇西郡郡尉上调至齐国之相。

好了，袁盎就先说到这里吧，我们再将目光投向北方草原，因为此时，北方草原正发生着翻天覆地的变化。

3.13　苍狼归天

北风萧萧，胡歌阵阵，肥美的白羊，骑马的汉子，但凡有肥美草原的地方就肯定会有各种帐篷林立。而在整个匈奴版图的中央，那草场最肥美的地方，也有很多帐篷林立，这个地方就叫作匈奴王庭。

在王庭众多帐篷中间，有一个相当豪华的超大帐篷耸立于此，而现在此帐篷内，整个匈奴的权贵都集于此地，他们左右簇拥着中间宝座上的一位老人。这位老人虽然已经满头白发，但依然可以看见其双眼中阴狠与睿智的光芒。

老人将手中的一封信交给了使者以后便懒懒地靠在了自己的座位上闭目养神，好像再动一下都会对其造成甚大的伤害。

这人不是别人，正是匈奴从古至今最伟大的单于，已经行将就木的挛鞮冒顿。

场中众人见老冒顿半天没有说话的意思，便开始私下议论起来。不一会儿，匈奴左贤王站出来道："尊敬的天单于，属下不明白，凭我们大匈奴的威猛雄壮，为什么不一举灭了汉朝这只待宰的羔羊，反而还要和他们讲什么和亲？"

听了此话，冒顿并没有回答，而是柔声却不乏威严地道："稽粥（注：冒顿的太子，下一任单于，也是我们所熟知的老上单于）。"

稽粥道："儿在！"

冒顿道："你给我记住，如果汉朝没有秦二世那样的昏君出世，就一直给我保持现在与汉朝的和亲政策，不要对汉朝采取大规模的军事行动，一年几次的零星寇掠足矣。”

稽粥道："父亲之命，儿必遵从！可儿不知为什么要这样做，还请父亲告知！"

冒顿深深地看了一眼稽粥，然后叹息一声道："汉朝，表面上遵从我们无法理解的儒家、法家等，可实际上战斗水平根本就不是你们想象的那么弱，尤其是打防守战，更是我匈奴无法企及的。所以，一旦两个势力生死相斗，那后果汉朝承担不起，难道我匈奴就承担得起吗？要知道，我匈奴现在虽然统一了北方草原，可实际上却是由多个派系和部落组成，所以内部并不是铁板一块。如果不断和汉朝冲突，那样必会劳民伤财，从而引发内部的不稳定因素。可和亲政策则不同，汉朝不但会给我匈奴大批量的财宝嫁妆，还会充当我匈奴南部的守护屏障，我匈奴便可安心往西域发展，一点一点地增加自己的版图。并且每年多次的零星寇掠所得财宝也是数之不尽，而汉朝没有直接被打脸，所以也就装作不知道，听之任之罢了。总之，你把汉朝当作是我们匈奴人养的畜生就行了，需要的时候割一块肉，但不要弄死它，我这么说你可理解？"

稽粥道："儿懂了。"

与此同时，长安皇宫，汉文帝此时正皱着眉头翻看着手中的书信。

匈奴天单于敬问汉朝皇帝平安无恙：

本单于此次来信是与之前我匈奴右贤王进攻你汉朝有关。之前右贤王所以攻打你汉朝，那是因为你汉朝边境官员羞辱我右贤王，他才没有经过我的同意便领兵前往攻打汉朝。我本来没将此事放在心上，可没想汉朝皇帝你却为此和我匈奴绝交，从此断绝了联系，关闭了边市，这真是让本单于始料不及也。不过没有关系，如果汉朝皇帝你实在想要一个认错的话，那么我身为匈奴单于可以给你。但一句对不起就够了吗？我认为不够，所以我就好好地折腾了一下右贤王，让他向西出征。呵呵，也许是老天眷顾我匈奴吧，如今的右贤王已经彻底消灭了月氏残余，并顺便镇服了西域各国。现在楼兰、乌孙以及西域的二十六国都已经成了我大匈奴的从属国。我想，这个道歉的诚意足够了吧？所以，我希望汉朝皇帝能与我匈奴再次恢复和亲关系，不知道伟大的汉朝皇帝意下如何呢？

看了这封信，汉文帝气得直哆嗦，那时候的他多想指挥着千军万马，直接杀向匈奴啊，可是他不能，真的不能。

于是，汉文帝和他爹一样，很理智地"尿"了，不但谦卑地回信表示答应冒顿的"请求"，还赠送了很多财宝给冒顿，以结交匈奴。

不久以后，冒顿，这个带领匈奴一跃成为草原最强派系的一代雄主归天了。其子稽粥继承了单于之位，是为老上单于。

之后，汉文帝遵从和冒顿单于之前的约定，将宗室之女送到了匈奴做老上单于的阏氏，可这次要详细描写的并不是这个阏氏和老上单于，而是随汉朝公主陪嫁过去的一个奴隶，大汉奸——中行说。

中行说，出生何地及生卒年皆不详，从一开始在史料中出现便是一个神秘的太监。

他本来在宫中一直都生活得很好，直到有一天，宫中大太监总管告诉他，让他以陪嫁奴隶的身份随公主一起前往匈奴。

中行说直接呆立当场。心里不停地念叨着："大草原，乳飘香，风吹草低见牛羊；马汉子，美女子，一次大风吹死你。"

紧接着，中行说怒了，破天荒地对着大太监总管吼道："我不去！这么多人凭什么让我去？"

大太监总管冷笑道："呵呵，你不去？现在还由得了你做主吗？"

直到这时候，中行说也明白自己现在的处境了。想通了的他反而冷静下来，阴狠地对大太监总管道："大人你一定要让我去匈奴的话，我就会用我自己的智慧来危害汉朝！不死不休！"

"哈哈哈哈！"

大太监总管好像是听到了什么天大的笑话，就你也想威胁大汉的天下？简直就是白日做梦。

所以,这次太监总管回话都懒得回了,说了句让中行说好好准备的话便转身而去。

就这样,中行说到了匈奴。

而此时的他早就忘记了生他养他的汉朝,在他的心里面,是汉朝将他的"锦衣玉食"梦破灭,将他拉到这荒凉的地方。所以,他恨汉朝,同时他立志还会回到汉朝,不过那时候就不再是以一个太监的身份,而是一个征服者。

众所周知,匈奴是一个崇尚强者的地方。在那里,只有最强的男人才能得到官位和食物,才能得到女人的青睐,像中行说这种手无缚鸡之力的太监在匈奴一定是不吃香的,这是绝对的。

可中间不知道中行说到底是怎么运作的,竟然攀上了老上单于这个高枝。并且让人惊异的是,老上单于竟然对中行说言听计从,这不得不说是一个奇迹。

有很多人对此都非常不解,猜想了很多"不雅"的可能。不过我觉得中行说之所以能得到老上单于的器重,原因很简单,那便是中行说的智慧和丰富的知识。

那时候,由于匈奴人长年累月对汉朝边境进行寇掠,使得很多中原产品流入匈奴,之前我也说过了,匈奴人在冬天从来都是靠兽皮、兽毛、兽油加身,外加大量地饮酒来保证自己不受草原寒风的摧残。

可自从有了中原的丝绸、棉布等保暖物品以后,匈奴人的条件比以前好多了。所以,从冒顿时代开始,就要求汉朝在上贡的物品中必须多加丝绸和棉布等保暖物品。

可中行说认为,匈奴之所以战斗力这么强大,其主要原因便是他们的风俗、环境以及因为环境所催生的不屈精神,如果不断地使用中原物品,势必会导致"匈奴精神"土崩瓦解,甚至有被中原文化入侵的可能,因为中原的文化绝对是世界上最具"侵略性"的文化。

所以,中行说百般劝告老上单于,让他从此以后杜绝匈奴人穿戴汉朝人的衣物,只索要和抢劫粮食与奴隶。并且,所抢的粮食还都只能留着匈奴大饥荒的时候才吃，其主要食物还得是牛羊肉和奶酪等原生态匈奴食物，以此来保证匈奴人的"兽性"。

这还不算，中行说还将中原那些对于匈奴有用的东西传到了匈奴，让匈奴人从此学会了算数和统计，让他们做事更有效率。

当然了，此后还有很多种对汉政策的改变，我就不一一枚举了，反正没有一样不是损汉的政策。

所以自从这以后，汉朝的贡品少了丝绸和棉布，全都换成了精米、油、盐、牛羊肉及各种铁器。

据《汉书》所载，汉朝每年上贡给匈奴人的物资竟然达到了整个汉朝整年总收入的五分之一！这还不算匈奴每年寇掠边境的数目。

由此可见，当时的汉朝被匈奴欺负成什么样子了。

并且自从这以后，匈奴对汉朝的寇掠更多了，从冒顿时代的"一年三掠"逐渐变成了"一年十掠"，而之所以有这种变化，中行说绝对的"功不可没"。

3.14 《治安策》

就这样，汉廷给匈奴上贡的物品在逐年增加，可是匈奴人的寇掠却越来越频繁与嚣张。而对于现在的汉匈关系及国内的一些隐患，身在梁国的贾谊是看在眼里急在心中。

为此，贾谊为汉文帝献上《治安策》，这是整个两汉最伟大的策划（此策字数实在是太多，所以多数写汉朝的书会大概说一下便略过了，但我觉得不把《治安策》写上就不能叫一个完整的西汉，所以在这挑着精练的段落记录一下）。

"启禀陛下，臣最近私下考虑了一下当前的国家大事，认为现在我汉朝可以痛哭的事有一件，流涕的有两件，而可以为之长叹的则有六件。

"首先，现在我汉朝最急需处理的是什么呢？那就是诸侯王！

"从古至今，诸侯王国的力量强大了，那么其结果势必会造成诸侯与朝廷之间的对立，进而造成国家的溃败、百姓的灾难。之前的刘兴居和刘长难道陛下都忘了吗？

"现在，东南的吴王刘濞靠海煮盐，自铸钱币，其富已经可以和汉廷相抗，其百姓只知吴王而不知陛下，这难道不是祸乱天下的征兆吗？

"如今陛下正值壮年，讲究做事合乎道义，这本没有过错，可是您不能因为这个信念而不断增加各路诸侯的权力啊。

"这就是让我痛哭的事情。

"现在一个地方诸侯手中的权力就可以主宰一群老百姓的生命，甚至有的诸侯都能够和朝廷派去的使者相抗衡，那就更不要提比他们还强大十倍的诸侯王了。

"讲到这，您可能会对我说：'你说的都是无稽之谈，现在除了北方的匈奴，天下都很太平，至于济北王（刘兴居）和淮南王（刘长）那只不过是意外而已。'

"如果陛下这样想那就错了。现在天下还稍微安定的主要原因是那些大诸侯王国还没有累积到一个实力的顶点，并且朝廷派过去的太傅和相都在把持着国中的大权。

"试问，一旦这一代的太傅和国相退居二线，那么谁还能够阻挡得住各个诸侯王呢？

"那时候他们的根早就稳固，您哪怕再派相和太傅过去也无法动摇他们了。

"这种情况一旦发生，哪怕是尧舜再世也无法治理好天下了。

"黄帝曾说过：'太阳到了正午的时候一定要拿东西到外面去晒，手中如果拿着刀子就要赶紧切东西。'

"如果陛下您现在按照我说的去做，那么国家就会稳固，天下也会得到安宁。可如果陛下您不按照臣所说的去做，那么天下将会重新燃起战火，以致百姓凋零、骨肉相残，这和当初的秦朝还有什么分别呢？

"据臣所观察，从高皇帝至今，最先反叛的诸侯王，都是实力最为强大的。

"高皇帝时期，楚王韩信的实力冠绝天下，所以最先反叛。

"之后韩王信依靠匈奴的势力，成了最强大的诸侯，继而反叛。

"然后是贯高、陈豨、彭越、英布。这些人无不是当时最强大的存在。

"那么卢绾为什么最后反叛呢？那是因为他是这些人中最弱的一个。

"有可能陛下还会问我：'长沙王直到现在都没有反叛，这是为什么？'

"我可以很明确地告诉陛下，那是因为长沙国国内人口只有区区两万五千户！所以长沙王对朝廷是最忠诚的。

"但这不是因为长沙王的性格和其他诸侯王有什么不同，而是因为形势所迫才会如此。

"所以综上而述，哪怕是将樊哙、郦商、周勃、灌婴等这些汉朝的忠臣封到强大的国家去，他们最后也是会反叛的。

"相反，如果将韩信、彭越、英布等反王调到长沙国去，他们最后也一定不会反叛。

"所以，如果想让天下的诸侯王对朝廷忠诚，只要减少他们的实力就可以了。

"那么怎么来消减他们的实力呢？

"臣建议，从今以后定下制度，不准诸侯王将所有的封地都给一个孩子，而是要平均分配。

"比如赵国的一个王，如果他死掉了，就要将地盘平均分配给所有的孩子。如此，便达到了削弱诸侯国的目的，因为哪怕多年以后他们再想联合在一起反抗朝廷也不是那么简单的事情了。

"之后，让臣流涕的事。

"臣近年来总见到一个患脚肿病的病人，一条小腿肿得和腰差不多，一个脚指头肿得好像小腿一样。这就使得此人平时想要自由活动都不可能，脚趾和小腿一动就会牵连全身，让人浑身发痛。

"那么这个人是谁呢？就是我汉朝了！

"那么这个人的头又是谁呢？当然就是陛下您了。

"那这个已经肿掉的脚又是谁呢？便是当今的匈奴势力了。

"如今的匈奴，对汉朝肆意凌辱，月月都在边境寇掠而没有休止，并且新任的匈奴单于不管是在书信上还是对待使者上都对我大汉不敬到了极点！

"而我汉朝呢？为了不和匈奴正面交锋，竟然忍受此等侮辱，还年年向匈奴贡献大量的金钱、食物，以及各种铁器及生活用品。

"陛下可知，现在西部、北部边境上，即使爵位很高的家庭都不能免除兵役，凡是儿童以上的人群都为了防备匈奴的寇掠而得不到休息，甚至将官都要整日披着铠甲睡觉。

"在这种情况下，我大汉朝廷不但不对匈奴予以凶猛的军事打击，还要年年给匈奴上贡，这叫什么道理？

"最让人无法忍受的是，现在朝中很多出谋划策的权贵竟然都认为这是对的，他们是多么无能才会说出如此的话语？

"陛下！这就是我汉朝的病啊！

"有病怎么办？得治！

"那么谁是这个医生呢？愚臣便是！

"臣私下认为，匈奴的总人口不过我汉朝的一个大郡而已，如果陛下派愚臣前往边郡做'有实权'的相，我可以向陛下保证，到时候臣一定将老上单于生擒！并用荆棘之鞭狠狠地抽打他的脊梁，让整个匈奴全都滚到长安来跪拜陛下的威仪！……"（注：只挑了当时最重要的诸侯王问题和匈奴问题来记录，《治安策》还有很多我就不一一叙述了，剩下的无外乎就是更正国家礼法和扳正现在国家奢侈浪费的行为等。）

《治安策》，一个多么雄伟的计划和警告，其一一阐述了现在汉朝的重大弊病（关键是这些事情以后都一一发生了），基本上历代史家都对贾谊的说法赞赏有加，只不过唯有征伐匈奴这点很多人都认为他是胡说，倒不是质疑贾谊的能力，而是当时的国力并不允许。

贾谊的《治安策》说得非常好，可是汉文帝有没有听取呢？

没有。

那么为什么没有听取呢？

大概是因为贾谊所说都太过"激进"了吧，不符合汉文帝心目中现在汉朝的国情，外加不敢将边境交给一个没有军事经验的激进分子，所以讨伐匈奴之事便放下了。

那么搞弱诸侯王的政策呢？这个明眼人都能看出是好的策略，汉文帝应该遵从吧。

答案是还是没有。

为什么呢？

因为汉文帝想要青史留名，想要史书上没有一点儿对自己负面的评价，所以不想做这些"骨肉相残，钩心斗角"的事情。

于是，汉文帝做了一次"鸵鸟"，决定将明知道以后会发生的动乱交给后代去搞定。所以，错过了"削藩"的最好时机。

公元前172年夏季，连歌谣带民间舆论都说刘长之所以会惨死都是汉文帝搞的鬼，此事让想青史留名的汉文帝大伤脑筋，于是便打算封刘长的长子刘安为淮南王。

可是，汉文帝此举却直接触动了贾谊的底线，他直接抢在汉文帝还没有发布任命诏书之前上奏汉文帝："陛下，淮南王大逆不道，坏事做尽，天下臣民谁不知道他的罪恶？陛下免除了他的死罪而流放他，这已经是皇恩浩荡了，结果他自己绝食而死，这又能怪得了谁？并且，陛下之后善待淮南王的儿子们已经是足够了。但如今我听说陛下又要封前淮南王刘长的长子刘安为新任淮南王，这是万万不可的事啊。

第一，之前陛下已经惩罚了前淮南王，可现在听到了市井中的闲言碎语，就封其长子刘安为淮南王，这不正是说明了陛下的心虚吗？天下人也会因此认定陛下是杀死前淮南王的主谋了。

第二，春秋战国时期的伍子胥与白公胜陛下难道不知道吗？之前，因为陛下之故，前淮南王才会惨死，可如今您却要让他的儿子继承淮南国，您难道想要再次培养一个伍子胥或者白公胜吗？（注：伍子胥父亲被楚平王所杀，其只身逃亡吴国，最后通过吴国的力量成功为父报仇，掘出楚平王的尸体鞭尸三百。白公胜之父本是楚国太子，可为费无极所害，便携家眷逃亡郑国，最后被郑国国君杀死。白公胜逃亡吴国，后来回到楚国，一直想要报仇，可楚国不但不出兵攻打郑国，还在死敌晋国攻打郑国时救援郑国，使得白公胜发怒，进而发动政变，自立为王。）

所以，臣认为您的处置实在不怎么高明，还请您马上停止。"

贾谊说得有没有道理？有！那么汉文帝听没听呢？还是没有，只不过是几年以后才封的刘安为淮南王，算是给了贾谊一个面子而已。

然而多年以后淮南国的叛变也证实了贾谊的每一项建议都没有半点儿错误。

算了，这是后话，我们暂且不提，还是继续顺序往下讲吧。

3.15 晁错出道

话说秦始皇焚书坑儒以后，战国时代很多存在于民间的典籍都失传了。而之后项羽一把大火烧了极尽奢华的阿房宫，顺便也将大部分秦国官方存书大部焚毁，以至于汉朝的文化遭遇了毁灭性打击，使得战国时代的"百家争鸣"至今只有几家比较大的学派尚存而已。

所以说，那时候汉廷精通各项知识的博士也是很少的。

可有一次，汉文帝无意间听说齐国有一个叫伏生的先生特别精通《尚书》，而精通《尚书》的人才正是现在汉廷缺少的，便打算将伏生给召到长安来担任博士。

可经过打听才知道，这个伏生现在已经九十多岁了，根本受不了长途跋涉的折腾了，如果将其强行召到长安，可能都无法活着到达，所以汉文帝下令有关单位选合适人选往伏生处学习《尚书》。

而这些人选来选去，觉得只有晁错最适合，便命其前往。

那么这个晁错又是谁呢？

晁错，颍川人，曾学习过申不害和商鞅的法家学说，所以做事讲求实效性。可汉廷统一天下以后，晁错发现，如今的法家已经不吃香了，所以便转而学习其他学说，最后因为通晓各派典籍被任命为太常。也同样因为此种原因，晁错被选去学习《尚书》。

等晁错归来以后，汉文帝便任命晁错担任太子舍人（掌太子侍卫，兼太子秘书），并时常和晁错学习《尚书》。

晁错便乘机向汉文帝建议了一些为君之术，并表明这种为君之术太子也有一学的必要。

汉文帝听后大悦，乃升晁错为太子家令（太子东宫的大管家），所以从这以后，太子刘启便和晁错有了师徒之实，感情也迅速升温。

并且，由于晁错极富辩才，总会为刘启出一些主意，所以刘启在东宫时经常称呼晁错为"智囊"，由此可见刘启对晁错的稀罕到了一种什么程度。

3.16　薄昭之死

一年无事，时间飞转。

然而就在公元前170年（汉文帝十年），发生了一件震惊朝野的大事，那便是薄皇后的弟弟、汉文帝的舅舅、车骑将军、轵侯薄昭死了！

那么这是怎么回事儿呢？让我们将时间再往前提一段吧。

话说薄昭自从助汉文帝登基以来，仗着自己的大功和薄太后的恩宠，便在朝中广树党羽，薄氏外戚和在长安的很多刘氏宗族都唯薄昭马首是瞻，使得薄昭俨然一副皇帝天下第一老子天下第二的德行。

朝中士人集团害怕汉朝重蹈当初吕氏专权的覆辙，便自发地组成一股势力抗衡薄昭，其头领便是丞相张苍。

问题是文官集团虽然有丞相张苍领头，可现在汉朝权力最大的薄太后与汉文帝都站在薄昭那边，使得张苍等一众文官集团非常被动，最后也就只能从明面的朝堂之争转到了暗地里搞小动作，进而到了默不作声"被动挨打"的程度。

几年以后，汉文帝反复思考了贾谊给他上的各种奏折，便决议改革立法（具体改革措施和内容史料未记），不但对各种政策进行改动，甚至连法律都进行了调整。

众所周知，但凡有大规模的改革，那些在朝中根深蒂固的宗族和外戚所受到的损失便是最大的。所以，以薄昭为首的"外宗集团"（外戚和宗室组成的联盟势力）对新政进行了百般阻挠。

张苍等文官集团虽然有心阻止，但长久以来的打压和薄太后对薄昭的暗中支持，都使得这些文官敢怒不敢言。

可这一次，汉文帝好像是铁了心，不管薄昭等外宗集团如何抗拒他都要坚持完成改革。

张苍一见汉文帝这次如此果决，便抓住机会，在朝堂上大谈新政的种种好处，并明里暗里讥讽薄昭等外宗集团自私自利、唯利是图。

于是乎，朝堂又成了"集市"，你来我往的好不热闹。

最后，战斗升级，外宗集团见本集团首次落了下风便开始动用"外力"阻挡汉文帝的新政。

太原，为薄昭之封地，但薄昭常年在长安工作，并没有时间管理自己的封地，便让自己的侄子薄贵替自己管理封地，如今汉文帝不顾自己的反对而强力推行新政，这就使得薄昭"铤而走险"，密令薄贵对汉文帝的新政拒不执行。

薄昭认为，汉文帝从小就是自己看着长大的，两个人的关系非常牢靠，再加上自己背后还有薄太后撑腰，所以就算汉文帝知道是自己搞的鬼也不会难为自己。

他的想法实际上并没有什么错误，但他没想到的是，自己的这项举动却是将自己的侄子推进了火坑之中。

果然，当汉文帝听说薄贵不执行自己政令的时候勃然大怒，直接将其列为"反贼"，让将军钟毓领兵前往"征讨"。

本来，钟毓也没打算真的杀死薄贵，只将其生擒到长安就算是完成任务了，可没承想，薄贵在太原不但拒捕，还打算领着当地的士兵抵抗钟毓，这就犯了汉廷的忌讳了。

所以钟毓二话没说，直接在太原展开了"屠杀"，将薄贵和他的一干心腹杀了个干干净净。

等到钟毓"平叛"回到长安以后，汉文帝为了震慑那些外宗集团，便令朝中所有官员全都出城迎接钟毓，可令汉文帝和所有人没有想到的是，薄昭胆大包天，竟然在迎接钟毓的时候质问钟毓将自己的侄子怎么样了。

钟毓按照国家法律执事，听从汉文帝之命办事，所以问心无愧，便将事情的原委徐徐道来。

薄昭一听自己的侄子被杀死，瞬间大怒，根本没管别的，直接命人将钟毓抓回了自己的府邸。

因为薄昭当时基本处于"权倾朝野"的等级，所以钟毓那些士兵和众多官员也没敢管，便由着钟毓被抓去。

此时，薄昭府院落中，钟毓已被五花大绑，身上全是被皮鞭抽打的痕迹，只见薄昭凶狠地对钟毓道："小崽子，我现在再给你一次活命的机会，等你见到陛下的时候就说薄贵并没有拒捕，他之所以被杀都是因为你一意孤行！还有，从今天开始，你就得给我侄儿披麻戴孝，听没听懂？"

话毕，钟毓哈哈大笑："将军，您可真是'大人有大量'了，您的好意我'心领'了，不过末将上不负皇恩浩荡，下不负黎民百姓，有话就实说，从不会被威逼便失了人节！"

听了这话，薄昭气得浑身颤抖，双眼血红一片，直接抽出宝刀，顶着钟毓的胸口狠狠道："你到底从不从？"

钟毓将头扭过，以沉默对抗凶狠的薄昭。

"好！好！好！那你就给我去死吧！"

噗！宝刀狠狠插入，钟毓被开膛，当场丧命。

钟毓的夫人听闻丈夫被薄昭杀害，哭得是肝肠寸断，她也不想独活了，便将尚在襁褓之中的孩子喂饱后放在一旁，写下遗书后自杀了。

而此时，皇宫之中，就听"砰"的一声巨响，然后响声连绵不绝，场中大臣一个个噤若寒蝉，就见汉文帝手拿竹简狠狠敲击着面前的木桌，一边敲击一边吼道："浑蛋！浑蛋！浑蛋！朕改革变法为的就是发愤图强，使我汉朝更加强大，如今只是因为触及了自己的利益便霸道如此！竟公然杀我爱将！如果再不惩戒薄昭，他还要嚣张到什么程度？来人！"

"在！"

"拟诏书！薄昭目无王法，欺君罔上！其罪不可恕！现立即将此人擒拿，直接弃市！"

这话一说，场中文官吓了一跳，因为汉文帝现在正在气头上，而薄昭为薄太后的至亲之人，如果薄太后站出来为薄昭求情，保不准汉文帝会饶了薄昭，而只要薄昭不死，凭他和薄太后的关系，早晚还会东山再起。

于是，这些文官开始落井下石了。

也不知道谁第一个跪下道："启禀陛下，薄昭固然该死，但其为太后之弟，陛下之亲舅，如果像杀个平常人一样被处死，这天下人势必会说陛下冷血无情、六亲不认，还请陛下让薄昭自杀，给他一个体面的死法。"

这话一说，汉文帝顿时冷静不少，便决意按此计划行事，和左右道："给我拟诏书，就说……"

然而，还未等汉文帝把话说完，突然一声怒吼将汉文帝的声音打断。

"我看谁敢！"

此底气极足的话音一落，满朝文武全都将目光瞄向门口那声音的源头（包括汉文帝）。

几息以后，只见两个小宫女扶着一个手拄着拐杖的老太太进入了大殿之中，老太太不是别人，正是汉文帝的妈——薄太后。

汉文帝一见自己的妈来了，赶紧小跑前去迎接，并微笑道："母后，您怎么来了，有事儿直接让下人宣一下不就行了吗？儿定会亲自……”

薄太后道：“行了我的大汉皇帝！你眼里哪里还有我这个母亲？”

汉文帝道：“母亲这话怎么说的？”

薄太后冷笑道：“呵呵，你舅舅薄昭从小照顾你长大，他教你读书、教你识字、教你骑马、教你剑术，更教过你做人的道理！可是你呢？”

薄太后颤颤巍巍地将手举了起来，指着殿中下跪的大臣们吼道：“你却听信这些小人妖言，让你舅舅去死！你这没有心肝的东西，你还知道什么是情？你还知道什么是义？你怎么不直接把我这个老太太也杀了！省得我碍你的眼！”

说罢，薄太后一边用拐杖狠狠地敲击地面，一边连续咳嗽，好像就要被汉文帝气得归天一般。

见到母亲如此，从来都是极为孝顺的汉文帝慌了，赶紧跑上前去轻轻拍打薄太后的后背。但他这次改革创新的决心已定，绝不能因为母亲的“威胁”就坏了大事，所以一边给老太太捶背一边软言细语地告诉老太太自己为什么要杀薄昭。

可是薄太后就薄昭这么一个弟弟，怎么可能让汉文帝将他就这么杀死？便以死相逼，就是不让汉文帝下令杀死薄昭。

而此时下面的文官呢？全都跪到地上是一声都不敢吭，那些外宗集团的成员一看薄太后逐渐占了上风，对面的文官也全都㞞了，便一个个站出来为薄昭喊冤，协助薄太后“逼”汉文帝赦免薄昭。

然而，就在这千钧一发之际，一声婴儿的啼哭打断了正在疯狂嘶吼的薄太后，也打断了正在“据理力争”的外宗集团。

就见一身丧服的丞相张苍披麻戴孝，手捧着一个尚在襁褓之中的婴儿走入大殿。

见此，汉文帝惊异地问张苍：“爱卿，你这是？”

抱着婴儿的张苍哐当一下跪在了汉文帝身前，悲伤地道：“陛下！我怀抱中的孩子便是钟将军的后代，也是唯一的后代。他的母亲听说钟将军被薄昭冤屈砍杀，不愿苟活于世，已经自尽了。我想请问陛下，同时也想问问薄太后，是不是身为皇亲国戚就能如此虐杀朝廷忠臣？是不是凡是皇亲国戚就能不顾国家法令而肆意行事？”

话毕，薄太后愣愣地看着这个襁褓中的婴儿默然不语。

这时，朝中一个叫周兴的老将军也走了上来，跪在汉文帝和薄太后面前，慢慢将头上的冠带取下，叩首之后道：“陛下！太后！薄昭之行为已犯了众怒，如果陛下和太后连此种行为也包庇的话，那么天下将再无法典，老臣实在不愿看到一个兴盛的大汉走向衰败。所以，请求陛下和太后恩准老臣辞职。”

这话一说，满朝的文官全都在同一时间下跪，并像周兴一样，去了头上冠带。

看到此情此景，薄太后知道，自己已经无法拯救弟弟了，所以，只能哀叹道：“自作孽，不可活啊！”

之后转身而去，再也不管薄昭了。

最大的靠山没了，犯了众怒的薄昭自然是活不了了。

最后，汉文帝赐薄昭自杀，权倾朝野的一代权臣的人生，就这样落下了帷幕，告别了那令人迷醉的历史舞台。

3.17　最后的信

外宗集团的领头人薄昭死了，再也没人能阻碍汉文帝的大改革行动。可是，就在汉文帝风风火火地发展国力、改革创新之际，一个噩耗传到了他的耳中，汉文帝最钟爱的儿子，梁王刘揖，在一次骑马中不幸坠马而亡。（注：一说梁王刘揖的死和窦皇后有直接关系，毕竟窦皇后的“前科”实在可怕，刘揖又是汉文帝最宠爱的小儿子，所以威胁也就最大。可这一切都没有证据，一丁点儿都没有。）

值得一提的是，太傅贾谊听闻刘揖坠马而死，当即大吼一声晕了过去。当他醒了以后，伤心得无以复加，并认为刘揖的死和他有直接关系（只因为他是刘揖的太傅）。

于是，自从刘揖死后，贾谊始终活在痛苦与自责之中，久而久之便积郁成疾，年纪轻轻已经是骨瘦如柴，满头白发。

然而，自知大限将至的贾谊在其人生的最后阶段依然心心念念着汉朝，并发自肺腑地给汉文帝写了一封信，其内容大致如下："陛下，臣不行了，都说'人之将死，其言也善'，臣在临死之前还有一个建议，希望陛下谨慎考虑。

"之前，臣为陛下献策，陛下并没有认同实施，所以未来的汉朝必有隐患，我也不再纠结这个话题了，只提出应对的办法吧。

"现在，整个天下陛下能依靠的国家实际上只有代国和淮阳国两国而已（两国国王都是汉文帝的儿子），代国固然强大，可是它邻近匈奴，能保证自己的安全就不错了。

"而淮阳国呢？和那些强大的诸侯王相比也就是人脸上的一颗痣而已，毫无作用。

"所以，一旦这天下的诸侯王发动叛变，我大汉便岌岌可危了。而淮南国一直都是这天下最强的诸侯国之一，但它有一个弊病，便是有千里土地都向西和北延伸，甚至到了淮梁之地。

"基于此，臣有一个计谋献上，还望陛下采纳。

"陛下不如将这些多出来的地方全都划拨给淮阳国，而将淮阳之前的土地全都划拨给梁国，并令代王刘武前来梁国任梁王，建都睢阳。

"如此，梁国的土地便能从新郪（今安徽省界首市东北）一直延伸到黄河，淮阳国也能从陈国（今河南省淮阳市北）以南一直到长江附近，两国便能一北一南将整个长安包围，充当长安的外围"城墙"，万一以后诸侯王反叛，梁国足以防御齐、赵，淮阳国也能抵挡得住吴、楚的攻势，言尽于此，还望陛下采纳。"

这封信的内容要比《治安策》少好多，可和上次不同的是，汉文帝并没有如上次一样将贾谊的建议弃之不顾，反而全部听从，并按部就班，一丝不差地按贾谊的意思布置了。

幸好汉文帝这次听从了贾谊的建议，否则以后就再也没有什么文景之治和汉武帝的"穷兵黩武"了，而身在梁国的贾谊，看到自己最后的建议被汉文帝采纳，这才含笑地闭上了眼睛，前去九泉之下继续寻找那"人生"的抱负去了，死时年仅三十三岁。

提到汉朝，好多人知道西汉有萧何、霍光等辈，可有几个人知道西汉还有一个实力一点儿都不逊色于前辈和后辈的人呢？请记住他的名字——贾谊！

3.18　晁错谈兵

公元前169年六月（文帝十一年），继贾谊之后，著名的军事统帅——周勃也相继而去。

之后，汉文帝封了前淮南王刘长之子刘安为新任淮南王。

同月，匈奴出兵狄道进行寇掠，烧杀抢夺无数。

想起贾谊当初《治安策》所言，再看如今的匈奴人根本不管什么和亲不和亲，就是不停地寇掠你！汉文帝怒了，真的怒了！于是，汉文帝断绝了与匈奴令人羞耻的和亲政策，征发十余万正卒前往边地防守，打算以武力和匈奴人抗争到底。

可就在这时，太子家令晁错发现了汉文帝政策中的弊病，乃通过太子刘启的关系上书汉文帝，说出了自己的想法。

"启禀陛下，自从我大汉统一天下以来，匈奴人曾多次入侵边地，大小规模的寇掠无数，我汉朝所损失的财物、人力根本无法以数来计算。

"自从吕后以来，我大汉陇西三次被匈奴所寇掠，士兵和百姓的信念都遭受了惨重的打击，根本没有半点儿对匈奴作战的信心。

"我听说，陛下断绝与匈奴和亲政策以后匈奴再次派兵前来陇西寇掠，可却被陛下新派过去的士兵给打跑了，并且斩杀了一个匈奴小王。

　　"这能说明什么呢？这并不能说明我大汉新派过去的士兵就要比边境的士兵要好。

　　"臣认为，最主要的原因便是将！因为这次正是边境将领的攻杀得力才使得我军大胜匈奴（史料并未记载何人为将，不过一说此人正是李广）。

　　"所以，臣希望陛下以后在处理边境问题上能将侧重点偏向严格选拔将领上。

　　"另外，兵书有云，临阵交锋最重要的事情主要有三个：

　　"第一，占领有利地形；

　　"第二，士兵要训练有素，绝对服从命令；

　　"第三，军队所配置的兵器一定要精良，这样才不会在与敌人交战的时候吃亏。

　　"地形上，有宽五丈之沟渠，漫车之水、石，及大丘陵之地，是步兵主要发力的地方。战车兵和骑兵在这种地方两个单位都打不过一个单位的步兵。

　　"土山、丘陵连绵不绝，及平原旷野之地则为车兵和骑兵的用武之地，在这里，十个步兵单位都打不过一个车兵或骑兵单位。

　　"高地悬殊，河谷居其中，居高临下，这是弓弩材官的用武之地，在这种地形下，一百个短兵器作战单位都打不过一个弓弩材官单位。

　　"而敌我两阵相邻近，平地短草，可前可后的地方为长戟兵的用武之地，在这种地形下，三个短兵器步兵都打不过一个长戟兵。

　　"这就是熟知地形的重要性。

　　"之后，士兵素质上。

　　"如果一个士兵不经过选拔和训练就无法纯熟地运用兵器，这样的话动作就会不协调、不稳定，进而慌乱，导致全军溃散，这便是兵溃于众的道理，这个众不是别人，正是没有经过系统训练的士兵。

　　"这种士兵，哪怕是一百个也不是十个训练有素的敌人的对手。

　　"所以，但凡士兵，必须要经过严格的筛选与训练。

　　"所以，以上三大点身为一国之君的陛下一定要清楚明白！

"还有，为将者必须清楚敌我双方的优势和劣势，正所谓'知己知彼，百战不殆'，并且还要能够通过知己知彼来提升自己军队的士气和作战精神，那么我们汉朝的士兵和匈奴的士兵到底谁更强一些呢？请让愚臣来为陛下简单地说明一下。

"匈奴的战马能够上下山坡和快速通过山涧浅溪，这是我汉朝战马所无法比拟的。

"那些匈奴轻骑兵能够在战马疾驰中拉弓射箭，没等到你接近他便将你射成刺猬，此种骑术也是我汉朝士兵无法比拟的。

"因为气候的因素，匈奴人特别能吃苦，可以连续三天在马背上度过，这也是我汉朝士兵无法比拟的。

"以上，便是匈奴士兵的优势，接下来再让我说说我大汉的优势。

"平原地带，战车与骑兵相互冲锋肉搏，匈奴人不如我们（前提是你要先抓住匈奴人）。

"论强弩弓箭的射程和杀伤力，匈奴的弓箭根本无法与我大汉的弓弩相提并论（中原的弓弩经过战国时韩国的发展变革以后，绝对可以位列当时世界前三）。

"而论铠甲的坚硬程度、兵器的精锐，匈奴亦无法与我大汉相提并论。

"反观匈奴的盔甲护具，就是一堆臭兽皮，好一点儿的也就是皮甲而已。我大汉的弓弩一下就能将其射穿。

"至于下马之后的步战就更不必说了，步战是我中原几千年的传统强项，再加上优秀的兵器和防具，匈奴人只有死路一条。

"所以，匈奴人只能在平原上逞威，仅此而已。

"如此来看，匈奴胜我大汉之处只有三个，而我大汉胜匈奴之处足足有五个之多，陛下又发数万人防守边界，还怕什么匈奴人呢？

"可虽说这样，战争毕竟是凶险之事，不如以夷制夷来得更好。

"在匈奴称霸草原以前，义渠国一直都是草原的霸主，直到秦朝灭了义渠，将此国的人民并入国内和秦人杂居以后，这些草原民族才逐渐改变了生活习性。

"可如今，还是有很多生活在边塞的义渠人没有放弃老祖宗的习性，其骑射技术一点儿不比匈奴骑兵差。

"我觉得，可以将这些熟悉骑射的义渠人全都召到边塞，让他们来向我们的汉朝士兵教授对抗匈奴人的办法，并且用他们优良的骑术来抗击匈奴人的入侵。"

汉文帝看了晁错的建议以后极为满意，遂按其所说，命现在全国熟悉骑射的义渠人前往边境，并亲自写了封回信给晁错，狠狠地表扬了他一顿。

见汉文帝的回信以后，晁错大喜过望，便给汉文帝又写了第二封信（晁错就是这样，通过一次表述不完的信件，一点儿一点儿将汉文帝给套了进去）。

因为汉文帝对晁错的第一次信件非常满意，所以再看晁错第二封信的时候便充满了期待，其大致意思如下。

"陛下之前能采纳愚臣的建议让愚臣无比荣耀，可现在边塞还有些隐患和问题，请陛下谨慎考虑。

"陛下忧虑汉朝边界百姓的安危，进而调众多士兵前往边界守戍，这是大好事，可这其中有两个重大问题，还请陛下深思熟虑。

"首先，我汉朝大量正卒在边境守戍，每天所需要的军粮补给都是一个天文数字，而我朝现正在发展之中，如果将国家多余的粮饷全都交待在边界，那么我朝以后还要不要发展呢？

"其次，我汉朝戍卒制度为一年一更，这是当初高皇帝定下来的政策，可这一年中士兵才刚刚熟悉匈奴的作战方式和习性便又要换新人过来，这不是弊大于利吗？

"所以，综合以上两点，我建议，边境的守边政策要进行大幅度整改，整改方案就四个字——'屯田战术'！

"陛下可选还是单身且身体强壮的大汉正卒前往边境守戍，并给这些士兵优良的政策，让他们在边地安心种田成家，这样的话，边境的戍卒便可以自给自足，国家每年只需要给这些士兵一些象征性的饷钱便可以安定住他们的心了。

"然而这样还不够，为了给这些士兵信心和生命的保障，朝廷还应该出大笔的钱财在边境建造高城深沟，并准备数之不尽的垒石和铁蒺藜（带刺的铁球，能打垮骑兵的不二利器），再造一城于边境主城一百五十步之外，使得两城之间可以相互驰援，以机动的守城方式骚扰匈奴人。

"并且还要在要害之处及河流路口建造防御性城邑，每个城邑安排千户左右的人家。并将我国那些刑徒和有劳役的人们都免去刑罚劳役，直接将他们安排到这些城邑去居住，并免费给他们冬夏所需要的服装及一切生活用具，让他们自己在边境城邑劳作来养活自己。

"这还不算，还要给这些人加一爵，这样的话，他们才能够尽心尽力地在边境发展。"

就这样，汉文帝再次听取了晁错的建议，不但免去那些前往边地的士兵好几年的田租，还负责给他们找老婆，那些同往边境城邑的罪人们也是如此对待，这使得好些天下单身的男儿都用不着汉文帝动员便抢着要往边地走，从而使边境防御力大增！并且汉朝也因此省去了不少军粮。

然而这就完了吗？还没有完，见汉文帝再次听取了自己的建议，晁错当机立断，给汉文帝写了第三封信。至于这封信的内容我就不再啰唆了，只是单纯给汉文帝策划了很多对待边地的优良政策，让边地的人们生活更加富足、守备力更强大而已。

值得一提的是，这期间晁错还提出了一个马政改革的建议。

马是战争的根本，国家之所以安定的大物！凡作战不分大小都不可缺少的根本之物，所以兵法有云："甲兵之本，国之大用。"

所以，从西周开始，历代君王便极为重视战马的饲养。

西汉初年，战乱不断，马匹损失惨重，所以很难编制强大的骑兵战斗集团，亦无法靠绝强的机动力歼灭匈奴的有生力量。

为此，西汉王朝从一开始便致力于马政建设，大力饲养马匹，萧何的《九章律》便有专门针对养马的法律。

等吕后当政以后，对于马匹的饲养更是重视，竟下令禁止母马外流，以防国家马苗不足。

可汉文帝即位以后，觉得现在国家正是发展之时，需要金钱与粮食，而养马又十分费粮，所以限制马匹的发展。

晁错发现这个弊端以后，向汉文帝提出了战马的重要性，以及对匈奴作战时机动力绝对的统治地位。

汉文帝乃准晁错之奏，向天下发布政令："凡是有人家养马的，一匹马顶三人劳役！（老百姓可以用马耕地劳作，但是必须把马伺候好，国家有战事用马之时必须将马奉献出来）"，以此来鼓励民间养马（史称"马复令"）。

一匹马就能顶三个劳役，谁不干呀？所以民间养马之风兴起，家家户户都相互攀比谁家的马更俊朗，并以此为荣。

而就是从这以后，晁错算是真的进入了汉文帝的视线。

可是，就在北方稍微安定，汉文帝终于能好好地喘一口气的时候，又出事儿了。

出了什么事儿呢？太子刘启把吴王刘濞的世子给杀了。

3.19 "君子动手不动口"

话说自从刘濞成为吴王以后，因为刘邦的一句"汉后五十年东南有乱，岂若邪？"而谨慎持国，从来不敢有半点儿非分之想。

但吴国靠近大海，所以刘濞靠水煮盐发了一笔，使得吴国慢慢富了起来。

后来，汉文帝实行新政，让天下百姓自行铸钱，吴王刘濞钻了法律的空子，招四方亡命之徒用豫章郡（今浙江省安吉市西北）铜山自行铸钱，表面上是老百姓自己铸钱，实际上铸的那些钱大部分进了吴王自己的腰包。

如此，吴王刘濞暴富，乃绝吴国之税，大力收买人心（从此举便能看出刘濞当时已经有了一定的野心）。

因为吴国处于华夏最东南，再加上吴国从春秋战国开始便一直都是"蛮族"，所以和中原交流比较少，对中央的归属感也不是很强。

于是，吴国人都十分感激刘濞，而不知道这天下还有什么汉皇。

不过吴王的这些举措也得到了汉中央的密切关注，进而百般"提防"刘濞。

可因为现在时机还未成熟，所以刘濞也没敢造反，为了不让汉文帝怀疑自己，刘濞乃遣世子往长安侍奉汉文帝。

因为吴国在当时已经成了天下最强大的诸侯国，所以汉文帝对刘濞此举高度重视。为了表示对刘濞的尊重，汉文帝不但给吴国太子最高规格的接待，还派太子刘启亲自作陪吴国太子。

可就是因为这一任命，使汉朝中央和吴国彻底闹翻了，从此进入了"冷战"状态。

各位想一想，一个是一人之下、万人之上的大汉太子（脾气暴躁），另一个是天下最强大诸侯国的世子，从小到大谁敢让他受半点儿委屈（脾气暴躁）？所以两个人一碰面便碰撞出了激烈的火花。

一开始，两人表面上的气氛还是好的，双方也有说有笑。可一旦开始了"竞技"游戏，两个人的本性便全都暴露了出来。

那么这个"竞技"游戏叫什么呢？便是下棋了。

那天，两人正在下棋，可下着下着便争执了起来，刘启一个冲动便抄起棋盘砸向吴世子，结果，吴世子魂归西天。（《汉书》："博争道，不恭，太子引博局提吴太子，杀之！"）

试想，如果是太子刘启有理的话，史料一定会为太子开脱，可这次事件仅仅用了十六个字便算对这件事的交代了。

这之后，刘启也知道自己闯了大祸，赶紧将此事报告给了汉文帝。

汉文帝当时气得七窍生烟，可大祸已经闯下了，还能怎么办？还能将这个"宝贝儿子"杀了不成？

所以，汉文帝只能用最高的礼仪将吴世子的尸体送回了吴国。

自己的儿子，还是继承人，就这么被太子害死了，刘濞能高兴吗？当然不能！

所以，为了表达对汉廷的不满，刘濞直接对前来送尸的汉廷使者怒道："天下姓刘的都是一家的！杀了也就杀了，我还敢说什么？但是在哪儿死的在哪儿葬，别葬在我们吴国！"

就这样，刘濞又让汉使将吴世子的尸体给运回长安了！

那时候正值夏季，天气热得要命，所以等吴世子的尸体运回长安以后都臭了。汉文帝无奈，也只能将吴世子葬在了长安。

可刘濞此举意图很明显了，那就是在打汉文帝的脸，并且从这以后，吴王刘濞每次都称病不来长安朝见天子，只派吴国使者前来进贡。

汉文帝也知道这是刘濞不愿意来见自己的借口，可之前自己的儿子把刘濞的儿子给杀死了，自己还能说什么？只能原谅刘濞了。

可一次两次还行，你一直不来就过分了吧？于是，汉文帝把现正在齐国任相的袁盎给召了回来，并让他前往吴国做吴相，时刻监视吴王刘濞的一举一动。

而凭现在吴国和长安之间的关系，还有袁盎自身的性格。袁盎此去说他是九死一生也不为过啊。

基于以上原因，袁种在袁盎临行之前劝他道："小叔，我可跟您说啊，那刘濞在吴国称王称霸的日子太久了，其心腹党羽遍及吴地，您一个新任的国相人家根本不会放在眼里，所以这次前往吴国您要是把自己当个'吴相'您就死定了，刘濞随随便便找个刺客就能杀了您。所以，您一定要听我的，等到了吴国以后，除了时刻向陛下密报刘濞的动向以外，只是有意无意地渗透一下吴王让他不要谋反就够了，其他的什么都不要做，什么权都不要揽，这样兴许还能活命。"

话毕，袁盎默默地点了点头，便收拾行装前往吴国。

而事情也确如袁种所料，那吴王刘濞也听说过袁盎的大名，本来还想找个机会杀了他，可袁盎非常聪明，除了有的时候善意地"提醒"一下自己不要谋反以外什么都不干，什么权都不揽，这就让刘濞很高兴了，毕竟杀了一个国相还会来一个，不如留一个省心的。袁盎就这样在吴国活了下来。

让我们再将视线挪回汉文帝这边，通过袁盎的密报，汉文帝更加确认了自己的猜测，便在刘濞再派使者前来长安的时候扣留了使者，并回信告诉刘濞，让他自己来长安朝拜天子。

刘濞见了汉文帝的回信以后极为恐惧，可他并没有前往朝见天子，而是在吴国境内抓紧招兵买马，意图不言而喻。

刘濞谋反了吗？没有，因为他始终觉得现在不是谋反的最佳时机，便打算做最后一次努力，遂再遣使者往长安拜见汉文帝。

汉文帝看到这次前来拜见自己的还不是刘濞，便愤愤地质问使者："刘濞为什么到现在还不来长安朝见？是不是他真的要造反？"

使者道："启禀陛下，刘濞现在确实有造反的苗头，但是可以避免的。"

汉文帝道："此话怎讲？"

使者道："臣认为，天子如果知道了一个臣子的所有秘密，那他便会因此畏惧，进而铤而走险。如今吴王谎称有病被陛下察觉了，所以便有了要造反自保的想法。现在吴国的国力非常强大，如果吴王造反，对陛下是没有任何好处的。所以臣认为，只有赦免了他以往的罪过才是真正的上策。"

这就是赤裸裸的威胁，因为现在汉朝的国力还没有以后景帝或是武帝时期那么强大，所以没有条件两面开战，一旦将吴国逼反，匈奴势必会在北方狂攻汉朝，那时候局势可就危险了。

所以，这也可以看成是刘濞对所谓"和平"的最后一次争取，或是威胁。

而汉文帝呢？竟然真的从了吴国使者的提议，不但释放了之前囚禁的吴国使者，还御赐刘濞手杖，说吴王老了，从此以后可以不来长安觐见。

汉文帝本以为自己的仁慈之举可以让刘濞收回心来好好为汉朝效力，安定南方之患。可刘濞呢？他并没有按照汉文帝预想的方向发展。

因为自从这以后，刘濞更是有恃无恐，在吴国境内明里暗里地增加军事编制，以致以后的七国之乱的发生。可那是多年以后的事了，我们以后再说。

3.20　文治天下

不管刘濞怎么招兵买马，距离其造反还要等好长时间，这段时间我们就来看看汉文帝都做了些什么大事吧。

第一件：

公元前168年（文帝十二年）十二月，黄河在酸枣县决堤（今河南省延津市西南），滚滚河水像一条黄龙一样肆虐奔腾，这条巨龙冲毁了金堤，淹没了东郡，将大片的田地冲毁，无数的人民命丧"黄泉"，无家可归者亦是不计其数。

鉴于此，汉文帝动用了大量的人力物力堵住了决口，修复了金堤，并及时救助了灾区的人民，使得东郡再次恢复了生机。

第二件：

同年二月，因为汉惠帝时期有很多美人"囤积"在宫中无人问津，既消耗了宫中的财力还耽误了这些女子的大好年华，所以汉文帝给了这些美人很多钱财，让她们各自返回本籍嫁人生子。

第三件：

战国时期，国家间竞争手段不计其数，其中用得最多的便是往各国派遣五间（乡间、内间、反间、死间、生间）以探察敌情，或者搅乱敌国政治。

针对此，由秦国起头，各国在当时都采用了一种过关用传制度。

这是什么意思呢？就是凡进入国内的人在进入关卡的时候都要携如现在身份证一般的通行证，这样才会放你进入。

在当时，通行证管理是非常烦琐的，需要耗费极大量的人力物力。

战国时代那是群雄割据时期，各国无奈之下才出重金实行的这种政策，但现在天下已经大统，国家正是用钱的时候，怎么会耗费那些人力物力来管理一个通行证呢？

所以，汉文帝废除了这个制度，使得从此以后汉朝百姓出入关卡不用携带通行证了。

第四件：

同月，太子家令晁错认为，现在天下统一，国家安定，老百姓的生活水准也逐步提高了，这就使得经商的萌芽在人们心中发展，竟然在全国上下产生了一种"商人热"。

以往最被看不起的商人现在竟然成了最吃香的存在，这是为什么呢？还是因为吕雉当初的买爵政令。因为此政令一下，有了爵位的商人便可以多娶老婆多吃肉，多戴金银多排场，使得全天下的百姓都争相效仿，国家收成因此受到影响。

虽然后来通过贾谊的《论积贮疏》使得很多老百姓又重新投入到种田的行列，但此项建议治标不治本，那些商人自从这以后便开始囤积货物不出售，只等灾年或者国家需要某些物资的时候便以原价好几倍的价格卖出（比如说大米、青铜器、铁器、丝绸等生活物品），以发国难财。

这就使这些商人们越来越有钱，生活越来越奢华。

这还不算，那些商人们有了钱以后还会贿赂朝廷官员，使一些商人在地方也有了很大的权力和荣耀，身份一点儿都不比官员低，甚至有些地方的大商都能和朝中士人重臣相提并论。

这就使得本来最低贱的商人的社会地位完全超越了农民。

种田有用吗？有用！

能填饱肚子？能！

有钱吗？有！但分跟谁比了，和商人比起来，农民就好像乞丐一样。

荣誉有用吗？有用，但那只能满足自我的精神世界，和那些什么事儿都不用干，只需要囤积货物便有数不尽的财物美女的商人相比又变得不值一提了。

所以，那些眼红商人的农民们再一次下海经商，走上了商人的道路。

如此，国家的大片田地再次无人耕种，好多荒废的土地也没有人去开垦。人们争相攀比富贵，男人以骑高头大马为荣，以吃精米良肉为荣，以娶了漂亮的女子为荣。

女子以谁家良人（丈夫）更有钱为荣，以谁的首饰更加精美值钱为荣，更甚至有的女子为了一个"体面"的丈夫，竟然宁可被政府罚钱也不嫁给没有钱的男子。

在古代，如果没有人种田，那么粮食的产量绝对会大幅度下降，而人以什么为天？食！

基于此，晁错向汉文帝上《论贵粟疏》，再次强调了粮食对于国家的重要性，以及现在汉朝存在的重大问题。

于是，汉文帝下令：

一、增商人赋税。

二、允许百姓向国家贩卖和贡献粮食，不至于发生粮食卖不出去的情况。（注：百姓贩卖粮食的话国家就以正常的市场价格购买，贡献的话就通过百姓贡献粮食的数量来给他们一定的爵位。）

三、对于各地粮食产量降低的地方官要严厉批评，并鼓励他们种田，倒数几名的郡县地方官直接下课！

四、减免天下农民本年一半的土地税。

通过汉文帝的种种措施，国家的粮食产量又上来了。

第五件：

公元前167年（文帝十三年）二月，汉文帝又废除了"灾祸转嫁制"。那么什么叫作"灾祸转嫁制"呢？

秦朝时，秦始皇制定的政策为中央集权制，什么都要皇帝一手抓，所以皇帝的权威是无比重要的。

于是，为了配合秦始皇的中心思想，秦朝的那些祝官（掌管祭祀祝祷等事宜之官）便创建出了"灾祸转嫁制"，从此以后只要有日食、自燃、洪水、地震等灾祸，君主不必负任何责任，因为这都是手下大臣没有做好本职工作才会引起上天愤怒的。

所以，秦朝的官员一旦遇上天灾都担惊受怕的。

当初萧何在制作《九章律》的时候虽然也对这事表示不满，但也没办法。

所以，这项制度就这样延续了下来。

但汉文帝对此项制度却很是不屑，因为通过自己多年的努力，国家已经越来越强大，老百姓也丰衣足食，他现在在天下的权威可以说是无人能撼动了。

所以，汉文帝打算用此事来提高自己在官员心中的地位，以及后世史官对他的称赞。

于是，在某一天的朝堂之上，汉文帝当着百官的面道："各位，你们知道什么是天道吗？"

殿下官员你看看我我看看你，因为不知道汉文帝究竟是何意图，所以没有一个敢吱声的。

见殿下百官没人说话，汉文帝微微一笑道："天道，是惩罚，也是奖励。世间为什么会有这么多的自然灾害呢？那是因为上天对我朝的怨恨而实行的惩罚。那么一个国家为什么会有丰收呢？那是因为上天对我朝的喜欢而实行的奖励。以前，国家一旦遇到灾害，责任全都推到了朝中官员身上，而有丰年便都归功于统治者，这是不对的，也是不公平的。所以，朕宣布，此种制度从今日开始废除。以后，但凡有什么灾祸那都是因为朕统治不良所造成的后果，朕一力承担。但凡有丰年，那都是因为我朝中各位一起努力的成果，朕与大家共同分享这份喜悦与荣耀。"

话毕，殿下官员无不感激涕零，竟同时下跪对汉文帝高呼"万岁"。

第六件：

同月，就在汉文帝刚刚废除"灾祸转嫁制"没多久，一个小女孩的信触动了汉文帝的灵魂。

这小女孩儿叫缇萦，是齐国太仓令（管理国家粮仓）淳于意的女儿，因为淳于意犯了罪（一说私挪粮食）被判处肉刑。［注：肉刑：为古代残废肢体、破坏身体机能的一种刑罚，其种类繁多，极为血腥野蛮，常见的有墨刑（或说黥刑，在脸上刺字）、劓刑（挖掉鼻子）、刖刑（砍脚、挖膝盖等）、宫刑（切掉生殖器）等。］

缇萦不忍父亲被如此残忍对待，便写信给汉文帝，请求汉文帝将她收入官府做官奴，宁可一辈子没有自由也要代父受罚。

汉文帝被这小女孩的孝心所感动，便同意了她的请求。

通过这件事，汉文帝觉得，现在天下繁荣安定，百姓素质普遍提高，实在不应该再用"肉刑"这种残酷的刑罚来惩治人民。

于是，汉文帝命丞相张苍、御史大夫冯敬和廷尉张释之共同商议整改"肉刑"，用更文明的方式来代替。

最后，整改方案出台，原来被罚墨刑和髡刑（剪光头发）的，男性则改为罚作城旦（派往边境筑城劳役），女的则改为旦春（女性劳役的一种，从事剥掉米壳等工作）。

原来被判为劓刑的，改为笞三百。（注：用竹板或者荆条抽打背脊、臀部、大腿，制定这法律的权贵都没被这么打过，所以以为三百下没什么，但实际上三百下实在超过了很多人人体承受的极限，所以不是体格太好的一般不到三百下就死了，这可以算得上是好心办坏事儿了。）

原来被判作刖刑的改笞五百（基本上是死刑了）。

还有，曾经受过刑罚的，如果第二次还犯这种过错的便直接斩首了事，其中也包括官员监守自盗、贪赃枉法、收受贿赂等。

于是，不知道笞一下有多痛的汉文帝直接在上报的文书上写了两个字——"批准"。

第七件：

同年六月，为了鼓励农业生产，汉文帝再一次向天下发布诏书，各郡县但凡有辛勤耕田的模范家庭，直接免除田税。

以上，便是汉文帝这一年多来为天下所做的大事。

《资治通鉴》说：自这一年开始，文帝以自身作则，鼓励耕种，简朴持家，使得此风气传遍全国，官吏们都尽心尽力为朝廷办事，百姓也都开始安居乐业，再也不羡慕商人和相互攀比了，很多人都重新回到了田间开始耕地，穷小子也能娶到老婆了。于是，国库的储蓄每年都在增加，汉朝的人口也是越来越多。并且因为刑法的"宽松"，使得民间犯罪率大减，一年之内全国只审判了四百来个案件，很有些上古圣人治国的景象。

3.21 匈奴旋风

八年！八年了，距离上一次汉廷与匈奴和亲已经有八年之久了，这期间，因为中行说的鼓动，匈奴和汉朝之间的关系简直可以用"红色警戒"来形容。

因此，汉文帝中断了与匈奴的和亲政策，使匈奴少了很多汉朝的精米与铜、铁器具等。

老上单于愤怒吗？愤怒。他出大军攻打汉朝了吗？没有。不但没有，反而寇掠汉朝的频率还要比以前更少了。

为什么？难道彪悍的匈奴人厌了？还是足智多谋的中行说黔驴技穷了？

呵呵，都不是，他憋大招呢。

一开始，老上单于听说汉朝中断了和匈奴的和亲政策后大怒，并决意领匈奴骑兵前往汉朝肆虐。

可当时汉文帝刚刚中断与匈奴的和亲政策，所以警戒心极强，征十余万大汉正卒往边守戍，使得大汉西北边界一时之间如同铜墙铁壁一般。

而中行说很清楚匈奴的长处与短处，你要说在平原上野战对决，匈奴当时天下无敌，可你要说攻城略地，匈奴人的战斗力简直不值一提，因为不管是步战还是装备，匈奴照汉廷都要差太远。

基于此，中行说劝老上单于不要急于对汉朝发动攻势，应该像蛇一样先将自己盘起来，让汉朝人错误地认为自己怕了边塞汉军，然后在汉军大意之时发动最猛烈的攻击，给予汉朝致命一击。

老上单于从了，而事实也和中行说所料一般无二。

没过多久，汉文帝为了节省国家粮食开支，乃采用边境屯田政策，于是大批百姓被迁往边境。

同时，很多汉朝正卒也逐渐从边境撤回，使得边塞防御力大打折扣。

于是，八年以后，匈奴人动手了，并且下了死手。

公元前166年冬，老上单于毫无征兆地令各部迅速集结十四万精锐轻骑于中央王庭，由他本人亲自带领，如疾风一般袭击了汉朝边境。

因为连续八年没有对汉朝发动大规模攻击，汉朝边境防守松懈，竟被匈奴一举突破。

这些匈奴人突破边关以后毫不停歇，狂奔至朝那（今甘肃省平凉市西北）。

而此时，汉朝边关的告急文书才刚刚从朝那离开，由此可见匈奴骑兵的速度快到了什么程度。

朝那守军不敌如蝗虫一般的匈奴人，告破。

而匈奴人在朝那补充完"能量"之后，继续南下疾奔萧关（今甘肃省固原县东南）。

因为匈奴骑兵的速度实在太快，快到长安根本无法在短时间内做出反应（按速度推算，告急文书应该刚刚到达长安），所以萧关没有援兵支援，几日以后便被匈奴人攻破。

萧关破，老上单于还是没有丝毫停歇，而是亲自率领匈奴骑兵直线向南插向长安的北腹地——北地（今甘肃省宁县西北，已经距离长安不远了）。

到了北地以后，匈奴骑兵对驻防汉军展开了疯狂攻击，杀北地都尉，烧中宫（今甘肃省固原市境内），下彭阳（今甘肃省镇原县东八十里），寇掠屠杀汉朝物资与人民无以数计！

因为北地多为平原，适合骑兵作战，所以老上单于到此地以后将大军分为四部，并分别分派具体任务：

一路军，从北地向西南突袭甘泉宫（今陕西省淳化县东北，距离长安已经很近了）；

二路军，从北地向正南突袭雍地（今陕西省凤翔县南）；

三路军，为老上单于亲率坐镇北地，为一路、二路大军压场后方；

四路军则领所俘获的财物、汉民返回匈奴境内。

四路军往回押运胜利果实可以理解，但老上单于为什么要将大军分散成三军来侵略汉朝呢？

匈奴人最擅长的是什么？答案很明显，机动作战。那么在机动作战里匈奴人更擅长什么呢？答案是小规模机动作战。因为匈奴骑兵的机动作战要不停地游走射击，以己之速毙敌之命，所以需要很大的活动范围以供奔走。那么十余万的大规模机动作战肯定会限制他们的活动空间，以致降低匈奴骑兵的作战能力。

所以，为了发挥匈奴人最大的优势，老上单于才将大军分散，逼迫汉文帝分散士兵来和他进行局域战争，而不是大规模决战。（注：四路不说，老上单于的一路、二路、三路分布极为阴险，因为北地、甘泉宫、雍地三地连成线正好组成一个三角形，如果汉军出动大部队攻击一路，另外两路大军便会攻击汉军背后，这就犯了兵家大忌，所以汉文帝要想和匈奴人决战就必须也分三路大军和匈奴人进行局域战斗。）

可以说，现在在战略上匈奴人已经占有绝对的主动，只等汉军一来，老上单于便会将汉军歼灭于野，进而继续南下狂掠汉境，顺利的话杀了汉文帝还能使汉朝天下再次大乱，进而造成天下分裂，那对匈奴是有百利而无一害的。

匈奴人为什么不直接进攻长安？他敢吗？长安经过最初刘邦的建造和后来吕后的变态加固，俨然成为天下最坚固的城池，而匈奴人的攻城水平又不行，所以匈奴人一旦进攻长安，势必会造成长久的拉锯战，使得匈奴人士气越来越低，如果这时候天下勤王的军队再在这一时间赶到，匈奴人就算是想跑都跑不了了。

所以，老上单于才不敢攻击长安。

现在，大阵形已经布好了，只等汉军前来便能瓮中捉鳖。那么汉军出没出来呢？

出来了！

那汉军是不是如老上单于所想一般失败了呢？

没有！

并且老上单于一看汉军前来迎击自己，直接一句："赶紧！赶紧让一路、二路军队都撤回来！"

咦？奇怪了，不是占有绝对优势吗？为什么要逃跑呢？

来吧，让我们将时间再往前挪到匈奴刚刚攻下萧关的那一刻，看看此时的汉文帝正在做什么吧。

时间：公元前166年冬的某天。

地点：长安皇宫。

此时，汉文帝正在内室批阅奏折，突然一名宦官面带急色小跑进来，对汉文帝道："陛下，有斥候从边关来，声称边关有急报奉上。"

汉文帝一听边关，心里没来由地紧张。他也顾不得其他，披上便服便慌忙去见那个边关的斥候。

此时的偏殿，那名边地斥候正着急得来回踱步，可就在这时，一名小太监走进偏殿，清了清嗓子，拉长音道："皇帝驾……"

没等小宦官说完，汉文帝直接将他推到一边，骂骂咧咧地就往斥候那里走，斥候料定来人定是汉文帝，便马上下跪，正要高呼万岁，汉文帝一把将他拽了起来："快起来吧，边关怎么样了？为什么如此紧急？"

斥候赶紧道："启禀陛下！匈奴人突然毫无征兆地发十四万大军攻击边境，我边境守兵猝不及防，被匈奴人攻破。小人受将军之命，特来向陛下汇报，并且小人从朝那离开以后，听说没过多久朝那便已经被攻破，按匈奴人的速度，估计现在已经到达萧关了，还有，还有……"

已经冷汗直流的汉文帝一把抓住斥候的脖领子，愤怒地道："还有什么？赶紧说！"

斥候道："还、还有，听说此次统率匈奴的最高统帅正是老上单于本人！"

话毕，汉文帝竟然一怔，然后也不管斥候了，直接对手下谒者吼道："速去！通知文武百官，让他们急速给我来皇宫议事！就说朕要打狼！"

长安沸腾了！正在家里吃饭的、正在陪孩子玩耍的、正在研究学问的，只要是长安有头有脸的人物，一时全往皇宫疾奔，因为他们知道现在事态的严重性。

朝会开始，一张超级大的地图已经铺在了大殿正中，汉文帝满脸的严肃，可仔细观察却能发现，他眼中竟然隐藏着几分兴奋。

于是，几个时辰以后……汉文帝握紧拳头，激动地道："就这么办了！张苍！"

张苍道："老臣在！"

汉文帝道："现命你迅速通知有关单位，发布诏书，速调长安附近所有材官、车、骑，同时征调梁国、淮阳国、赵国所有战力前往长安集结，必须于一个月内到达，不得有误！"

张苍道："是！"

汉文帝道："张相如！"

张相如道："末将在！"（注：张相如，汉朝宿将，从刘邦开始就为汉朝征战沙场，战斗经验极为丰富。）

汉文帝道："现命你为我汉朝大将军，协调统率整个战事！不得有误！"

"是！"

如此，整个中原人潮涌动，数不尽的士兵、粮草、战马、战车及各种战争器械不断往长安集结。

十万……二十万……三十万……

等匈奴人摆好"三角阵"后没过多久，长安已经集结了三十多万大汉正卒，其中光战马就集结了二十余万（得益于汉文帝的马政），虽然战马在品质上不如匈奴战马，但绝对够和匈奴人拼一下了。

于是，大将军张相如行动了。他将大军分为三路。

一路大军向东北直奔上郡（全步卒），协助边地戍卒防守边境，以防和匈奴激战正酣之际右贤王从北线突袭。

二路主力大军为张相如亲统，使董赤、栾布为副将，领十余万车骑直奔北地老上单于主力部队（十余万骑兵，一千余战车）。

三路命中尉周舍、郎中令张武分别统率五六万人，驻扎长安郊外，兵种清一色骑兵。

张相如的总体战略是这样的，由自己率主力部队硬撼老上单于，周舍和张武防守长安，只要老上单于敢让匈奴一路、二路大军袭击自己身后，那么周舍便会统率本部兵马急袭匈奴一路、二路大军的身后。

此战法简直就是完全舍弃了防守的同归于尽战术，哪怕匈奴最后赢了，也绝对是残胜！保守估计士兵十不存三。到那时，匈奴士气低落人困马乏，如果汉朝周围的士兵再趁势将匈奴残兵合围，匈奴人就算是长了翅膀也飞不出去。

汉朝，光一个大郡就能顶得上匈奴所有人口，死十几万虽然很痛，但绝不致命。可匈奴耗不起了，一次性死十四万，这对匈奴人绝对是毁灭性的灾难。

所以，老上单于果断令大军撤退，返回匈奴。

可这次汉文帝的决心可不是闹着玩儿的，他就是要以命换命，好像要把长久累积的怒气全部倾泻一般，而汉朝的那些士兵也非常痛恨匈奴人，所以和汉文帝的想法一般无二。

所以，汉朝的皇帝疯了，汉朝的将军疯了，汉朝的士兵也疯了。

汉朝的军队在张相如的统一带领下如同疯魔一样，追着匈奴的屁股后面就是一顿追杀。

可尴尬的一幕出现了，匈奴的战马实在不是中原战马所能企及的，所以汉军一直到匈奴人退出大汉边境也没能将其追上，只有一个小将所率领的骑兵要比其他骑兵精锐，追上了匈奴的后部一顿砍杀，总算没有使汉朝军队"无功而返"。

而这个小将不是别人，正是我们耳熟能详的神箭手——李广。

匈奴本次虽然被汉朝军队"打"退了，可实际上并未损失多少，反倒是汉朝的损失实在太大，从边地一直到北地，到处都能看到汉朝百姓的尸体，到处都能看到被焚毁的房屋。

见此，大汉士兵的眼睛血红，他们渴望能杀入匈奴境内，报此血海深仇。所以，继续深入匈奴境内的呼声一浪高过一浪。

但张相如没有被冲昏头脑，汉文帝也没有。因为他们知道，在本国境内抗击匈奴和在匈奴地界打击匈奴是完全不同的两个概念，这些游牧民族的战斗方式和狼群一样，他们会躲，但始终掌握你的一举一动，当你疲惫不堪、无心恋战之时再给你迎头一击。

试想，如果汉军深入草原寻不到匈奴，久而久之必定士气大跌，到时候老上单于携左右贤王三面夹击，汉军还有生路吗？就算是逃，他们能逃得过匈奴人的马蹄吗？

所以，汉文帝果断令士兵们撤回长安。

就这样，汉朝在未损失多少士兵，却损失了无尽的人口和财力的情况下"胜利"回都。

匈奴人在未损失多少士兵，却得到了无尽的人力和财力的情况下"败退"回王廷，最终谁才是胜利者一目了然。

不过别着急，匈奴人高兴不了多久了，因为以后将会有一个极度血腥凶残的汉朝皇帝以几乎灭种的方式扫荡匈奴人，不过这是后话，以后再说。

好了，这场战役结束了，别管最后谁才是真正的胜利者，起码表面上汉朝是胜利了，所以，该赏的还是要赏。

3.22 冯唐与李广

因为李广率领的部队所斩杀的匈奴人是最多的（实际上也不是很多，只是相对而论），所以得到了汉文帝的亲自召见，并封李广为中郎，任骑常侍。

中郎是皇帝身边的侍卫官，骑常侍也是皇帝身边的近臣，所以从此项任命来看，汉文帝是要重用李广了，之所以还让李广在自己身边待一段时间那就是要考验李广到底是不是一个合格的统帅了。

可是，李广让汉文帝失望了。

话说匈奴撤退以后，有一段时间汉文帝经常外出打猎，并且凡是打猎活动都要带着李广一起前往，还让他统筹整个打猎计划的分配布置。

可最后汉文帝却无奈地发现，李广勇则勇矣，可其能力也只能是统率一支部队突击杀敌而已，要是让他统率三军，其结果是不可想象的。

所以汉文帝说出了一句话，大概概括了李广悲剧的一生。

"惜广不逢时，令当高祖世，万户侯岂足道哉？"

意思就是李广生不逢时，如果生在汉高祖刘邦时代，就算封个万户侯也不算个啥。

其意思既是对李广的肯定也是对他的否定，因为汉高祖时期基本上都是御驾亲征，所有统筹全局、领军打仗都是汉高祖在做，张良和陈平等人负责给汉高祖出主意，至于具体执行则靠手下的那些猛将，所以汉高祖特别偏爱猛将。但那些高祖时期的猛将有封万户侯的吗？没有！所以可见李广勇猛到了什么程度，在汉文帝口中那是樊哙都比不了的存在。

然而，现在时代变了，对汉朝有威胁的敌人只有匈奴。

这个时代，皇帝是不出征的。于是，一军之统帅变得格外重要，也正是汉文帝所急需的。

所以，汉文帝对李广的期待破灭了，却没有动李广的官位，一直让他做自己的中郎及骑常侍，毕竟有一个武艺高强的人在自己的身边，人身安全也有保障。

"啊，原本心目中可以担大任的李广也不是一个真正的统帅，那么谁才能带领我大汉雄师讨伐匈奴、雪我之耻呢？父亲啊父亲，儿现在终于知道您'安得猛士兮守四方'这句诗的真正含义了。"

抱着此种郁闷的心思，汉文帝也没有闲情批阅奏折了，而是带着一群人于宫中散步放松心情。

可是走着走着，汉文帝不知不觉地走到了中郎府。一进去就看到了让自己惊讶的一幕。

就见一个老头躺在床上哼着小曲儿，一见汉文帝进来了赶紧起身下拜。

汉文帝就纳闷儿了，心想："郎卫是我的直属卫队，每个人都很年轻，这、这岁数都快赶上我爹了，怎么还在郎卫府混着呢？"

汉文帝走到老头身边好奇地问道："老人家叫什么？怎么这么大岁数还在做郎官呢？"

老头道："启禀陛下，老臣冯唐，祖父是赵国人，后来移居到了代郡。等大汉统一天下以后又移居到安陵谋生。因为当初陛下命各地推选孝廉、方正往长安为官，我就被推荐上来了。可那时候，小老儿我年龄就已经很大了。"

一听冯唐提了代郡，汉文帝感慨万千，又想到现在汉朝没有大将之才，便问冯唐道："原来老人家也在代郡待过，那咱们还是老乡咧。当初朕在代地的时候总能听见别人对赵将李齐的称赞，不知老人家熟悉李齐吗？他是个什么样的人呢？"（注：李齐，原赵将，除了《汉书》这一段对话以外，没有史料对他有所记载，不过通过分析猜测，很多人都认为当初赵军之所以能在巨鹿抵挡章邯三个月之久，都是守将李齐指挥得当的缘故。）

冯唐讪讪一笑道："李齐可不如原来赵国的廉颇和李牧哟。"

汉文帝皱眉道："为什么这样说，有什么根据吗？"

冯唐笑道："臣祖父当初在赵国担任将帅，和李牧同朝为官，所以非常熟悉李牧。而我父亲从前当过一段时间的代相，对李齐也非常熟悉，所以这就是老臣的根据。"

汉文帝道："哦？那你赶紧和我说说廉颇与李牧，他们都有什么样的战绩，他们的风格又是什么。"

于是，冯唐便开始和汉文帝叙述起了廉颇和李牧的功绩。

廉颇，侵略如火，不动如山，指挥骑兵作战能力出神入化，经典战例很多。

李牧，大战略家，大阵法师，骑、步、弓、车皆能纯熟运用，并兼老谋深算，一生无败绩。

冯唐在介绍，汉文帝在仔细聆听，尤其说到廉颇领胡刀骑士扫平塞外，李牧于边塞全歼十余万胡骑的时候，汉文帝的双手紧紧相握，眼神里有了无限的向往。

等冯唐介绍完毕，汉文帝狠狠拍击自己的大腿，无不遗憾地道："唉！可惜我偏偏就得不到像廉颇和李牧那样的大将！要不然匈奴算什么，瞬间就灭了他！"

见此，周围的随从们一个个无不摇头叹息，那冯唐却嘿嘿一笑，然后无不嘲讽地道："恕老臣直言，老臣估计陛下哪怕是得了廉颇和李牧也不可能任用。"

话毕，汉文帝愣了，周围众人也全都愣住了。冯唐这是什么意思？这不就是说汉文帝不会用人吗？

可汉文帝自诩即位以来，用的全都是当世最杰出的人才，什么人都逃不过他的火眼金睛，怎么就成了不会用人了呢？并且，冯唐是在这么多人面前当众说出的这话，这不摆明是扇汉文帝的耳光吗？

所以之前还满面笑容的汉文帝直接晴转多云，继而甩袖而去！

可回到宫中以后，汉文帝越想越不对劲，因为自己是君，冯唐是臣，所以他一定不敢无故调侃自己，之所以这么说一定有原因在里面。

"难不成我真有什么缺点不成？不行，我得弄明白了。"

抱着此等想法，汉文帝当即宣冯唐进入侧殿。

等冯唐来了以后，汉文帝没有先问自己有什么过失，而是劈头盖脸给冯唐一顿骂："你说！为什么当着众人的面羞辱我？哪怕是我真有什么缺点，难道你就不能找一个僻静的地方和我说吗？怎么连点儿起码的规矩都不懂？"

冯唐郁闷，可也不敢和汉文帝硬杠，只能道："请陛下恕罪，臣就是一粗鄙之人，并不懂得什么忌讳。"

汉文帝当时正在思考自己到底怎么不会用大将，也没过分追究冯唐，所以冯唐给了他个台阶便下来了，忙追问道："行了，不说这事儿了，刚才你说我不会任用廉颇和李牧，这是为了什么？"

冯唐道："陛下，您知道吗？上古之时，每当有战争发生，那些圣贤的君主都会亲自给将领拉车，送他们到国都之外，并在临行之前语重心长地和他们道：'国内的事情由寡人来决定，国外的战事全凭将军一人做主，寡人绝不干涉！'难道他们只是客气一下吗？不是的。那时候，在外战争的统帅拥有绝对的权力，甚至可以不通过上报就任命赏赐一些不是太高的官职和爵位，等回来才会汇报朝廷。并且为了将军的面子，国君一般不会拒绝。当初李牧在边关担任总帅，直接将边境交易市场的赋税全都扣了下来。他用这些钱来干什么呢？并不是揣到了自己的腰包里，而是将这些钱全都赏赐给了手下将领和士兵！因此，三军用命，都甘愿为了李牧去死。李牧就是凭借这些精锐才干掉的匈奴与三胡骑兵！而如今我汉朝也有一个将军，他叫魏尚，是之前的云中太守（今内蒙古自治区呼和浩特市东南，属北边塞重要军镇之一），他守边的政策几乎和当初的李牧一模一样，云中因此被他治理得井井有条，战斗力超级强悍。曾有一次，匈奴一小股部队在云中附近寇掠，被魏尚杀得十不存一。因此，匈奴以后再也不敢在云中一带游荡。"

听罢，汉文帝眼睛一亮道："哦？那他现在还在云中？"

冯唐道："不在了，人家现在在大牢里蹲着呢。"

汉文帝道："这、这怎么说？"

冯唐道："陛下，我汉朝的法律实在是太严苛了，特别是汇报军功这一块，简直严苛得吓人，一点儿错误都不允许犯，当初魏尚就因为多汇报了六颗人头便被送进了大狱，您说这对吗？当初李牧和廉颇在汇报战功的时候也会多多少少多汇报一点儿，难道陛下也同样将他们治罪吗？所以我才说哪怕我汉朝有李牧和廉颇这样的将领您也不会任用。"

听罢，汉文帝默默点头，即刻令冯唐持节释放魏尚，让他重新回到云中担任太守。

后来，因为冯唐为将门之后，并熟悉战车的保养和作战方法，汉文帝乃升其为车骑都尉，掌管各郡国的车战之事。

多年以后，汉景帝刘启继位，任冯唐为楚国相。

再多年以后，冯唐因为岁数太大告老还乡。

一直到汉武帝继位后，本想重新重用冯唐，可那时候冯唐都已经快一百岁了，连床都下不了还怎么用？所以才有了"冯唐易老"这个说法。

3.23　方术势力崛起了，方术势力又完了

公元前165年春，成纪县突然出现了一条黄龙！而随着这条"黄龙"的出现，汉文帝身边的宠相张苍也随之倒台了。

那为什么会这样呢？黄龙和张苍有什么关系？往下看就知道了。

方士是什么？用我们很多现代人的说法来讲就是占卜算卦的神棍，可在古代却不是这样的。

方士，在尧舜时期便在朝中占有绝对重要的位置，到夏、商、西周的时候更是过分，甚至朝廷要发布什么政策，抑或是发动战事都要通过占卜来决定。当初商朝的国君武乙为什么要射天？不就是为了打击方术势力吗（这倒霉蛋最后被雷劈死了，反而让天下人更加信赖方术）？

可以说，那时候的方士往往可以决定一个国家的走向。

等到秦朝的时候，方士虽然没有夏、商、西周那么夸张，但也绝对是不可或缺的存在。

可自从汉朝建立以后，刘邦除了对几个极个别的"名士"比较尊重以外，对其他的方士都是嗤之以鼻。所以从这以后，方士逐渐退出了朝廷。

而之后的吕后也和刘邦一个"德行"，方士便几乎在朝中销声匿迹。

但自从汉文帝登基以来，方士行业又有了死灰复燃的趋势，这是为什么呢？因为汉文帝信这个，所以国家又有很多方士开始活动起来，这其中比较有代表性的便是鲁人公孙臣和赵人新垣平了。

还记得上两年的金堤被洪水冲垮事件吗？那时候公孙臣就上书汉文帝，说汉朝实际上属于土德，这次金堤被冲毁并不是什么灾祸，而是因为上天要遣黄龙下凡的征兆（古人说黄龙为最高级别"祥瑞"），并说从此让汉朝改服色，以黄为主。

此奏折率先过了丞相张苍的手，张苍对此极为不屑，认为公孙臣完全就是在胡扯，所以弃之不顾。

可等到两年以后，在成纪县真的出现了黄龙（一说此黄龙为公孙臣将一个别人没见过的变异动物放在成纪县的，一说此"黄龙"根本就不曾存在，都是谎报的），汉文帝想起两年以前公孙臣的上书，便将此人召至长安，并命其为博士。

相反，因为之前张苍根本没有在意公孙臣的上书，使得汉文帝对张苍的能力产生怀疑，从而开始冷落。

按照以往的套路，公孙臣就应该像其他前朝方士一样趁热打铁，为汉文帝推出一系列的迷信活动才是正理，但公孙臣为人很是谨慎，自从当了博士以后便开始明哲保身，再也不提什么封建迷信了，所以躲过了很多事端，也保住了自己的小命。

而第二个人就不像他这么好运了。这人是谁呢？就是之前提过的新垣平了。

赵国人新垣平见公孙臣靠"黄龙事件"成功上位，料想此为自己飞黄腾达的绝佳时机，乃仿公孙臣，上书汉文帝，说在长安东现五彩之气。这是为什么？因为上天要开始眷顾汉朝和汉文帝了，所以建议汉文帝祭祀五帝之庙（关于五帝究竟是谁记载很多，说法不一而足，不过现在大多数人都信奉黄帝、颛顼、帝喾、尧、舜这种说法）。

通过上一次的教训，张苍可不敢再拦此类上书了，所以马上便上报给了汉文帝。

结合之前的"黄龙事件"，汉文帝料定此为事实无疑，遂亲自至雍祭祀五帝，由此可见其诚心。

正所谓上行下效。这以后，本来已经快绝迹了的方术师们又钻了出来。难道秦始皇时代的"骗子满地走，方士多如狗"模式又要重新开启了吗？

不一定。

后来，汉文帝宣新垣平入宫觐见，赏赐良多。那新垣平一看厚赏如此易得，乃发动全身马达，继续忽悠汉文帝，竟然想让汉文帝登泰山封禅。

封禅是什么？之前也说了，祭祀中最高等级的存在，不是拥有千古之伟业的大帝是绝对不够资格封禅的。那汉文帝虽然励精图治，使得汉朝越来越富，但说实话，我个人认为他想要封禅还差很多。

所以，当听了新垣平的忽悠以后汉文帝虽然很高兴，却没有真的往泰山封禅，可封禅的小树苗却从此在心中成长了起来。

一段时间以后，为了能成功促成"封禅"，进而使自己一生富贵，新垣平也是拼了。他竟然找了一个工匠师傅，在一个玉杯上面刻上了"人主延寿"四个大字。

汉文帝自然是十分高兴，可丞相张苍和廷尉张释之见装神弄鬼的新垣平在汉文帝面前屡屡得逞，使其身份越来越高（当时已为上大夫），便开始有了危机感，于是暗中派探子调查"玉杯"真伪。

你还别说，最后还真找到了那个刻字的工匠师傅。

于是，张苍立即上奏汉文帝说明情况。

见人证物证俱在，汉文帝也是怒了，遂将新垣平交给张释之审理。也不知道张释之是通过什么手段来审理新垣平的，反正新垣平最终把什么都招了。

汉文帝大怒，乃夷新垣平三族，从此以后对鬼神之事也就不那么上心了，死灰复燃的方术势力也随着新垣平之死再次销声匿迹了，一直到多年以后的汉武帝时代才重新迎来了他们的春天，但这是后话，我们暂且不表。

3.24 孤臣

公元前165年九月，太子家令晁错上书三十余篇分析现在朝中应该实行的各种政策，其上书领域跨越了整个朝廷，将三公九卿百官应该管的事全提了一遍，并且再提当初贾谊的削藩之策，想让汉文帝削减诸侯国的力量。

汉文帝虽未全盘认同《削藩策》，但也感到了诸侯国的威胁，乃改齐地为六国，淮南国为三国。

可朝中有一条"潜规则"，那就是官员不能越权管事，如果你这么做了，那你就是全民公敌。

你说你一个太子家令，你就做好你自己的本职工作就好了，为什么要管我们的事情呢？

所以，晁错的一系列举动令朝中百官大恨！

可晁错现在既是汉文帝身边的红人，还是太子刘启身边不可或缺的"智囊"，百官不敢得罪，便只能疏远晁错，让他成为一名孤臣。

可晁错在乎吗？

3.25　大和亲时代

时光匆匆，转眼间，三年就这么过去了。距离上一次匈奴大集团侵略汉朝也已经过去了整整四年。可如今，长安皇宫之内，汉文帝已经连续好几天无法正常入睡了。

为什么？因为他犯愁啊！

愁什么？难道汉朝有内乱了？还是经济又开始倒退了？

都不是，还是我们所熟知的两个字——"匈奴"。

因为汉朝边境实在是太过延绵，想要将整个边境都守得如铜墙铁壁没有三四十万大军根本不可能。而现在汉朝十余万精锐皆布置于西北边境防守单于王庭军，所以北边境和东北边境的防守相对薄弱。

而自从上一次将匈奴人"赶出"汉朝以后，汉匈之间便彻底处于交战状态。老上单于纳中行说之言，采用游击战法寇掠汉朝边境。其具体布置如下。

一、中央王庭军分部分精骑往左贤王处辅助左贤王寇掠汉朝北边境和东北边境。

二、由中央王庭军牵制西北汉军，只要西北汉军敢向北支援汉北边境，中央王庭军便会会师右贤王部痛打汉西北边界。

三、一旦长安方面派遣援军往北支援就老实待着，以此来耗费汉廷的军资。

所以，这几年的匈祸极为频繁。特别是云中和辽东，受到的灾祸是最为严重的，所损失的人力物力根本无法计算。而这一切都是因为汉朝只能被动防守而不能主动进攻所造成的。

那为什么不能主动进攻呢？还是之前的几点原因。

第一，没有神级将领。

第二，现在汉朝虽然通过马政增长了很多军马，可如果想要主动出击征讨匈奴，这些马还是不够的，同时还没有匈奴马精锐。

第三，缺少钱粮。

汉朝经过汉文帝的励精图治以后虽然逐渐富了起来，可和"文景之治"以后的汉朝根本无法相提并论，而深入草原、大漠所需要的钱粮根本不是现在的汉廷所能负担的，哪怕是勉强能负担得起，估计打完匈奴整个汉廷也瘫痪了。

基于以上，汉朝根本无法出击匈奴。那怎么办呢？难道永远都让匈奴这样消耗自己的国力和百姓吗？

不！汉文帝没有这样做，而是向匈奴低头了。

通过计算，汉文帝觉得每年通过和亲给匈奴的财物远远比不上匈奴寇掠汉朝所造成的损伤。所以汉文帝也不管什么面子了，面对这些嗜血的饿狼，他再一次打碎了牙往肚子里吞，选择与匈奴和亲。

汉朝皇帝敬问大单于平安无恙：

曾几何时，长城以北的游牧射箭民族由大单于管辖，而长城以南的耕种人民则由我来管辖。那时候，你们射猎，我们耕种，相互之间和平共处，没有纷争，这是多么美好的画面啊。可后来，由于小人的挑拨离间，使汉匈之间产生裂痕，进而开始了常年的战争。这是我不愿意看到的，相信大单于也是如此认为吧？曾经，大单于来信和我说过："我们两个国家是亲家状态，你和我对此都很满意，所以以后双方都要停止战争，让安定和平持续世世代代。"我对此十分认同，所以请让我们再恢复曾经的关系吧……（以下略）

于是，汉朝和匈奴又恢复到了从前的和亲关系，只不过这次和亲汉朝每年给匈奴的"贡品"要比之前多得多而已。

那么汉朝都已经低姿态到如此程度了，匈奴以后是不是就会从此消停了呢？

呵呵，这是后话，我们以后再说。

3.26　新相上任

话说自从三年前的"黄龙事件"以后，汉文帝是越来越看不惯张苍了，终于在公元前162年八月将张苍罢免。

而国不可一日无相，这新任丞相的人选便成了汉文帝最头痛的事。那么现在汉朝谁有成为新任丞相的资格呢？

不少，但主要候选人只有两个，便是窦广国和申屠嘉了。

窦广国，字少君，为当朝窦皇后的亲弟弟，大概在窦广国四五岁的时候，窦皇后便往宫中做了宫女。

后来，由于父母早亡，不到二十的窦广国为了谋生便在当地最大的地主家里以做苦力为生，后被主人派到煤场挖掘煤炭。

那时候的煤场是什么样呢？工人们白天卖苦力，晚上就聚集在一个临时搭建的大棚里睡觉。因为窦广国的年龄是所有人中最小的，所以工头让他在最靠近门的地方睡觉（因为越靠近门越冷）。

谁知在某一天夜里，靠近大棚的山泥突然倾泻，造成了泥石流，并将整个大棚全部掩埋。大棚里面的百名工人都睡得和死猪一样，只有窦广国因为太冷睡不着，所以发现了泥石流，及时逃脱。

工地里除了窦广国以外全都死于非命。

一夜之间死了如此多的工人，那些死者家属当然受不了了，他们聚集在一起往财主家里讨要说法，当时因"工伤"致死该赔多少钱不详，但一百多条人命所赔的钱财绝对是天文数字了。

所以这财主是一定赔不起的，那赔不起该怎么办呢？跑吧！

于是，财主一家只能躲到长安城去避风头。

而窦广国没有一技之长，为了混口饭吃也只能跟着财主来到长安。

也许是觉得自己大难不死、必有后福吧，窦广国到长安的第一件事便是找人给自己占了一卦，想看看前途到底如何。谁知那看相的说窦广国以后不但没有生命危险，并且不久之后便会成为皇亲国戚，一辈子衣食无忧。

窦广国听了这话一下乐了，"鄙视"了一下算命的便转身走了。

可几天以后，窦广国听说现在当朝皇后是一个姓窦的，经过详细打听，得知这个"窦"和自己的姓氏一模一样，再结合几日以前那个算命的所说的话，窦广国这心里就开始狂跳了（我姐姐当初就被派去皇宫当的宫女，现在的皇后会不会就是她呢？）。

结果越想越心动，越想越觉得靠谱！

于是，窦广国打算豪赌一把，壮着胆子上书给有关单位，说自己是窦皇后的亲弟弟。

有关单位的负责官员一听这话不敢怠慢，赶紧将窦广国请到驿馆歇息，并好酒好肉地伺候着（实际上就是软禁，一旦查明这个人是假冒的，便直接杀之），然后亲自入皇宫上报。

窦广国也知道官员的想法，可来都来了，还能怎样？大不了赌败了就是个死，十八年后又是一条好汉。

所以，窦广国在驿馆拼命地吃，哪怕死也要做一个饱死鬼。

可殊不知，此时的皇宫都已经炸锅了。那窦皇后一听自己的弟弟前来认亲了，激动得无以复加，往常不管遇到什么事儿都稳如泰山的窦皇后竟然全身发抖，并让官员赶紧将这个叫窦广国的宣进来！

可等官员走了以后，窦皇后逐渐冷静了下来，因为自己现在已经是母仪天下的当朝皇后，所以一定会有些攀龙附凤的人来蹭自己的关系，如果这个窦广国只是一个熟知自己家境的同乡，实际上并不是自己的亲弟弟，那不就闹出笑话了吗？

于是，窦皇后决定考一考窦广国。

半个时辰以后，窦广国入宫觐见窦皇后，因为当初窦皇后和窦广国分别的时候已经不小了，到现在容貌也没什么太大的变化，所以窦广国一看窦皇后就知道她一定是自己的姐姐，直接就要扑上去，还好旁边的官员一把将窦广国给拉住了。

窦广国也知道自己唐突了，便慢慢地给窦皇后跪下，并且一直都看着窦皇后，眼中遍布着激动的泪水（我终于找到姐姐了，我终于不用再过苦日子了）。

看着窦广国的样子，窦皇后也有一股要哭的冲动，也想马上上去抱住窦广国，可窦皇后控制住了自己，哆哆嗦嗦地问："你、你有什么证据证明你是我弟弟少君。"

窦广国道："呜呜呜，还记得姐姐在入宫之前，总带着我去桑树上采桑。有一次，你不慎滑落摔伤，我当时怕你摔坏，趴在你身上哭了好久，最后还是你安慰我我才不哭了的。"

话毕，窦皇后开始浑身颤抖，眼泪开始止不住地慢慢滑落，紧接着又问："还、还、还有证据吗？"

窦广国道："呜呜，我从小就最喜欢姐姐，姐姐走到哪我都要当姐姐的跟屁虫，那一年，我听说姐姐要离开家乡，往长安做宫女，我哭得死去活来，一直送你到驿站还在痛哭，姐姐你也不想离开我，哭着给我洗了最后一次头，喂了我最后一次饭，然后才哭着离开的。"

说到这儿，窦皇后再也无法压抑心中的激动，直接冲过去抱住了窦广国，两个人哭得稀里哗啦，周围的侍从宫女无不潸然泪下。

后来，窦皇后赐给了窦广国田地宅院，还有很多金钱，让他就住在长安，以后姐弟两个誓死不分离。

薄太后也很可怜窦皇后的身世，便下了一道诏书，追封窦皇后的父亲为安成侯，母亲为安成夫人。如果按照这样继续发展下去的话，窦广国是百分之百要在朝中担任要职了。

可当时，吕氏之乱刚刚平定，窦皇后一家虽然团圆了，那些经历过吕氏之乱的大臣们却一个个绷紧了神经，这要是再冒出一个吕雉，汉朝天下还要不要了？

于是，为了避免外戚之乱再次发生，当时任丞相的周勃和大将军灌婴联名上书汉文帝，说窦广国属于贫民出身，并没有什么文化和礼仪，让他做一个一辈子衣食无忧的富家翁也就可以了，实在没有必要封他官职。

汉文帝听罢犹豫不决，便问窦皇后的意思。

窦皇后那是何等有心机的女人？当然知道现在汉文帝心中实际上是偏向那些大臣的说法，所以没有推荐窦广国到朝中做官，并且时刻告诫窦广国，说朝廷如同战场一般，如果不想死无葬身之地，就不要揽权，并且广积德行。

窦广国很听话，从这以后都不参与朝中之事，不管和谁都客客气气的，一点儿都没有皇亲国戚的架子。因此，名气便在长安一点点地积累起来。

后来，窦广国修习学问，知识也开始丰富起来，便总是会给窦皇后和汉文帝出一些好主意，提一些好建议。所以窦广国便开始进入了汉文帝的视线，成了丞相的有力争夺者之一。

最开始的时候，汉文帝实际是想让窦广国来做丞相的，可不管是窦皇后还是窦广国本人都断然拒绝了汉文帝的任命，美其名曰"怕天下人论帝私爱广国"，实际却怕树大招风，吕氏一族不就是前车之鉴嘛。

所以，无奈之下的汉文帝只能任命申屠嘉为新一任的大汉丞相了。

申屠嘉，梁人，最开始是以材官轻装蹶张弩手的身份追随高祖的，后来因为战功被升为队率，率领一队弩手跟随刘邦讨伐英布，又因为所率队伍杀敌甚众而被升为都尉。

到汉惠帝的时候，申屠嘉被升为淮阳郡守，其为人刚正不阿，淮阳在他的治理下安定繁荣，算是一位铁腕太守。

直到汉文帝元年，汉文帝为了安定人心，大赏当初追随高祖的大臣，所以两千石以上的官员皆为关内侯，赏食邑二十四人。

只有申屠嘉因为治理地方有功，被封五百户食邑。

直到汉文帝十六年（前164年）的时候，因为地方政绩天下第一，申屠嘉被擢升为了御史大夫。而御史大夫又是丞相的候选人，所以窦广国拒绝了丞相任命以后申屠嘉便成为不二人选。

那么汉文帝为什么一开始不想让申屠嘉做自己的左右手（丞相）呢？难道只是为了提拔窦氏一脉？

不是，那是因为申屠嘉的性格实在是太过刚正不阿，只要是他认为对的，是对国家有利的，他才不管你什么皇帝，能顶撞就顶撞。

这不嘛，这老家伙才刚刚上任，就给汉文帝找麻烦了。

当时汉文帝身边最宠信的人是谁啊？之前也说过，"男宠"邓通嘛。那邓通自从得了汉文帝的铜山以后身家巨万，成为当时除汉文帝和刘濞以外最富有的人。

可邓通比较聪明，他从来都不参与朝中之事，也不轻易得罪朝中权贵，只是专心逢迎汉文帝，哄他开心。

因此，汉文帝更加喜爱邓通，喜爱到有事儿没事儿便去邓通家里喝酒聊天，听他吹捧自己。

邓通以为，只要自己不得罪朝中的那些权贵就没有什么生命危险。但他错了，新任丞相申屠嘉就非常看不上他！

当初申屠嘉在地方的时候，虽然久闻邓通大名却从未见过，所以他也管不着，但自己现在为大汉丞相，这事儿他就要管一管了，要不然以后再弄出个赵高就大发了（邓通虽然不是太监，但性质也挺恶劣了）。

一日朝会，汉文帝心情大好，命邓通站在自己身旁，然后和他一起面对殿下众臣。这是什么？这是要将邓通推向顶峰啊？

然而汉文帝不知道，他此举实际却是让邓通成为大树，而树大必然招风。

那邓通也是不知死活，平时为人谨慎的他在这会儿就脑充血了，竟然在朝堂之上和汉文帝有说有笑，一点儿都不知道庄重。

这一举动彻底激怒了申屠嘉，可因为在大殿之上，百官都在，不能不给天子面子，申屠嘉便没有发作。

可等散朝以后，申屠嘉径直往内官郎卫处求见汉文帝，一见面便道："陛下宠爱邓通，所以让他富甲天下，这是您的私事，老臣我管不着，也不敢管。可到了朝廷之上就必须遵循高祖曾经定下的礼仪，必须要严肃！他邓通有什么资格站在您的身边而面对满朝文武呢？"

听了这话，汉文帝讪讪一笑，赶紧道："好了好了，朕知道了，丞相不要再生气了，朕这就批评邓通，不准他以后再在朝会上站在朕的身边便是。"

汉文帝都将话说到这个份儿上了，申屠嘉能怎么办？视而不见？不不不，那不是申屠嘉的性格。铁腕丞相申屠嘉要你三更死，你就别想活过五更。

那申屠嘉回到丞相府以后越想杀心越重，最后一敲桌子（哪怕是丢了这条老命，我也要办了邓通这个嬖臣）："来人呀！"

丞相史（丞相府中协助丞相办公的人，四百石，说白了就是丞相的一个下人）道："丞相大人有何吩咐？"

申屠嘉道："我告诉你啊，一会儿有个人要来咱丞相府，你现在就往裤兜子里给我藏一把短刀，只要我一下命令你就给我办了他！"

那丞相府中的下人基本都是当初和申屠嘉出生入死的心腹，哪管你邓不邓通的，只要申屠嘉下令，他们连皇帝都敢杀。所以申屠嘉此令一下，那丞相史连想都没想就拿刀去了。

当一切都布置妥当之后，申屠嘉亲自写了一封檄文给邓通，檄文里明明白白地说，因为邓通犯了大不敬之罪，所以让邓通马上到丞相府报到，要是不来，直接派人去斩了他！

要说这申屠嘉也是够莽撞的，就不能先好言给邓通骗来再杀他，非要直来直去的，这檄文杀气都这么重，那本人岂不是更凶？

所以邓通料定去之必死，乃急忙奔向皇宫，见到汉文帝就是一顿痛哭，说申屠嘉要杀自己。

可汉文帝却没拿这事儿当回事儿，他以为申屠嘉有时虽然比较莽撞，但总体来说还是靠谱的，怎么会这么随便就自作主张杀了自己的"男宠"呢？估计也就是惩罚一下，仅此而已。

所以汉文帝非常有底气地对邓通道："你就放心去！有朕在，他不敢杀你，过不了多久朕就让人去把你捞出来，顶多是受点儿皮肉之苦罢了。"

（注：一说汉文帝也怕邓通有赵高的趋势，所以想让他受一点儿皮肉之苦，这才准邓通前往丞相府。）

邓通无奈，只得孤身前往丞相府，但他可没汉文帝那么心大（你说不敢杀我就不敢杀我了？那申屠嘉多莽撞的一个人啊？真要把我杀了怎么办），所以在快到丞相府之前磨叽了好一会儿，这才将自己的帽子和鞋全脱了，赤脚前往丞相府门前通报。

此时的皇官，汉文帝估计现在邓通也应该被惩罚得差不多了，便遣使持自己的符节往丞相府要人。

我们再回过头来看邓通，那邓通进了丞相府以后见申屠嘉正坐堂前，毫无起身待客之道，就知道今日九死一生，便赶紧跪倒在地，一脸的谦卑，再配上一身的行头，直接把自己变成了超级可怜的样子。

但申屠嘉没有半点儿可怜他的意思，冷笑一声，指着邓通的鼻子便骂："邓通！你算个什么东西？朝廷那是最神圣严肃的地方，凭你也配站在陛下身旁？还在这么严肃的地方嬉皮笑脸，你视皇帝何在？你视满朝文武何在？你这就是大不敬！来人！"

丞相史道："在！"

申屠嘉道："把他给我砍了！"

丞相史道："是！"

话毕，丞相史从裤兜子里抽出短刀便直奔邓通而去。

邓通吓蒙了，他疯狂地对申屠嘉磕头，嘴里一直狂吼着"饶命"，可申屠嘉并没有动静，还是一脸的冷漠，那可怕的"刽子手"也距离邓通越来越近。

砰砰砰，鲜血从邓通的头上流下，刽子手也举起了屠刀。邓通磕头磕得更快更狠了，好像这样才不会让刽子手找准位置，以便拖延他下手。

可就在丞相史要下手之时，一声怒吼响彻丞相府："刀下留人！"

只见一名谒者手持皇帝符节慌忙跑到申屠嘉面前道："丞相大人，陛下有口谕。"

申屠嘉这个气啊，狠狠地瞪了一眼丞相史，然后跪下接旨。

谒者道："丞相啊，这个邓通只不过是一个逗我开心的小臣而已，您看在我的面子上就放了他吧。"

汉文帝都已经把话说到这个地步了，申屠嘉还能怎么办？

自从这以后，邓通比以前收敛了不少，再也不敢公然出现在朝堂之中了，由此可见铁腕丞相的本事。

当然了，也有一说申屠嘉本来就知道邓通会去找汉文帝，所以才在檄文中说得那么狠，同时他也知道汉文帝一定会让人来救他，所以本就没想杀邓通，只是吓唬一下而已，所以实际上磨叽的是申屠嘉本人。

3.27　第三次大规模匈祸

公元前161年，也就是申屠嘉就任汉丞相的第二年，北方的匈奴发生了一件惊天动地的大事，什么事呢？便是老上单于魂归西天了，新一任单于乃老上单于的长子，是为军臣单于。

这个新任军臣单于依然将恨汉廷入骨的中行说视为心腹。

四年以前，汉文帝卑躬屈膝地和匈奴签订了种种不平等条约，使得边境终于恢复和平（相对而言），匈奴暂时没对汉朝发动过大规模的军事行动。

中行说曾无数次怂恿老上单于攻击汉朝边境，可老上单于也不知道是想起冒顿临死前的话，还是比较重信，竟然真的遵守了与汉朝的条约。

现在，军臣单于继位了，他很年轻、很冲动，很想做一些事来巩固自己的权威和地位。

于是，中行说来了。

中行说认为，现在汉朝发展得太过迅猛，经济发展迅速，这就像一个酒壶，如果装满了它就一定会向外溢，那往外溢了怎么办呢？就要用新的壶或者碗来接。那么这个壶或者碗是什么呢？便是提升自己的军事实力了。

那么，一个国家好好的，提升军事实力要干什么呢？自然是打仗。打谁？现在汉朝周边唯一和自己有仇的便是匈奴。

所以中行说力劝军臣单于马上断绝与汉廷的联姻关系，并出兵寇掠汉廷边境，因为只有这样才能极大地打击汉朝的经济，并拖延汉朝崛起的时间。

军臣单于纳中行说之言，乃断绝与汉之和亲，且积极训练士兵备战。

汉文帝闻得此消息以后大惊，乃积极屯兵西北部、北部与东北部三边要塞。这还不算，汉文帝还亲自出行巡视陇西、雍县和代国，检查边防和士兵的战意、战心。

当一切都令汉文帝满意后他才从代国返回长安。

可这一次，汉文帝完全高估了大汉的边防。

公元前159年，军臣单于起全匈奴之射雕者，组成了一支六万人的特种部队，分两路南下狂略汉朝边境（每路各三万）。［注：射雕者，战力为匈奴军中之最，清一色为匈奴中最强壮中青年组成。身为射雕者，必须满足几点要求。

第一，要能在马上拉普通的弓箭（一般骑射手都是用的骑弓，俗称短弓，其优点为好控制、精度高。其缺点为杀伤力较弱、射程较短）。

第二，马术必须要高于普通匈奴骑兵。

第三，耐力惊人，可在马上连续奔驰数十公里。

第四，马上突击和近战技能都必须精通。

其具体战力在《汉书》中便有记载："中贵人者数十骑，见匈奴三人，与战。射伤中贵人，杀其骑且尽。中贵人走广，广曰：'必是射雕者也。'"

也就是说，三个射雕者的实力便相当于数十个汉朝骑士，由此可见其战力。］

第一路匈奴骑兵攻云中地界，第二路匈奴骑兵则攻上郡。所过村落皆横尸遍野。

此二地郡守见匈奴人来得并不多，便主动出击予以迎击，可结果去多少死多少，连匈奴人毛都没碰到便全成了他们的箭下亡魂。

至此，两地郡守算是真正地明白了此次匈奴人的实力。于是，边塞烽火台全燃，直达长安。

听闻此消息，汉廷震动。汉文帝也被匈奴射雕者所展现的绝强战斗力所惊叹。

于是，汉文帝立即部署战略措施，其主要部署如下。

一、以河内太守周亚夫为将军，驻军于长安西北的细柳原；祝兹侯徐属驻军于长安北之棘门；宗正刘礼驻军于霸上。以此三军总防长安之外围。

二、以中大夫令免为车骑将军，驻军于飞狐（今河北省涞源县北），巩固赵国防御。

三、以故楚相苏意为将军，驻军于句注（今山西省代县与神池县之间），巩固代国防御。

四、命将军张武驻军于北地（今甘肃省宁县），以防王庭方向的突袭。

综合以上四点，汉文帝此次的军事布置完全以防守为主，彻底放弃了主动攻击匈奴的打算。当初老上单于出十四万匈奴骑兵攻汉，汉文帝依然敢和匈奴人硬杠，如今多年过去，汉朝国力要比那个时候更加强大，可匈奴骑兵只来了六万而已，他为什么不敢主动出击了呢？答案很简单，因为此批匈奴人的战斗力实在是太强。

一个月以后，汉朝的大防线已经布置完毕，只等匈奴来攻。可是匈奴呢？整个云中和上郡四周全都被匈奴人"三光"了，他们的马匹甚至已经装不下抢来的货物，那还留在汉朝干什么？直接走了。

如此，汉朝花费月余时间所做的大防线完全成了一个笑话，汉文帝因此大怒，但这又有什么办法呢？你还敢深入草原去攻击匈奴人吗？不敢，所以只能打碎了牙往肚子里咽。

但值得一提的是，这期间，汉文帝竟然在巡视军营的途中发现了一名将才，也因为此将才，使以后的汉文帝成功度过了七国之乱的危机。

话说匈奴人撤退之前，为了鼓舞长安周边汉军的士气，汉文帝便亲自前往各处军营慰劳将士，可这一路上，汉文帝的脸黑得都能捏出墨水，不过当他到细柳营慰劳将士以后，他那乌云密布的脸终于是阳光明媚了。

为什么呢？因为他在细柳营碰到了一个将才，他的名字叫周亚夫。

3.28　即有缓急，可任亚夫

周亚夫，汉朝名将周勃次子，因有战功，加上属于权贵之后，所以事业一帆风顺，年纪轻轻就当上了河内太守。

当时，古代第一女神相许负曾经给周亚夫看过相（注：许负，相术师，只给两千石以上官员看相，从无算错之事），说周亚夫将要在三年以后被封侯，封侯八年以后便会成为将相，掌国家军政大权，位极人臣。可九年以后便会饿死。

听到这儿，周亚夫哑然失笑，对许负第一次产生了质疑，他笑道："许仙师，我兄长已成为继承父亲爵位的继承人了，哪里还能轮到我呢？再说，假如真如你所说，我成了位极人臣的丞相，那就等于拥有了无尽的荣华富贵，怎么还能饿死呢？"

许负看了看周亚夫，然后只说了"祸从口出"这四个字，便再也没有多说，转身便走了。

果然，三年以后，周勃的长子犯了罪，汉文帝废除了他的侯爵职位，令众臣再挑选一个周勃的儿子作为侯爵，大家一致认为只有周亚夫才能继承侯爵之位。于是，汉文帝封周亚夫为条侯，继承周勃食邑。

到这儿，许负都算对了，那么以后的事许负也算对了吗？这是后话，我们暂且不表，还是书接上文，看看汉文帝到底在细柳营发生了什么，使得他重新"阳光明媚"。

之前，汉文帝观霸上与棘门守军的时候一切都很正常，不管是守门的士兵还是各位将军，见到汉文帝以后全都是下跪参拜，汉文帝也是走走过场便"拂袖而去"。

直到细柳营以后，一切都大大地不同了。

只见细柳营士兵人人精神抖擞，见皇帝的先行车队后直接拦住，怒声喝问："什么人？！"

那先行车队的队长轻蔑地看了一眼面前都尉，然后很是骄傲地道："什么人？我们是皇帝的先行车队，皇帝现在就在后面，你说我们是什么人？"

本以为这名都尉听了以后会直接对自己换上笑脸，可没想到此都尉非但没有换上任何笑脸，反倒是严肃道："军营中只有军令！没有天子之诏！"

车队队长道："你，你！我不和你辩论，快去通知你们管事的，就说皇帝来了！"

都尉道："此事周将军已经知晓，但军营就是军营，没有周将军的命令，一个人都别想进来！给我退回去！"

一看这些大兵是来真的，车队队长也不敢猖狂了，只能憋屈地前去找汉文帝告状。

可汉文帝一听这话非但没有生气，反倒是来了兴致，遂亲领车队往细柳营处。

等到了细柳营以后，汉文帝和左右道："来人！"

"在！"

汉文帝道："你，去！和守门都尉说：'大汉皇帝来了，让他赶快开门，并让将军亲自迎接。'"

"是！"

于是，这小传令兵便往守门处传达了汉文帝的口谕。

可谁承想，这小都尉连皇帝都不理（虽无史料记载，不过绝大多数史学家都断定，此小兵一定是得了周亚夫的命令，不然哪怕是军纪再严明也不敢在不通知周亚夫的情况下如此对待当朝天子），还是那句话："军营中只有军令！没有天子之诏！"

传令兵无奈，只能回来将事实原原本本地汇报一遍。

本以为汉文帝会当场大怒，可没想到他却哈哈大笑，然后和那小传令兵道："没关系，你再去一趟，就说'皇帝此次前来没有别的意思，只想慰劳一下军队而已'。记住，口气谦卑一些。"

传令兵依言而去，这回守门都尉犹豫了一下，并没有再为难传令兵，而是转而通报了周亚夫。

周亚夫一听是慰劳军队，这才命都尉打开营寨大门，但并没有亲自出营迎接汉文帝，只是让汉文帝自行进入军营之中。

进入军营后，因为汉文帝坐在马车之上，所以速度很快，负责引路的小将直接拦住了汉文帝的车驾，并和御者道："周将军有规定，军营之中不得急行！"

御者听了这话一怔，一时间竟不知如何是好。只有车驾之内的汉文帝哈哈一笑，毫不在意地和御者道："按他说的做。"

于是，汉文帝的车驾在细柳营中缓缓前行。

当汉文帝的车驾到了中军大帐之时，"姗姗来迟"的周亚夫才穿着盔甲出帐迎接汉文帝。

等汉文帝从车驾下来以后，周亚夫对汉文帝一揖，然后道："身披盔甲的武士没有跪拜之礼，请让我以行军礼拜见您。"

见此，汉文帝依然没有生气，反倒是大为感动，并诚心慰劳全军将士。

后来，汉文帝离开细柳营，对左右无不真诚地道："好！这才是真正的将军，那些霸上和棘门的将军们只知道溜须拍马，根本没有半点儿价值，和匈奴人对上也都是只有被生擒的份儿。只有周亚夫，有了他，我还怕被匈奴侵犯吗？"

于是，在回到皇宫之后，汉文帝当机立断地任命周亚夫为中尉，掌京师安全事宜。

可就在次年六月（前158年），时年四十六的汉文帝不知得了什么疾病，竟整日头晕眼花、云里雾里，他料定自己时日无多，赶紧命人将太子刘启招至身边，并语重心长地和刘启道："儿啊，关于治国方面的事我已经没什么要教给你的了，我相信你会成为一个好皇帝，甚至比为父做得更好。只有一点你要记住，一旦这天下发生了兵祸，你要是没有可以信任的将才，那就用周亚夫吧，他一定不会让你失望的。"

刘启道："儿臣遵命！"

汉文帝道："去吧。"

刘启道："是。"

3.29 汉文帝——刘恒

汉文帝道:"申屠嘉来了没有?"

话毕,申屠嘉站到汉文帝面前,下跪道:"老臣在!"

汉文帝道:"我说,你写!"

申屠嘉道:"是!"

汉文帝道:"朕闻天下万物无不死之理,死为天道常理,没有什么可值得哀痛的。

"如今,世人皆喜生而厌死,死了人还要厚葬,弄得倾家荡产,这是为了什么呢?

"我这人一生没什么德行,一辈子对百姓和国家也没什么帮助,难道还要让百姓和百官为我这样一个人伤心落泪进而摧残自己的身体吗?

"我这人很不聪明,所以哪怕在皇位二十多年也时常反思自己有没有做错什么,担心自己不得善终。

"如今,我竟然能以这种高寿(四十六岁)而死去,还能被后人供奉在高庙里,这难道不是上天的垂爱吗?我还有什么不满足的呢?

"所以,现在我诏令全国官民,当我死去三天以后就要脱去丧服,同时不要禁止娶妻、嫁女、祭祀、饮酒、吃肉。应当办理丧事、服丧、哭丧的人也都不要赤脚踏地。为我送葬的时候不要陈列车驾和兵器,不要发动男女百姓哭丧,更不可以做任何劳民伤财的举动。

"等我下葬十五天以后,宫中的大臣们就把孝服脱了吧。后宫从美人一直到少使一律遣散回娘家,准许她们改嫁。"

公元前157年六月,汉文帝刘恒病逝,享年四十六岁。

汉文帝一共在位二十三年,这期间,长安的宫室、苑囿没有增加或者装饰,皇家的车骑和服饰也没有比以前更加精美。甚至汉文帝自己的衣服也没换过新的，他所宠幸的姬妾也都是布衣。

曾经有一次，汉文帝想要建造一座露台，他找来工匠，询问建造这个露台究竟需要花多少钱。工匠回答为"一百金"。

汉文帝听后惊叹地道："一百金？这简直是普通人家十户的财产了，既然这么贵，我还造它干什么？"（注：一说汉文帝在唱双簧。）

是呀，汉文帝就是这样节省，可汉朝的国力却在他的带领下"噌噌"向上蹿，老百姓吃得饱、穿得暖。

汉文帝，在两汉众多皇帝中，论对国家的贡献，他绝对可以排在前五之列（血统也算其一），请记住他的名字，他叫刘恒。

第四章

汉景之治

4.1 新官上任三把火

公元前157年六月，太子刘启正式继位为大汉第六任皇帝，是为汉景帝。

汉景帝继位以后，先尊皇太后薄氏为太皇太后，然后尊窦皇后为皇太后。

之后，他与朝中两千石以上官员商讨，为其父汉文帝创《昭德》之舞，并建庙，尊太宗。

再之后，按照统治者的惯用套路便是大赦天下了，可汉景帝没有，在这之前，他有更重要的事做，什么事呢？报仇！

他要报仇的对象又是谁呢？

邓通！

可就在汉景帝磨刀霍霍要对邓通动手的时候，廷尉张释之却突然跳出来找汉景帝承认错误来了。

话说张释之早年曾得罪过汉景帝（司马门事件），猜测汉景帝继位以后一定会找机会报复他，所以自从汉景帝继位以后便不敢上朝，只托病在家。

可躲得过初一，躲不过十五，该面对还是要面对，张释之本想向朝廷辞职，可还怕遭来更大的横祸，便只能硬着头皮前往汉景帝处主动承认错误，态度极为谦卑。

汉景帝通过这次赔礼道歉以后，表面上是原谅了张释之，依然让他做汉朝的廷尉，可在次年就将干得好好的张释之贬为淮南王相，调到外地去了。

张释之从此就在淮南国扎了根了，历史的舞台也没有他的地儿了，我们还是回头看邓通吧。

那邓通又是怎么回事儿？他怎么就得罪了汉景帝了呢？

话说汉文帝还活着那会儿，曾经有一段时间身体上长了一个恶性脓疮。

当时，邓通为了向汉文帝表达自己对他的忠心，竟然俯身上去为汉文帝吸脓，汉文帝大为感动，认为邓通是这个世界上对自己最好的人，便柔声问道：

"邓通啊,你觉得这天下谁才是最关心我的人呢?"

为了汉文帝死后依然能得到皇帝的恩宠和荣华富贵,邓通是想好好拍一拍汉景帝的马屁的,所以对汉文帝道:"怕是没人能超过太子了。"

听了这话,汉文帝亲情之心大起,便命人速去召当时还是太子的刘启前往觐见。

而邓通一听这话心跳得是怦怦的,生怕汉文帝做出什么冲动的事儿。

果然,当刘启进入参见汉文帝以后,汉文帝什么也没说,直接把被一掀道:"吸。"

刘启当时就蒙了,看着那又红又白又紫的恶性脓疮,刘启恶从心生,哆哆嗦嗦地问:"吸,吸什么?"

汉文帝吹胡子瞪眼道:"嗯?"

刘启无奈忍着恶心吸了脓疮。

再之后,刘启扶着墙从皇宫出来。

回到东宫以后,他直接找来一个侍从道:"去!给我查查,我老爹今儿个怎么回事儿,为什么无缘无故地请我'喝汤'?"

"是!"

不久之后,手下回报,将邓通所说原原本本地报告了刘启。刘启听后大怒,当时就在心里诅咒邓通不得好死,发誓以后要给他颜色看看。

所以,当刘启上位之时,便是邓通命丧黄泉之日。

刘启上位以后,直接将邓通免职,让他滚回家做一名普通的老百姓,之后以"私出铸钱"为由,将邓通的家产给收得干干净净,邓通真可谓是"辛辛苦苦几十年,一朝回到解放前"了。

曾经富甲天下的邓通被汉景帝没收家产以后穷到了什么地步呢?呵呵,穷到只有一身粗布遮身而已,甚至连一个簪子也没给他留下。

最后,邓通终于是应了多年以前相术师的占卜,被活活饿死了。

同年,长沙王吴著魂归西天,因为他膝下无子,所以封国被废除,后被封给了汉景帝第六子刘发。

4.2　一朝天子一朝臣——丞相申屠嘉之死

邓通被活活饿死了，张释之也被"撵"出了朝廷，当初红遍整个朝廷的人一个个都被汉景帝报复了，那么现在朝廷的"第一红人"又是谁呢？

自然是曾经的太子家令，现在的内史，"孤臣"晁错了。

那晁错自从汉文帝时期便总是"代"其他的官员建议相关改革政策，弄得满朝上下无不对他咬牙切齿，可是晁错根本不在意。

"我何必去逢迎下面的百官呢？只要始终为最上层统治者的心腹之人，整个世界都得围着我转。"

我估计，这就是那时候晁错的想法了。

等到汉景帝继位以后，直接升晁错为内史，对其更加器重，每每和晁错商议国家大事，一聊就是几个时辰，涉及范围极广，而这本应该是丞相干的活被晁错一个人全都干了，你说丞相能不生气吗？

这不，晁错这种上蹿下跳的举动就将身为丞相的申屠嘉气得火冒三丈。

同时，晁错的存在也给了申屠嘉无与伦比的危机感。

所以，要想丞相坐得稳，就必须除掉"全民公敌"晁错，而这个机会，很快就来了。

那时候，内史府被建在太庙（注：供皇帝祭祀祖先的地方。）围墙的空地上，因为内史府的门是朝东开的，所以晁错每次前往景帝处都要走好远。

因为晁错几乎天天都要去找汉景帝"私聊"，感觉此种行进路线太耽误事，便自作主张，在内史府南面开了两扇门出入。

其实这也不算什么大事儿，关键是晁错这厮胆大包天，为了图省事儿竟然把太庙的围墙也给凿穿了。这叫什么？这叫大不敬！

所以，当申屠嘉听闻这消息以后极为兴奋，打算第二天就在朝堂上参了晁错，让他永世不得翻身。

可此事却被晁错提前知晓（一说因为申屠嘉为晁错之政敌，晁错便派很多人往申屠嘉府邸充当卧底，所以申屠嘉有什么动作晁错都会在第一时间知晓），他也知道自己这次有些过分了，便连夜前往汉景帝处说明此事。

晁错现在正是汉景帝身边的红人，汉景帝怎么可能让晁错送命呢？于是，第二日，皇宫之中。

申屠嘉："陛下！那晁错目无王法，不敬历代先皇，竟然敢凿穿太庙，实为大不敬至极！按照我朝律法，应该直接将晁错发配于廷尉处斩杀，以儆效尤！"

话毕，申屠嘉无不得意地看着一旁的晁错，期待着他瑟瑟发抖的窘态。

可此时的晁错只是低着头，表情没有半点儿惊慌失措，这让申屠嘉极为惊异，心里可就有些拿不准了（难道这厮有什么应对之法？）。

果然，就在申屠嘉心里打鼓的时候，汉景帝说话了："丞相误会了，这事儿实际上不怪晁错，都是朕的毛病。因为晁错总要和朕议事，朕觉得原来的路程比较麻烦，所以就给晁错出了这么一个办法，本以为最外围的围墙不算太庙，可没想到……唉，是朕失察了，还请丞相原谅朕的疏忽。"

这话说完，申屠嘉是一点儿脾气都没有了，只能讪讪而退。

可等申屠嘉回到相府以后却越想越觉得事情不对："那陛下就是再傻也不可能不知道此围墙是太庙的围墙，而能干出如此张狂无度之事的人除了晁错还能有谁？那既然不是陛下下的命令，他怎么会在朝堂之上如此从容呢？难道他是提前……"

想到这，申屠嘉怒目圆睁，一拍桌子怒吼道："哎呀！我怎能如此愚蠢，应该直接杀了他才是正理。结果，反倒让他占了先机啊！"

"丞相！丞相你怎么了丞相？"

公元前156年十月，大汉的铁腕丞相申屠嘉被晁错活活气死。

可申屠嘉气量虽小，功绩还是不可抹灭的，在他为丞相时期，汉朝的发展就不说了，单说《汉书》上给他的评价吧。

"自嘉死后，后继者陶青、刘舍、许昌、薛泽、庄青翟、赵周等人皆踏踏廉谨，为丞相备员而已，无所能发明功名著于世者。"

4.3 削藩的前奏曲

该杀的杀了，该赶走的赶走了，汉景帝开始削藩了。

那么汉景帝为什么要削藩呢？

除了之前贾谊和晁错的论述以外，汉景帝还有更深一层的考量。

什么考量呢？

现在天下最强大的诸侯王是谁？可以很肯定地说是刘濞。

那刘濞的世子是被谁杀死的呢？这就不用多说了吧。

所以，这个藩是必须削的，可削藩是什么？就是将天下诸侯王的土地大幅度削减，所以到时候必定会闹得鸡飞狗跳，弄不好还会逼反某些诸侯王。

基于此，汉景帝为了应付有可能发生的一切意外，便做了一系列的准备工作，其大体部署如下：

公元前156年十月，景帝元年，汉景帝大赦天下，赐天下男人加爵一级。

同月，汉景帝用晁错之策，重新与北方匈奴结为亲家，暂时稳住了匈奴。

同年五月，汉景帝连下两个重大命令，使其迅速获得了老百姓的真心拥护。

第一，将汉十五税一的收税制度改为三十税一，使天下百姓更加富裕（由此可见此时的汉朝已经非常富足了）。

第二，改汉文帝时期刑法，减笞之数量（注：五百改三百，三百改二百），使因为受笞刑而死之人大幅度减少。

同年，汉景帝改高祖刘邦之军政，将二十三岁开始服兵役之法改为二十岁，进而增加朝廷兵源。

公元前155年，景帝二年，汉景帝一挥手便立六个儿子为王，他们分别是河间王刘德、临江王刘阏、淮阳王刘徐、汝南王刘非、广川王刘彭祖及长沙王刘发。

一次性立了六个皇子为王，汉景帝这是要干什么？当然是在巩固势力，尽量将天下各国都握在刘氏直系的手里。

同年六月，景帝封萧何之孙萧系为列侯，向天下功臣之后表明态度，皇帝我并没有忘记你们，你们这些功臣之后都在我的心中。

同年七月，为了进一步巩固与匈奴之间的关系，汉景帝开通了边关贸易，与匈奴人展开自由交易。

同年八月，汉景帝开始了削藩之前的最后一个大行动，那便是与同母兄弟——梁王刘武结为"同盟"。

话说自从贾谊死前的那一封信以后，梁国的土地便从新郪一直延伸到黄河，国内有四十多座城池，兵精粮足，物产丰富。

再加上刘武为窦太皇太后最小的儿子，老太太对刘武从小便格外宠爱，赐给刘武的财宝数不胜数，珠宝玉器竟然比朝廷还多，所以刘武对手下的赏赐极为大方，也使得手下人都甘愿为其效死命。

所以，一旦诸侯王发生暴乱，梁国必为抗击反王之主力屏障。

于是，汉景帝就必须在削藩之前将刘武安顿得稳稳的才能安然削藩，不然刘武也跟着造反的话则万事休矣。

那么汉景帝这样做有必要吗？那刘武不是汉景帝的同胞兄弟吗？怎么会不支持自己的大哥呢？

只能说帝王之家无亲情。为了那无上的权力，自古子杀父、父杀子的事情也常有！更别说只是兄弟了。

所以，汉景帝必须稳住刘武才能行事。

于是，就在这个月，当梁王刘武照常来长安看望窦太后的时候，汉景帝以超越君臣的礼仪接待了他。

那天，汉景帝没有让使者前往迎接刘武，而是亲自驾着四马皇车往函谷关迎接。

函谷关前，刘武见当朝天子、自己的大哥亲自来迎接自己，高兴得无以复加，赶紧上前行跪拜之礼。

可还没等刘武跪下，汉景帝便跳下皇车，"跑"到了刘武身前，将他正向下跪拜的身体托了起来，搂着刘武无不激动地道："弟弟！我的好弟弟，为兄终于等到你了，真是想杀我也！走！跟我回长安看咱妈去！"

刘武被汉景帝这如同烈火一般的热情给整蒙了，就这样愣愣地被汉景帝拉上了只有皇帝才能乘坐的皇车。

到了长安，汉景帝给刘武的尊重更是无人能及，竟然拉着刘武的手当众接受百官的跪拜，这是要干什么？难道还要让刘武做储君不成？

那天夜晚，汉景帝和老母偕同百官专门以国宴接待刘武，席间，汉景帝和刘武是勾肩搭背有说有笑，全然没有什么皇帝的架子，完全就是一个充满了爱的好哥哥。

并且，在酒过三巡以后，汉景帝突然冒出了一句旱地惊雷般的话："老弟！等我死了以后就把位置传给你！咱们也来一把兄终弟及！"（一说汉景帝根本不是酒后失言，也不是真的想将位置传给刘武，这就是一张空头支票，等把难关应付过去以后再来个"我当时喝多了"就解决了。）

这话一说，全场人都惊呆了，大臣们甚至不敢相信自己的耳朵，只有窦太后和刘武在震惊的同时眼里闪烁着兴奋的光芒。

可就在窦太后打算趁热打铁，趁着汉景帝这股酒劲儿没过去将此事敲定的时候，突然有一人蹿了出来，慌忙下拜道："陛下！这天下是高祖打下来的天下，他老人家在世的时候就已经定下法规制度，只有血亲儿子才能继承大统，怎么能让身为兄弟的梁王作为您的继承人呢？陛下您是酒后失言了吧？"

汉景帝本来是想先将诺言许下，等以后渡过了难关再毁约，可那么做毕竟是丢了身份，说出去也不好听。

可没承想，正愁没枪呢就有人来给自己当枪了。

如果按照此人说法，自己就可以借坡下驴，这样既讨好了刘武，又没得罪他，于是便对此人呵呵一笑："嗯，窦詹士说得有道理，看来真的是朕喝多了。"

这人不是别人，正是窦太后的侄子，窦婴。

窦婴，字王孙，为窦太后堂兄之子，从小便有大志，文韬武略都不是等闲之辈，并且爱好结交天下好友，名声甚是响亮。

可就像大家都说的"凡是有能力的人都有一个致命的缺点"，窦婴的缺点就是高傲。

所以，他的才能没得到充分运用，最后只凭借自己的家室（窦氏）当了一个詹士［詹士：掌后宫（太后）之家事，为太后的大管家，非信赖之人不能担任。由此可见，窦太后还是挺看重窦婴的］。

我们书接上文，本来已经要成型的好事儿硬是让窦婴给搅黄了，刘武这心中有火但没敢表现出来。窦太后就不同了，现在唯一能制衡自己的薄太皇太后已死（注：薄太皇太后死于本年四月），她窦太后还怕什么？

所以，听了窦婴这吃里爬外的话以后老太太气得浑身发抖，怒哼一声便转身而去，回宫以后便再也没搭理过窦婴。

按说，这时候窦婴赶紧跟窦太后承认错误才是，可那窦婴一看老太太不搭理自己，也来脾气了，直接甩手不干了。

窦婴此举真是把窦太后给气疯了，便直接除了窦婴的家籍，甚至逢年过节都不准窦婴进宫觐见了。

先不管窦婴以后的结局如何，起码汉景帝是将善意表达给了刘武，刘武也承了汉景帝的这个人情。

现在该做的都做了，下面要做的便只有一件事——削藩了。

4.4 削藩

公元前155年八月，陶青被任命为大汉新一任丞相，内史晁错则被任命为御史大夫。

那么陶青是什么人呢？他凭什么被任命为新一任丞相呢？

呵呵，这陶青就是一个能力一般的庸人而已，之所以任命他为丞相就是想让百官看看他和晁错的差距，这样以后任命晁错为丞相的时候满朝文武也没有什么借口反对了。

所以，陶青只不过是一个摆设，仅此而已，实际上行使丞相职权的不是别人，正是御史大夫晁错。

而晁错掌权的同时也宣告了一件事，那便是汉廷已经将削藩正式提上了日程。

公元前154年正月，皇宫大殿，此时的晁错正在大殿正中唾沫横飞：

"陛下！各位王公大臣，现今天下版图，各路诸侯王已占大半有余，我皇族直辖之地少得可怜，如长此以往下去，我大汉将有人祸之险。而众多诸侯王中，又属吴王最为强大和不敬。当初先帝（汉文帝）时候，吴王就多有不敬之事，可先帝仁厚，不忍心惩罚宗族，并赐给他手杖，准许他不来长安朝拜，这可谓是非常大的荣耀了。然而这个吴王非但没有半点儿收敛，反而越发嚣张！他竟利用铜山铸私钱，还克扣盐税，扩充军事编制，招四方死士于帐下，这是要干什么？这不是意图谋反还能是什么？所以，既然削藩他会谋反，不削藩他还会谋反，那么为什么不削去他的封地，让他造反时祸患小一点儿呢？所以，我建议，大王要立即削去吴王刘濞的部分封地，将其祸患等级降至最低。但在这之前，应该先削去其他一些诸侯王的封地，这样便可以让吴王没有发兵的借口。"

话毕，汉景帝微微点头，笑着对殿下百官道："朕觉得晁大夫说得很有道理，但今日是廷议，大家可以针对此事畅所欲言，不必有所顾忌。"

汉景帝这话说得真是提劲儿，你君臣二人之前做了那么多铺垫，现在还在这唱"二人转"，谁不知道你刘启现在的想法，又有谁会那么不识抬举敢在这时候提出反对的意见呢？所以大家全都低头不语，因为没有人愿意触这个霉头。

于是，削藩之策议定，汉朝即将掀起一波惊涛骇浪。

同月，楚王刘戊前来京城朝见汉景帝，晁错借机发力，称刘戊在薄太皇太后服丧期间行淫乱之事，请汉景帝处死刘戊。

汉景帝却为难地道："唉，楚王为我皇室宗亲，怎么能说处死就处死呢？可楚王这事儿做得也确实有些忌讳，我看这样吧，就把楚国的东海郡削去还给朝廷以示惩戒就行了。"

就这样，在汉景帝和晁错的双簧下，楚王刘戊迷迷糊糊地就把自己的一个大郡给丢了。

还是同月，赵王不知道犯了什么不值一提的小罪，晁错借题发挥，又和汉景帝唱了一出双簧，将赵国的常山郡收回朝廷。

又是同月，晁错上奏汉景帝，称胶西王刘卬（注：公元前164年，齐被分裂为六国，以胶西郡封平昌侯刘卬为胶西王。）在国内擅自买卖爵位（注：实际上在当时有很多诸侯王都在本国内或多或少地卖过爵位，朝廷一直都是睁一只眼闭一只眼），建议汉景帝削去其封国的六个县，汉景帝准奏。

就这样，朝廷的削藩之策大范围实施，全国诸侯王如坐针毡，晁错也走上了人生之巅，因为朝廷几乎所有国策都是通过他一手实施的。

然而，就在晁错意气风发之时，有人坐不住了，跑来规劝晁错。

某日，夜已深，晁错刚刚与汉景帝议事回府。可就在晁错进府门之时，却见府中正厅灯火通明，还有很多下人杵在门口伺候。

晁错奇怪地问下人："府中可来贵客？"

下人道："启禀大人，是晁老太公从颍川赶来看您了。"

晁错一听大惊，赶紧小跑地往正厅而去，一到正厅便对着面前一头白发的老翁下跪道："儿给爹请安了，爹爹为何不在来前通报一声，这样儿子也派人前往迎接。"

老太公一看儿子来了，赶紧前往扶起，答非所问地道："儿啊，最近朝廷削藩之事闹得沸沸扬扬，我却听说这主要谋划者是你，不知此事是真是假？"

晁错道："此事为真，正是儿一手策划。"

一听这话，晁太公大急，气愤地道："你，混账！皇上刚刚继位没多长时间，你就怂恿人家骨肉相残，使得天下即将再次大乱。你可知道，现在邻里街坊全都因为这事儿骂你不是人呢，我这老头子也因此抬不起头来，你为什么要这样？你想干什么？"

听了父亲的训斥，晁错没有认错，而是不卑不亢地道："父亲不要在乎那些市井小民的言论，我所做的一切都是为了大汉、为了国家。您等着吧，他们早晚会歌颂我、赞扬我，史书也会记下我贤良的品德。因为只有削藩，我大汉江山才能真正安宁，天子才会真正尊贵。"

话毕，晁太公气得双手发抖，指着晁错咆哮道："逆子！好啊，你为了刘家的天下竟然做到了这种地步，那我们晁家呢？你就不想一想，一旦天下大乱，你这个主谋者能好得了吗？你死不要紧，难道你还要连累我们整个晁家陪你一起殉葬吗？"

听了晁太公的话，晁错再次给晁太公下跪三拜，并道："父亲，自古忠孝两难全，而国君，永远为大！"

说完，又对晁太公深深一拜，再也不抬头了。

晁太公狠狠地敲击拐杖，无力吐槽一般地道："好，好个晁大忠臣，我没什么再对你说的了。"

说罢，老太公转身便走。

而等晁太公回到颍川以后，料定晁家不会有好结果，他不忍心看到晁家满门被诛杀，便服毒自尽了。

那结果是不是真的像晁太公所想的一般呢？往下看就知道了。

4.5　七国之乱

时间：公元前154年正月。

地点：吴国王宫。

啪！瓷器碎裂之声充斥着大殿，紧接着，雄厚的谩骂声迎面而来。

刘濞道："格老子的刘启小儿，一个两个地削藩，看来不久就要削到老子头上了！"

吴世子道："父王，既如此，我们干脆反了得了！直接连大哥的仇一起报了！"

刘濞道："好！本王也正有此意！不过，光凭我一国之力很难成事，刘启和他的弟弟以及那群手下也不是吃素的，只有和其他非刘启直系诸侯王拧成一股绳才能成功夺得天下！而刘启之前的诸多举动已经成功地触怒了那些非直系诸侯王，所以，成功结盟的机会应该很大，不过现在的关键是先和谁结为联盟，这第一步十分重要，一旦失败，必会阻碍本王下面的全盘计划。"

话毕，中大夫应高走了出来，对刘濞一拜道："臣觉得这天下各路诸侯王没有谁够资格能和大王一起共事的，只有胶西王刘卬知晓兵法，骁勇善战，并兼国富军强。所以一旦将他搞定，那天下其他诸侯王必望风来归。再加上胶西王前些时日刚刚被刘启削去封地，正在气头上，所以必定会答应与我们共起大事！臣请命，往胶西国说服胶西王与大王结为联盟！"

刘濞道："准！"

地点：胶西国王宫。

应高对刘卬一拜，单刀直入道："尊敬的胶西王，现在，陛下重用晁错此等奸邪之徒来削弱我各路诸侯王的封地，且一日胜过一日，正所谓'犹糠及米'，我吴国和大王的胶西国都是实力强大的诸侯王国，一旦被刘启和晁错盯上，便再无安宁之日。所以，我家吴王认为两国应该结为同盟，共同消除那些危害我们人身安全的'祸害'！"

应高所谓的"祸害"指的是谁？这可不单单是晁错啊。

所以一听这话，刘卬吓得一激灵，赶紧道："这不行！我怎么敢做这等事！如今天子对待诸侯王虽然严苛，但不至于要了我们的命，可一旦起兵反叛，那便是满门的危险啊。"

应高道："大王此言差矣！现在晁错坑蒙拐骗的'德行'已天下尽知，整个大汉谁不恨他？有晁错在，您觉得您的下场会有多好吗？所以，我家吴王打算以'诛晁错，清君侧'为名起兵。到那时，天下一众诸侯王必闻风响应，江山便唾手可得。而等一切大定之后，我家吴王便与大王共分天下，岂不美哉？"

话毕，刘卬眉头紧皱，低头沉思，脑子在急速权衡利弊。

最后，终于是野心和幻想战胜了理智，遂答应与刘濞合作之事。

应高得到刘印的承诺以后飞速回国向刘濞报告。可刘濞怀疑刘印只是一时兴起，怕真动刀子的时候再反了，那就万事皆休了。

所以，抱着趁热打铁的心态，刘濞亲自往胶西国秘密会见刘印，亲手和他签订了同盟条约。

于是，吴胶联盟正式确立，刘印这时候就是想回头也回不了了。

可在刘濞回国以后，胶西国有人却得知了刘印的图谋，便劝阻刘印道："大王绝对不可反叛朝廷！要知道，我胶西国哪怕和吴国合在一起也不到天下的十分之二，并且现在天下安定，老百姓都对生活非常满足，是不会支持我们行动的，哪怕勉强被我们征用，士气也绝不会旺盛，所以反叛朝廷绝对不是什么高明的计策。再者说，假如您和吴王真的侥幸夺得了天下，那吴王会如约和你平分吗？到时候还会进行长年累月的战争，如果北方的那头疯狼（匈奴）再趁着我大汉内乱之际入侵，高祖辛辛苦苦打下的江山就全毁了！还请大王三思啊！"

此谋士的进言极为有理，可此时刘印早已经被那缥缈的皇帝梦迷失了双眼，怎么还会听得进去呢？所以，刘印不但否决了手下的进言，还派出使者分别前往齐国、淄川国、胶东国、济南和济北国共同约定举事，而这些诸侯王呢？也都答应了。

往吴国去的刘濞也没闲着，他顺道去了趟楚国，忽悠楚王刘戊跟着自己共同反叛，又遣使往赵国忽悠赵王参加同盟，楚王和赵王那时候正是愤恨汉景帝之时，便一口答应了刘濞的请求。

如此，吴、胶西、胶东、淄川、济南、济北、齐、楚、赵的九国联盟正式组成，并约定，一旦朝廷再对任何一个诸侯王动手（削藩），九国便共同举事！

巧的是，就在刘濞刚刚回国没多久，朝廷削去吴国会稽郡和豫章郡的文书便下来了。

那天，刘濞当着汉廷使者的面猖狂大笑，指着汉使的鼻子便骂："小贼！这文书到底是皇帝下达的还是晁错下达的？莫不是晁大夫吧？啊？"

汉使闻言大怒道："大胆刘濞，你是要抗旨吗？"

刘濞道："哈！抗旨？我刘濞今天还真就抗了！来人！"

"在。"

"给我将这不知死活的汉廷使者杀了！"

杀了汉使之后，刘濞派兵以风驰电掣之速斩杀汉廷在吴国所任命的所有官员，并发国书，向全国百姓下令："寡人今年已经六十二岁了，还要统兵出征，我的小儿子只有十四岁，也要站在队伍的最前排。所以，吴国凡是六十二岁以下，十四岁以上的全要和我共赴国难，不得有所推辞！"

于是乎，整个吴国开始人头攒动，没过多久便集结了二十万士卒。

然后，刘濞以"诛晁错，清君侧"之名正式起兵造反，其他反王听闻刘濞造反以后也纷纷响应，其大体作战计划如下：

一、吴王造反以后，东方六国要在第一时间向西攻打汉廷东之屏障——梁国，尽量以最短的时间击破梁国。

二、楚国在东方六国出兵以后马上携全国之兵从南直袭梁都睢阳，因为那时候刘武的主力大军肯定都在东边境抵挡东方六国，国都必定空虚，必会一举而下！而一旦睢阳被攻下，整个梁国势必瘫痪，军队也必定溃散，便可在旦夕之间全灭梁国，一旦梁国被灭，汉廷便会陷入被动。

三、吴王刘濞率领主力大军北上与联军会师。按照刘濞所想，那时候梁国已经被攻破，汉廷也会将所有的士兵集中在当初刘邦抵挡项羽的荥阳大防线上，到那时，便是最终决战。

四、赵国要在众反王造反的第一时间联系匈奴，给他们大量的承诺，让他们牵制住战斗力极强的边塞汉军，而赵王则亲自将赵国精锐布置于边境静观其变，只要有机会便从汉廷背后给其狠狠一击。

五、只要荥阳大会战胜利，汉廷的精锐必定损失殆尽，到那时便可以长驱直入至长安，进而改朝换代！

看看，计划得多美啊，可计划和现实总是有差距的，因为就在天下反王起兵的同一时间，有人反悔了。

这人还不是一个，而是两个。

首先是齐王刘将闾，他在刘濞起兵的同一时间竟然尿了，遂违背反王联盟，不出兵响应。

可刘将闾也知道东方六反王不可能在西征的时候留自己这个定时炸弹在后面，必定会前来攻打，所以很自觉地在临淄筑墙屯粮，打算抵抗反王们的攻击。

那第二个是谁呢？便是济北王刘志了。

这刘志倒不是尿了，而是和手下没能达成一致。

他那些手下们本来就不赞成刘志造反，觉得这好好的日子不过，反什么反？所以心底里一直都有一股子怨气。

而就在这时候，齐王刘将闾宣布不出兵，这让其他的东方五国大为愤怒，遂组成联军前往攻击齐国。

而刘将闾这么做的同时也让刘志的手下们更加认定反王们这次的"作死"行动必定会失败，便在刘志出发前的几天将他给软禁了（据说那时候刘志正在监督修理城墙）。

然后，其他四国就开始围攻齐国，使得众反国都陷在临淄这个泥潭之中而不得进，所以在攻打梁国之前，联军的东线大军就崩溃了。

刘濞本次造反主打的就是一个快，必须在汉廷反应过来以前拿下梁国，不然就会陷入被动。所以，刘濞不改大战略方针，只是稍微地改变了一下作战时间。那便是让楚军先在楚国不要动，等吴国大军到楚国会师以后再从南向北狂攻梁国，待梁国一下，便整合大军灭掉齐国和济北国，之后六国组成联军向西进军，与赵国协同作战。

计划拟订完毕，刘濞即要实行，可就在这时，有三个人前来向刘濞献策。

第一个，吴国大将军田禄伯。

他对刘濞道："吴王，末将有一策献上！"

刘濞道："说。"

田禄伯道："纵观本次大战略，都是以一路主力兵团寻求决战而为，并无其他奇袭部队为辅，恕末将直言，没有奇兵的部队是很难取得胜利的。所以，臣愿领五万精锐从南向西攻击汉廷，收淮南、长沙，然后入武关牵制住汉廷的关内路线。这样的话，汉廷则再无奇计可出，只能按照大王的设想来打，那么主动权就全在我们这边了。"

要说这能当上大将军的都不是等闲之辈，如果按照田禄伯的话来做，以后的周亚夫必为刘濞伏兵所制，整个战局也许会改写。

刘濞一开始也认为田禄伯此计甚妙，便想从之，可他那个败家世子却在一旁怂恿刘濞道："父王万万不可，父王虽然打着'诛晁错，清君侧'之名，可实际上说到底还是造反之王，而这天下最容易造反的将领和士兵便是反王麾下之人了。儿且问父王，到时如果田禄伯造反，父王又能拿他怎么样呢？所以只会损失自己的兵力而已。"

我相信，如果这时候刘濞的位置换成刘邦，他早就一个耳光把这个世子给扇到一边去了，可刘濞就是刘濞，疑人不用、用人不疑的原则在他这荡然无存。

于是，刘濞纳世子之言，将田禄伯之提议否决，大战略依然不变。

第二个献策之人为吴军年轻将领桓将军，他认为，吴国多为步兵，利于山林之战，于平原作战绝不是汉军骑兵之敌，所以建议刘濞绕过梁国，不与其纠缠，以极快之速迅速拿下洛阳，然后抢攻荥阳防线，占据敖仓，以险阻抵抗汉军。凭借南方步兵之耐力，到时候必能在荥阳防线拖垮汉军。相信那个时候东方四国也已经把齐国和济北国灭掉，如此便能大会师于荥阳防线，和已经疲惫的汉军彻底决战，必一战而定！

那么桓将军的这个计谋好吗？确实不错，但存在一定的风险。

没错，吴楚联军确实是打了汉朝一个突然袭击，可二地距离洛阳尚远，相信士兵没等到越过梁国，汉廷就会掌握联军动向。

汉景帝的专业虽然不是军事，但他绝不傻，一定会在第一时间遣精锐死守荥阳防线，这样联军就丧失了主动性，且如果长时间攻不下荥阳防线，士兵定然疲惫，士气受损，如果在这时候汉廷再派出一支精锐骑兵绕到联军后方将其粮道拦腰截断，那吴楚联军便万事休矣。

所以，和众多老将商议后的刘濞并没有采纳桓将军的建议，还是维持原定方阵不变。

向刘濞献策的第三个人为周丘，此人最早是一个酗酒伤人的地痞无赖，后来因杀人而逃至吴地，成了刘濞的门客。

因为有这种前科，所以大多数人都不怎么看得上他。

于是，当他来献策的时候刘濞根本就没放在心上，只是应付而已。

周丘也没有在意刘濞的态度，只是微微一笑，然后"狂言"道："大王！臣请大王赐给臣一符节以便为大王拿下整个东方！"

这话一说，刘濞和场中诸多将军简直不敢相信自己的耳朵，过了一会儿，众人哄堂大笑，刘濞也笑着讥讽道："好啊，就给你符节，寡人倒要看看，你是怎么给我拿下东方的。"

就这样，三十万吴楚联军浩浩荡荡地杀奔睢阳，谁都没关心这个小小的周丘。

公元前154年二月初，吴王刘濞于广陵（今江苏省扬州市东北）完成军事集结，遂北上至楚，合楚兵十余万，起三十余万大军向西北直扑梁国国都睢阳。

梁王刘武早就听说刘濞有了反意，再加上前一段时间汉景帝削去了楚王的封地，遂对南方极为警戒，斥候遍布国境线，乡间到处出没于吴楚之地。所以当吴楚联军前往攻击梁国的同一时间刘武就已知晓，乃布重兵于棘壁（今河南省宁陵县西南七十里）抵挡吴楚联军。（注：梁国具体兵数无可考，不过分析应在十万至十五万之间，再加上之后刘武的行动，所以分析棘壁的守兵应不过总兵力的一半。）

可此时的吴楚联军正是士气最为旺盛之时，兵锋极盛，刘濞乃令大军对棘壁防线多点猛攻。

棘壁守军经受不住吴楚联军的疯狂打击，乃告破后逃。

刘武闻讯大恐，命韩安国及张羽各率一部，分两路往前线疾奔，意图收溃逃梁兵以后钳击吴楚联军。

可刘濞早已洞悉梁军之意图，乃将大军分为七路从不同角度共击梁军。

一路正面硬刚韩安国部，二路从东急袭韩安国侧翼，三路从西北呈斜阵包抄韩安国斜后部，意图全歼韩安国部。

四、五、六路吴楚联军则负责张羽所率梁军，其具体作战方针与一、二、三路一般无二。

刘濞则率主力大军坐镇中央，只要一边战况不利立即前往驰援。

可刘濞很明显是多心了，因为在自己的部署下，吴楚联军百分之百地发挥出自己的兵力优势，韩安国部与张羽部无一例外地被打败，兵马损失十之七八，只带残部逃回睢阳。

经此一役，刘武再无主动出击之实力，只能率剩余部众死守睢阳（注：保守估计，此时睢阳守军应不低于八万）。

而此战的胜利，更坚定了刘濞的决心，便想领大军直奔睢阳。可就在这时，汉廷使者袁盎却来到了刘濞处。

刘濞一看"老朋友"来了，赶紧宣他进来。（注：之前袁盎在吴国当国相，因为什么都不管所以和刘濞一直相安无事，刘濞反而十分欣赏袁盎的才华，所以两人关系反倒处得不错。后来，袁盎觉得在吴国这偏僻之地没什么发展，便以有疑难杂症，返回长安治疗为由，赖在长安不回吴国了。）

两人见面后相互客气了几句便直入主题。

刘濞道："先生此次来我军中不会是给刘启当说客的吧？"

袁盎尴尬道："这，还真是，不过吴王放心，陛下并没有因为您起兵的事有所怪罪，反而杀掉了晁错，并向您保证不再提及削藩之事，还请大王撤兵吧。"

一听这话，刘濞哈哈大笑道："我说先生，是你傻了还是刘启那小儿傻了？寡人这一步既然跨出去了又怎能收得回来？咱也别说没用的了，寡人我欣赏先生才能，想让先生投效我的帐下，不知先生意下如何？"

袁盎道："这、这怕是不行。"

刘濞道："哼！好你个袁盎，敬酒不吃吃罚酒，我再给你一晚上的考虑时间，如明日还冥顽不灵，我便杀你祭旗！来人呀！"

"在！"

"将这'朽木'给我架出去！"

"是！"

就这样，袁盎被软禁在吴楚联军的一个偏帐中，如无意外，等待着袁盎的便是死路一条。

就在袁盎万念俱灰、准备慷慨就义之时，他的救星还真就来了。

这一日晚，袁盎正在偏帐之内唉声叹气，突然听见外面有一校尉司马对看守他的众士兵道："各位兄弟们，连日操劳大伙辛苦了，大哥没别的本事，闲钱倒还有几个，所以弄了点儿酒和各位兄弟一醉方休！"

众士兵道："大人太客气了，我们受之有……哎……你别抢！给我留点！"

就这样，偏帐之外的士兵开始争抢起来。

又过了一会儿，这些士兵全都睡在了偏帐之外。

这名校尉司马见所有士兵都已经被自己弄"睡"了，便赶紧闯入偏帐去见袁盎。

袁盎被这突然闯进来的人吓了一跳，惊慌道："你是何人？意欲何为？"

本来以为这人是来杀自己的，岂料这校尉司马直接跪在了袁盎的面前，激动地道："大人，卑职现在已将门外守兵迷晕，他们短时间绝不会清醒，我这有一匹好马，还请大人赶紧骑着我的马跑回长安吧！"

袁盎闻言赶紧将这名校尉司马扶了起来，并柔声问："你为什么要救我？你是做什么的？"

校尉司马道："唉，大人贵人多忘事，可大人对小人的恩德小人却永远不会忘记，大人难道忘了曾经私通婢女的奴仆了吗？"

这话一说，袁盎恍然大悟，才真正相信此人不是欺骗自己，乃骑着他的坐骑连夜逃回了长安。

原来，这个校尉司马曾经是袁盎的从史（从史：高级官员的从属官）（注：那时候袁盎还在吴国做吴国相），但在相府中爱上了袁盎的一个丫鬟，两个人情投意合，便开始私通（注：古时候家奴私通是要受重罚的）。

袁盎很快便发现了二人的不正常，便派人暗查。

结果，二人私通之事被袁盎知晓，这要是一般比较苛刻的人一定会对二人重罚，以正家法。可袁盎没有，他觉得青年男女总在一个府邸工作，久而久之是一定会产生感情的，如果因为这个事就重罚他们实在是太不人道了，所以一直都装作不知道。

后来，这个小从史得知了此事，便对袁盎感恩戴德，发誓一辈子都对其效死命。

可后来，袁盎返回了长安，二人就再也没有相见，小从史转而投奔了吴军。

但这小从史一直都没忘记袁盎的恩德，这便有了前面的那一出。

第二日，发现袁盎已经逃脱的刘濞大怒，乃命人彻查此事，发现那个校尉司马已经逃之夭夭以后也没有深究，便继续向睢阳挺进。

与此同时，刘濞料定汉廷一定会出兵往荥阳巩固防线，便命一批又一批的吴楚精锐乔装打扮成民夫的样子往长安至荥阳的必经之路上埋伏，打算以此拖延和削弱汉廷的援军。

之后，三军总攻睢阳城。

可自从刘武为梁王之后，对于睢阳的城防那是相当的重视，不惜花费重金来加固睢阳城墙。再加上现在睢阳城里还有不低于八万的梁兵。所以，睢阳不说是固若金汤也差不了多少了。

刘濞虽亲自上阵指挥吴楚联军攻城也无法在短期之内将此地拿下。于是，两军就这样僵持了起来，吴楚联军被刘武所拖亦无法按计划行事。

那这么长时间过去了，现在的汉廷在干什么呢？

让我们再将时间往前提一个月。

时间：公元前154年正月中旬。

地点：长安皇宫。

殿上晁错正在滔滔不绝。

晁错道："陛下，臣之前就对陛下说过，那袁盎不是什么好东西，在吴国的时候不但收受刘濞的贿赂，回朝之后还总是说刘濞不会反叛，如今呢？刘濞反了没有？所以，臣料定，那袁盎必是和刘濞串通一气，危害朝廷！还请陛下下令，将袁盎满门诛杀。"

话毕，一名大臣直接跳将出来道："御史大夫请慎言！陛下！诸位！吴国历来都是我大汉边疆之隐患，凡是前往任职的官员都得不到安全保障，袁大人之所以收受刘濞的贿赂，实际上是出于自保，让刘濞对他的警戒之心降到最低，若不是如此，袁大人怎么会安然回到长安？至于为什么袁大人说刘濞不会反叛，很好解释，那是因为刘濞做事隐晦没有明显的反叛征兆。再说了，你晁大人是什么用意满朝上下谁不知晓？你与袁大人从相识开始便政见不合，有您的地方没有袁大人，有袁大人的地方没有您，这事儿朝中谁人不知？怎么着？前一段时间因为莫须有之罪名栽赃了袁大人，使其被降为平民，现在还要下重手杀人家全家不成？如果袁大人真的私通刘濞造反，那他为什么现在还在城中而没有向东南逃窜？"

晁错道："你！你简直就是……"

眼看二人的争论就要进一步升级，汉景帝一拍桌子吗，怒吼道："够了！都什么时候了你们还窝里斗，袁盎的事情先放在一边，现在最重要的是怎么应对这次的叛乱！你们都知道，此次众王反叛的规模完全出乎朕的意料，如今东南、东部、北部三方面全都是反王之军，匈奴又在这一时间频频往边境聚集，虽未动武，但意图很明显，就是牵制我大汉边防军，不让他们向南攻击赵国，朕虽然已经开始往长安集结士兵，但大将军依然没能选出来。你们说，怎么办？晁错！"

晁错道："臣在。"

汉景帝道："削藩这个主意是你主导策划的，你说现在怎么应对这次的叛乱！"

晁错道："这个，臣认为，本次众反王规模宏大，不是一般人能抵挡得了的，只有陛下御驾亲征，才、才能让我军士气达到最高，进而战胜敌军。"

这话一说，汉景帝的脸都黑了（我？我会打仗吗？你是让我去打人还是送死？），阴沉地问晁错："哦？让朕御驾亲征，那晁大夫要做什么呢？"

晁错道："我？我负责给陛下镇守后方，押运粮草，当初高祖和萧……"

"大胆晁错！怎可出此忤逆之言！"

没等晁错说完，又一名大臣冲了出来，对汉景帝一拜道："陛下万不可听信晁大夫之言，陛下乃万金之躯，怎可亲犯险境？如若有个闪失，那我汉朝还有何希望？当初高祖之所以御驾亲征，那是因为手下只有自己和韩信才能带兵打仗。可现在则不然，我大汉有两人可行兵事，足以在战场上代替当初的高祖和韩信！"

这话一说，汉景帝直接站了起来，激动地道："此二人是谁？"

大臣道："启禀陛下，窦婴窦大人文武双全，为人贤良谨慎，不管是在军中还是士大夫中都很有威望，虽然没有统兵的经验，但率众死守绝对可行。陛下可命窦婴率一部精锐前往荥阳防线死守，必使反军不得寸进。"

汉景帝想了想，然后道："准！那第二个人是谁？"

大臣道："陛下可还记得先帝临终遗言？"

汉景帝想了想，然后突然道："即有缓急，可任亚夫！"

大臣道："正是！现在正是天下大乱之时，此时不用周亚夫更待何时？我请大王将主力部队交给周亚夫统率，这样一守一攻，定能击溃反军！"

汉景帝道："好，好哇！来人！"

"在！"

"即刻传朕指令，命周亚夫和窦婴在三日之内入长安见我，不得有误！"

"是！"

结果这两个人还真有一个没理汉景帝，谁呀？窦婴。

窦婴自从被窦太后挤对以后就窝在家里不出来了，就做自己的闲云野鹤，从此谁也不搭理，反正不愁吃穿也乐得清闲。

这不，汉景帝让窦婴来宫中，窦婴料定这是汉景帝要重用他了，但他自从辞职以后心中就憋着一股闷气，便以有病为由拒绝前往宫中面圣（我就有病去不了，你们还能杀了我不成）。

汉景帝也知道窦婴对老太太不满意，这才不来宫中任职，而窦太后也后悔了之前自己的所作所为，便又恢复了窦婴的窦家名籍，汉景帝趁热打铁，再遣使者往窦婴处劝说："现在正是天下需要王孙之时（注：窦婴，字王孙），王孙怎么能推辞呢？"

现在名籍恢复了，汉景帝也放低姿态了，面子回来了，窦婴自然也满意了，便答应了汉景帝的请求，准备次日前往面圣。

可就在窦婴要往皇宫的前一天，一个不速之客却找到了窦婴，同时，也宣告了晁错的死期。

这个人就是袁盎。

晁错想在朝廷上参死袁盎的事不胫而走，很快便传到了袁盎的耳中。而袁盎也知道自己与晁错之间的关系，料想如果再不反击的话早晚会死在晁错手里。

可他现在已经是白身一具，拿什么和权倾朝野的晁大夫斗呢？

你别说，这办法还真有。

于是，袁盎粗略地收拾一下便赶紧前往窦婴的家中。

俗话说得好，"敌人的敌人就是朋友"，那窦婴和袁盎都是反对晁错的主力干将，所以二人平时的私交也是不错，窦婴便亲自接待了袁盎。

一入窦府，袁盎便连连报喜，窦婴明知故问地道："哈哈，老友这话怎么说的？为什么要给我贺喜呢？"

袁盎道："窦兄何必明知故问，此次七国叛乱，局势已十分恶劣，陛下此时召见你不是要对你委以重任还能是什么？所以，恭喜窦兄了。"

窦婴道："哦？哈哈，那承你吉言了，可不知袁兄此番来此为何事呀？"

袁盎道："不瞒窦兄，本人有奇计要献给陛下，只要陛下采纳，定可治退反贼！"

袁盎对窦婴深深一拜，然后阴狠地道："此计若成！晁错必死！"

窦婴道："袁兄先回，该做的我会做，你静候佳音吧。"

次日清晨，皇宫大殿之内。

汉景帝道："窦婴！"

窦婴道："臣在！"

汉景帝道："现命你为大将军，领十万正卒往荥阳防线坐镇，除周亚夫一部外，所有部队都可节制。大将军！荥阳防线可就靠你了，你就是拼了命也要给朕守住啊！"

窦婴对汉景帝深深一拜道："城在臣在，城破臣亡！"

汉景帝道："壮哉！来人！"

"在！"

"赏大将军千金！"

"是！"

汉景帝道："周亚夫何在？"

周亚夫道："末将在！"

汉景帝道："现命你为太尉，待大将军前往荥阳防线以后，朕会在短期之内给你凑足三十万主力大军供你驱使，因为朕不懂军事，所以不会布置任何作战方式，一切都靠你自己。你只需要记住，窦大将军是朕的坚盾，你就是朕的利刃！朕不管你用什么方法！只需要记住一点，把刘濞的人头给我带回来就行！"

周亚夫道："是！"

汉景帝道："诸位可还有事要奏？"

窦婴道："启禀陛下，臣有事要奏。"

汉景帝道："大将军但说无妨。"

窦婴道："陛下，现天下最大的隐患为吴楚联军这是没错，可东方围齐之叛军不可不防，北方的赵国亦始终盯着我中原地区，准备见缝插针，这也是不得不虑的。臣请陛下能遣两支部队分别牵制两方，起码让他们不敢肆意行事。"

汉景帝眉头紧皱地道："可现在我已经把士兵全都分配出去了，没有多余的士兵可派呀，最重要的是，哪怕有士兵也不知道应该派谁当主帅啊。"

窦婴道："这两点都好解决，陛下不是还有十万的南北军吗？只要从两个军队中各抽出两万人就能达到牵制的效果了。至于统帅我这已经有两个人选。"

汉景帝道："哦？是何人呀？"

窦婴道："第一个，郦寄，此人为将军郦商之子，从小便随其父南征北战，战阵经验丰富，可给他两万南军北上牵制赵国。

"第二个，栾布，此人为三朝老臣，威望极高，可任其领北军两万往齐国边境牵制四国反王，让他们不敢全力攻击临淄。

"如此两路部署，我大汉东北两方则无忧矣。"

汉景帝道："准！"

窦婴道："另外，臣还想给陛下推荐一人，他有计策能破七国反王。"

汉景帝道："哦？此为何人？"

窦婴道："袁盎。"

这话一说，在一旁半天没吱声的晁错突然倒吸了一口凉气，正要开口阻止，可汉景帝根本就没给晁错机会，直接道："准！你们可以退下了，现在就让袁盎来见！"

不一会儿，众臣退下，只剩汉景帝和晁错在商讨一些战争所需的军粮数目。

这时候，袁盎慢慢走了进来，下跪道："臣袁盎，拜见陛下。"

见袁盎来了，汉景帝赶紧上前道："爱卿快起来吧，听大将军说你有奇计要向朕奏请，不知是何奇计呢？"

袁盎道："这……此事不能透漏，还请陛下能够屏退左右。"

话毕，汉景帝挥了挥手，那些下人们全都出去了，场中只有汉景帝、晁错和袁盎三人。

可是汉景帝看了袁盎半天，袁盎还是没有说话，只是不断地用眼神示意晁错也离场。

晁错大怒，正要发火，可汉景帝依然没给他这个机会，直接把晁错"请"出去了。

见晁错真的走了，袁盎这才道："陛下，吴王和楚王为什么会谋反呢？"

汉景帝道："因为削了他们的封地。"

袁盎道："没错，那么他们造反的口号是什么呢？"

汉景帝道："诛晁错，清君侧。"

袁盎道："没错！那吴、楚向天下下诏书，便是以此为口实攻击我汉朝，所以只要杀了晁错，并派遣使者前往赦免众多反王不就没事了吗？"

那么如果汉景帝按照袁盎所说的做诸多反王就真的会撤兵吗？答案肯定是不会，因为开弓没有回头箭。一旦汉景帝这样做了，各反王都会以为汉景帝怕了，便会更加肆无忌惮地攻击汉朝。

那么这么明显的事情汉景帝看不出来吗？

他看出来了。

那么他怎么做的呢？汉景帝把晁错给杀了，不但杀了晁错，还将他满门诛杀。

那汉景帝为什么要这么做呢？

很简单，袁盎话中隐语已经表达得清清楚楚，因为袁盎话中实际的意思并不是期待七国反王们撤兵，而是让他们丢掉口实，丢掉人心。

果然，杀掉晁错以后，汉景帝派袁盎等人前往吴军说明此事，可刘濞根本就没理袁盎，反而继续向睢阳进攻。

于是乎，这天下人便都看出了刘濞的真面目，使得反军士气大跌，汉军士气大增。

所以说白了，汉景帝实际就是拿晁错的性命来换取人心的。

好了，晁错死了，刘濞继续进逼睢阳，汉廷以此得到了人心，所以在此时，汉景帝的反击才真正打响。

本月中旬，大将军窦婴领十万大汉正卒往荥阳防线驻扎，并将汉景帝赏赐的千金全都摆在了府邸长廊之间，吩咐凡是军中将军都可以在这条长廊中拿取一定数目的黄金来用作军用。

最后，黄金都被拿光了，而窦婴呢，一点儿没留。

此事使得整个荥阳防线的士卒士气大振，全都喊着要为窦婴效死命。

与此同时，郦寄领两万京师南军前往赵国西边境加筑防御壁垒，始终监视着赵国的一举一动，一旦赵军敢南下，他便从背后直袭赵军，如果赵军敢前来攻击自己，郦寄更有信心用这两万南军以坚壁清野之术打残赵军。

可赵王呢？简直窝囊得令人发指，他一见汉廷派军来"攻击"他，竟连交手都没有，直接龟缩回邯郸了。

而郦寄手上并没有能攻城的军队，所以只能围而不攻，两方便这样僵持起来。

栾布方面则和郦寄一样，同样带两万北军驻扎于齐国西边境，使得四国反王不敢肆意攻击临淄，局势也陷入僵持。

所以，现在全天下的目光都集中在了周亚夫、刘濞和刘武身上，决战即将拉开帷幕。

同年二月初，三十万劲旅已经在长安郊外集结完毕，汉景帝亲自为周亚夫送行，临行之时紧紧拉着周亚夫的手，激动地道："太尉！本次我大汉之安危就全看太尉的了！朕想现在太尉一定是有了具体的作战计划了吧，不知能不能透漏一二，让朕心里也有个数呢？你放心，朕绝对不指指点点，也绝对保密。"

周亚夫犹豫片刻，对汉景帝一拜道："陛下，楚军彪悍，吴军耐力强，所以末将不打算和吴楚联军做正面决战，而是打算绕后堵住吴楚粮道，进而耗死他们。可要达成此战略目的，就势必会让梁王多顶一番攻击，还请陛下体会末将用心。"

汉景帝道："去吧，有什么事我替你顶着。"

就这样，带着以上战略方针，周亚夫领汉军主力部队直奔荥阳而去。

可就在大军行至霸上之时，一名叫赵涉的士人却对周亚夫献策道："大将军，从霸上至荥阳一带必经崤渑之间，此地道路狭窄，多有山林，为兵者必伏之道。那刘濞富甲天下，手下武艺高强之死士多不胜数，我料其必在此地设伏，以阻大将军，而一旦我军被这些宵小阻击于此，势必会延误战机，进而破坏全局战略，不如走蓝田，出武关，然后直达洛阳，这样顶多耗费一两日的时间，但却可以安全到达目的地，也不至延误战机。"

周亚夫感觉有理，乃从其言，虽绕了些道，但总算在不拖延战机的情况下安全抵达洛阳。

然后，周亚夫一边领大军往昌邑（今山东省济宁市金乡县西北四十里）方向行进，一边命一部兵众前往崤渑之间搜索，果然搜出并歼灭吴楚伏兵。

基于此，周亚夫升赵涉为护军，全军开赴昌邑，绝吴楚之粮道。

可就在这时，从东方传来消息，说是一个叫周丘的正领十万士卒打算往西支援刘濞。

周丘是怎么在一个月之内从光杆儿司令升为十万大军的统帅呢？

原来，在周丘求得刘濞的符节以后便连夜奔向了下邳城，用符节诈称是刘濞的特使，前来拜见下邳太守。

下邳太守不知有诈，竟然亲自接见，周丘便趁机袭杀下邳太守，并喊话城中士兵，说吴国大军马上就要杀过来了，现在投降可以封个一官半职，胆敢有任何抵抗便玉石俱焚。

而此时下邳太守已死，众官兵群龙无首，再加上刘濞的威名在东南方实在是太盛，所以这些士兵便投降了周丘，甘愿听他指挥。

之后，周丘用同样的方法收编士兵，然后一路攻城略地，边打边收编，等到周亚夫到昌邑的时候，周丘的大军竟然已经达到了十万之数，所以便打算携大军向西支援吴楚联军。

我们书接上文。

周亚夫听说周丘军的动态以后大惊，赶紧命一部将领十万人向东堵住周丘大军的必经之路，并下军令："哪怕同归于尽也绝不能让周丘军与吴楚联军会师。"

因为此时刘武正在睢阳苦苦抵抗吴楚联军，假如看到敌方又来十万援军，势必会对本军士气造成毁灭性打击，所以才有如此布置。

果然，周丘见周亚夫分出部队阻碍他的行进也不敢和汉军短兵相接，两军便僵持起来。

周亚夫见部将已将周丘军堵住，便封锁大陆交通，完全断了刘濞的粮道，并令所统军士一天到晚地抢修防御壁垒。

刘濞方面已围攻睢阳多日，虽然还未攻下但也是时间早晚的问题。可就在这时，后方传来急报，说汉将周亚夫已经将本军粮道断绝，刘濞大惧，乃令三军使出全部力量狂攻睢阳，务必在现存粮尽之前攻下睢阳。

于是，吴楚三军狂吼，玩儿了命地攻城，有好几次甚至已经杀到了城内。

刘武见此，竟亲自率领近卫队抵抗敌人的进攻，甚至亲自登上城头坐镇，以给梁军振奋士气。

就这样，梁军抵挡住了敌人一波又一波的攻击，可吴楚联军攻击连绵不断，这样下去睢阳早晚会被攻破。

于是，刘武派人往周亚夫处请求援军。可周亚夫呢，就是加固自己的防御壁垒，完全不理刘武。

刘武大怒，乃遣使往长安请汉景帝给予援军，并说出"再无援军，睢阳必破"之语。

汉景帝大惧，乃遣使往周亚夫处，令周亚夫无论如何都要前往支援睢阳。

可周亚夫认为，睢阳虽早晚会被攻破，但此时吴楚联军粮道已经被自己截断，凭联军现在的粮食绝对撑不过一个月，而睢阳城高墙厚，现在城内还有很多士兵，所以阻挡刘濞一个多月是绝对绰绰有余的，便以"将在外，君命有所不受"为由，拒绝奉诏，坚壁不出。

有一句话说得好，叫"置之死地而后生"。刘武闻听此事以后也是急眼了，他在一次联军攻击空隙的时候召集所有的将官和他们说："一个月！只要再坚持一个月！吴楚军队一定会撤走！寡人发誓，在此与尔等共同进退，要生一起生，要死一起死！"

于是，梁军士气大振，更加玩儿了命地坚守睢阳，刘武更是天天在城墙上喊话以振奋士气。

于是，一天过去了，两天过去了……不知不觉间，半个月过去了，而守城的梁军还和打了鸡血一样拼命作战。

然而，此时吴楚联军的粮食即将告竭，刘濞与刘戊万般无奈之下只能回军选择与周亚夫决战。

可周亚夫呢？根本就不和你碰头，任你吴楚联军百般叫骂，人家就是龟缩在壁垒之内不出头，摆明了就是要拖死你。

而如今的吴楚联军经过了前些日子的睢阳攻防战已经是疲惫不堪，如果再让他们不休息强攻周亚夫的话，势必失败。

于是，刘濞命大军休息三日，打算三日后再与周亚夫决战。

三日以后，汉军壁垒之下，一名吴国将官正指着汉军壁垒大骂。

许久，见汉军壁垒并没有反应，乃引马而退。

嗡……嗡，待这名将官撤走以后，吴楚进攻的号角被吹响，只见吴楚的士卒们在号角吹响之后全都狂攻汉军东南壁垒。

身在高处指挥台的周亚夫见状眉头紧皱，他身边的将军们与周亚夫道："大将军，刘濞这老儿见我们汉军人多，这是要集中一点和我们决战了，不如将防守其他壁垒方向的士兵调到东南壁垒，以守敌军攻势。"

话毕，周亚夫并没有任何动作，还是在皱着眉头看着吴楚联军一波又一波的攻击。

不协调，一股极度不协调的感觉充斥着周亚夫的大脑。

就在此时，只见汉军壁垒西北方向的树林中，几只小鸟一起飞上了天空。

见此，周亚夫一震，随即哈哈大笑，并下令："来人！"

"在！"

"给我传令下去，命我大军主力全都布防于西北壁垒，不得有误！"

"是！"

一旁部将非常疑惑地问："将军这是何意？"

周亚夫冷笑道："哼哼！刘濞这老小子想和我玩儿声东击西，我就陪他玩儿！"

果然，一切都如周亚夫所料，那刘濞明面上是进攻汉东南壁垒，可实际上却派主力部队偷渡西北之林，对汉西北壁垒发动突然袭击。

本来刘濞以为一鼓作气会成功突入汉军壁垒，进而打败周亚夫，重新疏通粮道，可没想到一切都被周亚夫看破。面对西北壁垒如飞蝗般的箭矢，吴楚联军没等冲到近前便被射伤大部，而短兵相接更不是精力充沛兼占据地利之汉军敌手，所以连续好几波攻击全被汉军击退。

一时之间，汉西北壁垒遍布吴楚士卒的尸体，刘濞无奈，只能再次撤回部队，以待日后再战。

日后？呵呵，哪里还有什么日后了。因为就在吴楚军队撤退的同一时间，联军内的兵粮彻底吃完，军队充斥着恐慌的情绪，有的士卒甚至逃离军营，往家乡去了。

面对此景，刘濞是不得不总撤退了。

于是，刘濞打算趁着夜色的掩护逃回吴国境内，自此与楚独立以抗汉廷。

可刘濞的行动再一次被周亚夫看破，几乎是刘濞撤退的同一时间，周亚夫便亲率二十万汉军突袭吴楚联军，联军现已经为强弩之末，士气全无，所以一触即溃，四散奔逃。

刘濞见兵败如山倒，乃领数千精锐独自奔逃去了。楚王刘戊则在万念俱灰之下抹了脖子。

吴楚联军，为本次七国之乱的核心力量，此二军一败，便宣告了七国之乱的彻底破产！所以，周亚夫趁热打铁，一边命一部士卒前往追击刘濞，一边命主力大军掉头直奔周丘部。

那周丘也是个敏锐的家伙，一见联军失败，料定周亚夫会转而攻击自己，便领兵还退下邳，打算自建割据政权。可未等其到达下邳，便发毒疮而死（一说被士兵刺杀），其手下士兵在周丘死亡的第一时间便投降了汉廷。

如此，周丘所部不战而定。

周丘死后，周亚夫直接命之前阻挡周丘的十万士卒前往支援栾布，并归栾布节度。

栾布得了援军，声势大振，便领军直奔临淄各路反王。连对峙都懒得对峙，直接决战。

为了配合汉军作战，齐王刘将闾也发临淄全部士兵出击，以前后夹击之势攻击四国反王。

本次战斗没有一点儿悬念，四国反王根本不谙兵事，再加上汉军携胜之威，所以四国联军一触即溃，仓皇逃回本国去了。

可栾布岂会放过这些反王？他将大军分为四路，分别往胶西、胶东、淄川、济南展开猛攻。因为现在新败，再加上吴楚联军大败的消息已经传遍天下，所以军无战心，四国被轻松搞定。

结果，淄川、济南、胶东三国国王全都死于乱军之中，胶西王亦自杀身亡。值得一提的是，齐王刘将闾因为最开始参与进了反叛的行列，所以一直怕祸及满门。于是，一不做二不休地直接自杀了。

至于为什么？为的就是给自己的家人留一条后路，最次不至于被满门诛杀。

如此，整个齐地亦被平定。

然后，栾布继续引此胜利之师向西北奔袭赵国，与郦寄部会师于邯郸城下。

看着坚固雄伟的邯郸城，栾布一声冷笑，都懒得攻城，直接引水灌之！

最后，见无法继续抵抗的赵王直接自杀了事。

好了，七国之乱差不多都完事儿了，那刘濞最后怎么样了呢？他当然好不了。

话说刘濞和他手下一千多人连夜逃走后，渡过淮水逃到丹徒（今江苏省镇江市一带），打算保东瓯而自立。

当时的东瓯大概有士兵一万多人，由于之前此地方一直都受刘濞照顾，刘濞便打算派人去此处收聚士卒，以图东山再起。

可汉廷早就猜出了刘濞的想法，乃致信与东瓯王（不知是谁写的信），并威逼利诱。

现在刘濞失败的消息已经遍传天下，谁要是还跟着刘濞干那可真是傻了。

所以，东瓯王果断答应了汉廷的要求，待刘濞前来东瓯以后便直接将其击杀。

如此，使天下恐慌的七国之乱正式宣告平定。

自此以后，西汉皇朝真正稳固，达到了真正的集权，一直到西汉灭亡，各路诸侯王都再也没对西汉产生过威胁，而现在对汉朝有威胁的，只剩下匈奴了。

4.6 后宫的战争

七国之乱结束了，虽说使天下一时动荡，但明显利大于弊，而汉景帝也从中发现了很多弊端，这其中之一便是过关用通行证的制度了。

想当初，汉文帝为了证明现在的汉廷天下安宁，并节省财政开销，乃取消通行证制度。可本次七国之乱，刘濞正是利用此漏洞遣死士通过各路关卡成功埋伏于崤渑之间，要不是赵涉的建议，周亚夫必走此路，而一旦周亚夫所率主力被拖延于此，则梁国必丢，那后果真是无法想象了。

所以，汉景帝自此恢复了这个战国时期的制度。

之后汉景帝大赦天下，重赏有功之臣。不用多说，窦婴和周亚夫必然是首屈一指。

首先窦婴，大将军官位维持不变，赐爵魏其侯。自此，天下许多游士和门客都争相至窦婴处效力，窦婴之大名彻底响动天下。

之后，周亚夫太尉官职维持不变，赏金银玉帛无数。

其余的我列出个单子，各位自己看吧。

1. 淮南王因为没有发兵，所以特赦无罪。

2. 因为衡山王和庐江王（不知此衡山王与庐江王为何人）没有响应刘濞的造反，所以改封衡山王为济北王，庐江王为衡山王（注：封庐江王为衡山王实际上不是奖赏，而是预防，因为庐江王和南越王私交非常密切，汉景帝以防万一，这才给他换了一个地方）。

3. 改封广川王刘彭祖为赵王。

4. 齐王刘将闾虽然最开始参与谋反，但最后醒悟，并及时拖延东方反国的步伐，所以功大于过，便让他的儿子继续继承齐王之位。

5. 立刘彘为胶东王（汉景帝之子，以后的汉武帝）。

6. 立原楚王刘戊的叔叔刘礼为楚王。

7. 升袁盎为楚国相，让其辅助刘礼。可后来因为刘礼不喜欢袁盎，凡事都不听从，袁盎一怒之下便辞官回家，从此过上了闲云野鹤的生活。

以上便是七国之乱以后汉景帝的各种处置了，我们继续往下说。

公元前153年，汉景帝四年，汉景帝突然发布一道诏书，立庶长子刘荣为大汉太子，此项命令一出，满朝振奋（文官士大夫集团）和震动（后宫集团），使得接下来好长时间的主戏都是后宫这些女子的互斗大戏。

她们所争的是什么呢？当然是皇帝的恩宠。

她们为什么要争皇帝的恩宠呢？最终目的只有一个，那便是让自己的儿子成为现在的太子和以后的天子。

在刘荣成为太子以前，后宫主要分四大势力，它们分别是薄皇后势力、栗姬势力、王夫人势力以及那最为神秘的长公主刘嫖势力。

薄皇后势力：薄皇后，具体姓名不详，为山阴人（今浙江省绍兴市），与汉景帝祖母薄太皇太后为同族。

想当年汉景帝刚刚成为汉廷太子的时候，薄太皇太后为了薄氏的子孙后代，乃从全宗族挑选美女。最后便挑了最年轻貌美和贤良淑德的薄氏（不知具体姓名）许配给了刘启，成了刘启的正室夫人。

可一直到汉景帝登基，那边的栗姬已经给刘启生出了三个儿子了，她薄氏也没能给刘启生出个一男半女来，便逐渐被刘启所冷落，甚至皇后的位置也开始摇摇欲坠。

栗姬势力：栗姬，家势、生卒年、出生地及姓名皆不详，只知道她是齐地人，在刘启还是太子的时候便已经成了他的侧室，并接连给刘启生下了三个儿子，他们分别是刘荣、刘德、刘阏于。

等刘启登基以后，薄皇后一直都没有儿子，栗姬便开始对皇后的位置发起冲击，因为自己已经有了三个儿子（刘荣还是最先生的庶长子），外加上其姣好的容貌，所以在众嫔妃之中，栗姬的优势和势力都是最大的。

王夫人势力：王夫人（唐代司马贞称王夫人为王娡，可笔者翻遍汉朝史料都没发现这个名字，故不采纳），其父为王仲，其母为臧儿（臧荼的孙女），二人生一男（王信）两女，然王仲早死，臧儿便改嫁长陵田氏为妇，并生田蚡、田胜。

等王夫人长大以后，生得美丽动人，落落大方，臧儿便将王夫人许配给了金王孙。

之后，王夫人还给金王孙生了一个女儿，一家人可以说是生活得非常幸福美满。

可后来，臧儿给自己的孩子们占卜问卦，占卦的说自己两个女儿以后肯定有一个是至富至贵之人。至富至贵，这是什么意思？天下哪个女人才能说自己是至富至贵呢？那必然是皇后了！

再联想王夫人的国色天香，臧儿断定，自己的这个女儿以后必是皇后无疑。

可当时的皇帝为汉文帝，那时候的汉文帝已经老了，所以臧儿认为，能让自己女儿至富至贵的一定是当今太子刘启，便打算将王夫人送到东宫中去。

可这事有些不好办，因为王夫人现在和丈夫过得很幸福，你凭什么拆散人家呢？这要是一般人还真办不了，但对于臧儿来讲根本不算个事儿，她直接就跑去金王孙家中要人，让金王孙赶紧把自己女儿给休了。

金王孙当然不愿意，不但他不愿意，整个金氏全都怒了，这什么意思？嘴上说让金王孙把王夫人休了，可实际上到底是谁休谁？这明眼人一眼便知，所以双方便这样僵持起来。

臧儿一看硬的不行转而来阴的，便在王夫人一次回家探母的过程中强行将王夫人送进了东宫。

而王夫人呢？虽是被强行带入东宫却并没有半点儿反抗，一到东宫便被那纸醉金迷的生活所征服，遂决定向上更进一步。

王夫人虽然漂亮，但刘启那时候最宠爱的只有栗姬，再加上王夫人成过亲，所以刘启玩了几次也就腻了。

可王夫人的运气实在是太好，就因为这么可怜的几次，她就怀孕了！并且生下了以后的汉武帝刘彻。

那有人肯定会疑惑，不就生了一个儿子吗？怎么就成了后宫的四大势力之一了呢？

那是因为，王夫人给刘启生的这个孩子实在是太好了！

刘彻本名刘彘，是刘家小猪猪的意思，这孩子从小就聪明伶俐，并且长得十分可爱，汉景帝没事儿就爱抱着刘彘在自己的膝盖上坐着（当时刘启已经登基为汉皇）。

大概在刘彘三岁的时候，有一次，汉景帝心血来潮，打趣地问刘彘："乖儿子，你想不想当天子啊？"

刘彘眨了眨眼睛，笑嘻嘻地说："这事儿由天不由儿（说'天'这个字的时候还指着汉景帝），儿不想想那么多，只想每天陪在父皇身边陪父皇玩耍。"

嚯，刘彘这么一说，汉景帝心里是又温暖又惊异，一个这么大点儿的孩子竟然能说出这么懂事的话，所以打这以后，汉景帝便开始用不同的眼光来看待这个小猪猪了。

后来，随着刘彘慢慢长大，他不再有事儿没事儿就去缠着汉景帝了，而是开始钻研起了学问，刘彘的求知欲望特别强，尤其喜爱古书中那些圣贤帝王的伟大事迹，并且过目不忘！

在刘彘七岁那年，曾给汉景帝背诵阴阳诊候龙图龟册数万字，其中竟然无一字遗漏。

七岁！刘彘当时才七岁！此举完全将汉景帝给震撼了，便在当时就给刘彘改名为刘彻，意思是说刘彻这孩子充满了智慧，已经达到了圣人的标准。要不是刘荣为当时的庶长子，估计汉景帝是一定会立刘彻为太子的。

但在当时，汉景帝还没有确立太子，所以刘彻也是太子的有力争夺者之一。基于此，王夫人才能在后宫中站稳脚跟。

长公主刘嫖势力：刘嫖，为汉景帝一奶同胞的亲姐姐，窦太后的宝贝女儿，封邑在馆陶县（今河北省馆陶县），所以也称馆陶长公主，在公元前177年的时候嫁给了堂邑侯陈午为妻，所以又称为堂邑长公主。

那刘嫖嫁给了陈午以后本应在堂邑生活，可刘嫖与陈午一合计，只有时刻身在王宫之中，讨好结交窦太后和当朝皇帝，才能让陈家飞黄腾达，也会给刘嫖带来切身利益，便在与陈午生活了几年以后返回了长安，从此扎根不回去了。

窦太后就这么一个女儿，所以对此非常赞同，汉文帝当时正为了发展国力而操劳，也没管这个"野丫头"，刘嫖便成功留在了长安。

后来，汉文帝驾崩，汉景帝登基，刘嫖便开始疯狂搜罗美女往汉景帝那儿送。

所以，汉景帝和刘嫖的关系一直都是非常非常好的，有时候刘嫖的一句话甚至能改变汉景帝的决定，由此可见汉景帝对刘嫖的信任。

于是，刘嫖倚仗母亲的宠爱和弟弟的纵容，经常为自己和陈家谋求权力和富贵，手眼通天，也成为当时后宫的一股极为强大的势力。

可是，就在公元前153年四月，汉景帝封刘荣为当朝太子。

此任命将后宫的"割据势力"完全打乱，本来为皇后的薄皇后被废，之前一直占有些许优势的栗姬更是一下蹿升为后宫的"第一势力"，大有"一统天下"之趋势。

而此时，"割据一方"的另一个大势力刘嫖也看好栗姬势力，便对其抛出了橄榄枝，想把自己的女儿陈阿娇许配给刘荣当媳妇。

在当时的后宫之中，栗姬和刘嫖势力绝对算是战乱时期的"楚汉"了，如果此二势力从此联合，那么就再也没有王夫人什么事儿了。

可自从刘荣当了太子以后，栗姬天真地认为这天下早晚是自己儿子的，只要当上太子就不可能被废，便开始嚣张跋扈。

再加上之前刘嫖总给汉景帝勾搭美人，使汉景帝往栗姬处的次数越来越少，栗姬就对刘嫖彻底恨了起来，根本不拿正眼看她。

所以这时候刘嫖来找栗姬谈婚事绝对不是个好时机。

为此，刘嫖极为恼火，决定寻找另一个皇子结为亲家。

那景帝共有十四子，长子刘荣、次子刘德、三子刘阏于全都是栗姬所出，所以绝对不能再找，而其他皇子又是无能之辈，所以，刘嫖便将目光瞄向了当时还年幼，却深得汉景帝喜爱的刘彻。

一日，刘嫖带着陈阿娇找到了王夫人，让陈阿娇带着刘彻出去玩，便对着王夫人将自己的想法说了一遍。

那王夫人虽然不如臧儿彪悍，但心机绝对有过之而无不及，不是栗姬这等榆木脑袋所能比的，便直接答应了刘嫖的提议，甚至都没有丝毫犹豫。

于是，刘嫖和王夫人正式结为同盟，在二人的策划之下，围攻栗姬之战就此展开，具体部署如下。

首先，王夫人所部按兵不动，由刘嫖率主力部队迂回攻击栗姬侧翼，待栗姬阵形被刘嫖所部打乱以后再由王夫人率主力大军给栗姬以致命一击。

计划商议完毕，二人极为兴奋，战意浓浓，正巧此时外出疯玩的刘彻和陈阿娇也刚刚回来，见了刘嫖便有礼地道："彻儿参见大姑。"

看着这精神抖擞的孩子，刘嫖别提多喜欢了，便将刘彻抱起，柔声道："彻儿长大以后要娶媳妇吗？"

刘彻一怔，然后爽口道："是男人哪能不娶媳妇呢？当然要啊。"

刘嫖笑着用手指周围那些如花似玉的宫女道："那这些丫头你喜欢哪个？"

刘彻看了她们一眼，然后摇了摇头道："这些我都不要。"

对于刘彻的回答，刘嫖非常满意，最后又把手指向了陈阿娇道："那让阿娇姐姐给你当媳妇你愿不愿意啊？"

这话一说，刘彻微微将头一偏，不着痕迹地看了王夫人一眼，王夫人轻轻地点了点头，刘彻便笑着道："当然愿意了！如果能让阿娇做我媳妇的话，我就要用黄金盖一间大大的房子给阿娇住。"

一听这话，刘嫖更是笑得前仰后合，两家的谋划就在刘彻的"金屋藏娇"下彻底确立了。

这之后，按照既定战略思想，刘嫖率先出手，有事儿没事儿就跑去汉景帝面前说栗姬的坏话，其主要论点为刻薄与冷血，并将其和汉初吕雉做比较，暗里的意思便是等汉景帝百年之后，栗姬将会杀尽他的妃子和儿子，并且还在这其中不断夸赞刘彻的聪明和可爱，这便让汉景帝十分恼火。

因为汉景帝确实喜欢刘彻，也知道栗姬很尖酸刻薄，确实怕自己死了之后栗姬把刘彻等皇子给除掉。

还有，自从刘荣成为太子以后，栗姬便在后宫之中一家独大，后宫的那些妃子们也全都跑来巴结栗姬，想为日后的富贵留一条后路。

所以，栗姬的居所总是人满为患。

刘嫖抓住这一点，向汉景帝进谗言，说栗姬总和一群妃子于后宫之中研究巫蛊之术。

什么叫巫蛊之术呢？就是弄一个小草人，把要害之人的头发或者衣服之类的放在草人身上，然后念咒语，之后用针扎、用火烧、用水淹什么的。

在古代，人们对这种迷信巫术非常信奉，同时也是皇宫内院之中严令禁止的。一旦发现，所受到的惩罚绝对超乎想象，所以刘嫖便用此来诬陷栗姬，希望能一举拿下。可因为没有证据，汉景帝也没对栗姬采取行动。

但在刘嫖的长期挑拨之下，汉景帝对栗姬是越来越不满了。

有一次，汉景帝患了一场大病，以为将不久于人世，便试探地问栗姬道："朕百年之后，你能否替朕好好照顾一下其余的皇子和妃子呢？"

汉景帝问这话是什么意思？这很明显就是在托孤了，一般人至少表面上都会满嘴答应。可栗姬呢？因为刘嫖总给汉景帝找美女的缘故，一下子把多年累积的怨气全都发泄出来了："我凭什么照顾她们？当初陛下和臣妾多恩爱啊，就是因为这些女人才让陛下好些年都很少理会臣妾，我不杀她们就不错了，凭什么还要照顾？至于她们的儿女，哼！谁生的谁养活去！"

这话一说，汉景帝如同五雷轰顶一般，他久久地看着栗姬而不语，过后，渐渐地闭上了双眼。

大概栗姬也感觉到了事情的不对，便关切地问道："陛下，陛下？您怎么了？"

汉景帝道："滚出去。"

栗姬道："陛，陛下，您说什……"

没等栗姬把话说完，汉景帝突然睁开双眼，对栗姬怒吼道："我让你滚！"

自从栗姬进入东宫以来，汉景帝对她从来都是柔声细语，什么时候如此态度过？所以这一吼下来，直接给栗姬吓蒙了，哭着就跑了出去。

起初她还以为自己很委屈，不想搭理汉景帝，想等着汉景帝亲自过来给她赔礼道歉她才会原谅汉景帝，可遗憾的是，她再也等不到这个机会了。

此时，栗姬阵营彻底大乱，刘嫖的战略目标已经达成，便将此事通知了王夫人，而王夫人的主力大军也在此时行动了，并给予栗姬最终一击。

当时，王夫人暗中授意同母异父的弟弟田蚡，让他通过关系找一个值得信赖的朝中重臣，然后再让这个一号重臣暗示别的二号重臣请奏汉景帝立栗姬为皇后。

二号重臣不知道后宫那些猫腻，还美滋滋地在朝会上上奏汉景帝，以为会得到汉景帝和未来皇后的双重看重，可是他错了。

"启禀陛下，这天下皇室先是子以母贵，后是母以子贵，如今太子已为东官之首多年，可还没有一个皇后实在不合礼仪，所以臣请奏陛下封栗姬为皇后，以镇后宫，母仪天下。"

现在是什么时候？现在是汉景帝最恨栗姬的时候，也是对栗姬最敏感的时候，所以一切对栗姬有利的奏请汉景帝都当是栗姬暗中授意的。

于是，汉景帝怒了，当朝指着这名大臣的鼻子痛骂："混账东西！这是你一个臣子能参与讨论的吗？来人！"

"在！"

"给我将这不知死活的东西拉出去砍了！"

于是，这名大臣稀里糊涂地丢掉了性命，直到死都不知道自己被当枪使了。

然而这件事也彻底地触怒了汉景帝，在朝会上当众宣布要废掉太子刘荣，改为临江王。

可汉景帝此举彻底激怒了魏其侯窦婴，因为在封刘荣为太子以后，汉景帝为了能让刘荣得到最好的教育，乃命窦婴为太傅，负责教授刘荣学问和做人、做君的道理。

而在那时候，窦婴就等于是在汉景帝的强迫下被安排进了太子一党。

要知道，古人的"师生如父子"这句话可不是闹着玩儿的。所以，听闻汉景帝要废除刘荣以后窦婴势必要据理力争，而窦婴的好友周亚夫也力挺窦婴，和他站在同一战线之上。

可一切的争论都是徒劳，汉景帝已经认准的事情，那是八头牛都拉不回来的。

最后，窦婴大怒，直接在朝堂之上和汉景帝请求辞职。

可这次汉景帝没有惯着他，直接让他走人。君臣二人之间闹得非常不愉快。

后来，窦婴隐居蓝田南山之下好几个月，成天喝大酒吃大肉，左右美人天天新面孔，好一个潇洒隐居。

其间很多窦婴之前的门客都来劝窦婴复出，但窦婴都没答应，只有梁国人高遂对窦婴说："大人，能使您富贵的是当朝皇上，能使您成为朝中顶梁的是窦老太后，之前您已经得罪过窦太后，现在又公然和皇帝叫嚣，您想干什么？如今太子被废，您身为太子的师傅只有两条路可走，一是由始至终为太子的利益而斗争；二是屈从皇帝，以待后发。可是您呢？两条路都没有选，而是和皇帝较劲儿，成天搂着歌舞美姬潇洒，您这样做皇帝会怎么想？太后会怎么想？您这不是当众打皇帝的脸吗？请恕小人直言，您如果再这样下去的话，我恐怕陛下哪天一个不高兴，您和您的全家老小就全都要被诛杀了！"

这话一说，窦婴一下站了起来，之后来回踱步，其间冷汗一滴一滴地流了下来。

于是，次日，窦婴重新回到了朝廷，并向汉景帝承认了错误，汉景帝这时候气已经消了，也没再难为窦婴。可就因为窦婴的这次任性事件，使得汉景帝重新看待这人，也注定了窦婴于汉景帝时期再也没有了丞相之缘。

那周亚夫呢？他不是也向汉景帝据理力争了吗？他的结果怎么样了呢？

结果很简单，丞相陶青被罢免，周亚夫升为了丞相，并废除了太尉这个职位。

有人肯定会说："那不对吧？西汉的丞相不是军政大权一把抓的吗？周亚夫当了丞相非但没丢兵权，还增加了自己的权力，汉景帝这么做到底是何用意呢？"

呵呵，这就是汉景帝的高明之处了，要知道，丞相虽然掌管兵权，但他最重要的职责是文职，也就是辅助汉景帝处理万机，而他周亚夫一个武夫，能当好丞相吗？所以只要时间长了，汉景帝就能顺理成章地弄掉周亚夫了。

想当初汉文帝就是这么弄周勃的，没想到如今汉文帝的儿子也重新玩起了这一套，而对象，竟然是周勃的儿子。

4.7 苍鹰

公元前150年十一月，太子刘荣被废，改为临江王，其母栗姬悲愤难平，总想找汉景帝"理论"，可汉景帝打上次痛骂栗姬以后就将其打入"冷宫"，再也不见她了。

最后，栗姬抑郁成疾，不久便离开了人世。

局势非常好，所有的有利条件都在向王夫人方向倾斜，甚至连王夫人自己都认为下一任太子非刘彻莫属。可就在这时，一直隐藏在后宫最深处，那个最为庞大的势力出现了，使得整个局势再次扑朔迷离。

这个人是谁呢？便是后宫实际上的一把手，窦太后。

窦太后最爱谁？当然是自己的儿子，那一众儿子中他最爱的是谁？梁王刘武。

在窦太后心中最理想的继承模式便是兄终弟及，也就是等老大刘启死了以后老小刘武能继承汉皇之位。但这属于商朝时期的继承模式，有非常不好的前车之鉴（九世之乱）。

再加上不管是最初的夏朝还是之后的周朝，他们都是用的父终子及的继承模式，周礼更是将此模式列入法律之中，所以父终子及已经深入天下人心，谁要想改动那便是犯了大忌。

所以，此事虽一直都是窦太后的心病，却没敢提到明面上来，可如今则不同了，还记得七国之乱以前，汉景帝为了收买人心，在酒桌上随口承诺了百年之后要立梁武为汉皇，虽然此事没等促成就被窦婴所阻，但不管怎么说都是出自汉景帝之口，这不能赖账吧？

之前因为汉景帝是以毫无征兆、突然袭击的方式立的刘荣为太子，窦太后也不好说什么，可是现在太子被废，就是眼睛瞎了的窦太后也知道下一任太子一定是刘彻了（注：窦太后不知道在什么时候得了一场重病，虽说大病最后被治好，但也因此瞎了双眼）。所以她必须赶在汉景帝任命刘彻为太子以前行动了，因为刘彻这孩子的聪明是满朝皆知的，再加上王夫人为人谨慎，做事滴水不漏，所以一旦让刘彻成为东宫之首，那下一任皇帝百分之百是刘彻了，所以窦太后出手了。

这老太太死死抓住汉景帝当初在酒桌上的那一句话，硬是逼着汉景帝遵从诺言，将太子之位传给刘武。汉朝尊崇什么治国？忠孝治国！这是汉朝治国的基本大纲，天下皆知，所以历代太后或者太皇太后在很多很多方面都可以节制汉皇，这是无可争议的。

基于此，当窦太后和汉景帝"撒泼"的时候，汉景帝虽然脑袋都大了亦无可奈何。

可幸好啊，老太太"逼宫"的时候袁盎正在汉景帝身边（此时袁盎还未到楚国赴任为相），他一见窦太后要找事儿，赶紧道："太后此言差矣！"

一听有人阻止自己，窦太后当时就怒了，指着袁盎便骂："你小子算个什么东西？我儿尚未言语，就凭你也配阻止老身？来人，给我将……"

没等窦太后说完，袁盎赶紧插话道："难道太后还能堵得住这天下人的悠悠众口吗？"

窦太后道："你……好，你说！我看你能说出个什么来！"

袁盎道："我想请问太后，说句大不敬的话，您想让梁王继承陛下的皇位，那等梁王之后您让谁继承皇位呢？"

窦太后道："当然是启儿的儿子继承皇位了。"

袁盎道："那梁王的儿子能干吗？"

窦太后道："这……"

袁盎道："启禀陛下，太后，兄终弟及是万万不可的，此为天下至乱之首！当初商朝的继承制度为兄终弟及，可最后结果是什么？引出了九世之乱，使当时强盛的商朝差点儿亡了国！之后春秋初期，宋宣公不传大位给自己的儿子，反倒是传给了弟弟，结果怎么样？结果宋国连续五代都祸乱不止，所以，一旦形成了这种制度，那我汉朝便会永无宁日，还请陛下和太后三思！"

话毕，汉景帝心里这个乐啊，然后嬉皮笑脸地对窦太后道："母亲，您看这事……"

那袁盎说的都是实实在在的大道理，窦太后也是哑口无言，便只能憋着一股闷气拂袖而去。

事情过去以后，汉景帝也知道立太子的事不能再拖了，迟则生变！乃于公元前150年四月立胶东王刘彻为大汉新一任太子，其母王夫人为新一任皇后。

至此，此场立储风波才算是真正过去。

同年，汉景帝任命刘舍为御史大夫，顶周亚夫升任后的空缺，任命郅都为中尉，主管京师治安。

那这两个人又是谁呢？汉景帝凭什么给他们这么荣耀的官位呢？

刘舍，原名项舍，为战国时期楚国大将军项燕之后，战神项羽之族弟。项羽败亡以后，刘邦为了笼络人心，赐项氏改姓刘，项舍因此改名为刘舍。

刘舍为人低调，从来不瞎站队，外加上行政能力也不错，便渐渐在朝廷中崭露头角，从一名小官逐渐升任到太仆，至今升为御史大夫。

郅都，河东郡大阳县人，最开始以郎官的身份守卫于汉文帝左右，此人对皇帝极为忠诚，从不拉帮结派，所以被两任皇帝所喜爱。直到汉景帝的时候，郅都被升任为中郎将（皇帝禁卫军的统领之一），由此可见景帝对郅都信任到了什么程度。

并且，郅都甘为景帝之鹰犬，只要是对景帝有利的，不管是什么事他都会去做。

有一次，汉景帝在朝会上和某一位大臣因为一件事发生了争论，可能是讨论得太过激烈，使得这位大臣忘记了自己的身份，竟然隐隐有对汉景帝出言不逊的架势，汉景帝大度，没拿这当回事儿，可郅都不干，只见他抽出短刀便冲那大臣而去，这一举动给汉景帝吓住了，赶紧命人拉住郅都，那大臣吓得满头冷汗，连连向汉景帝道歉。从这以后，只要有郅都在汉景帝身边，就再也没有大臣敢和汉景帝过于激动地讨论事情了。

还有一次，郅都随汉景帝往上林苑中打猎，汉景帝有一个比较宠爱的妃子去如厕，突然从草丛中蹿出一只一人多高的大野猪来。

这野猪径直冲入厕所之中的妃子面前，这妃子被突然的一幕吓蒙了，蹲在原地一动都不敢动。

等在外面的汉景帝见一头大野猪跑到了厕所里面直接急了，便对郅都吼道："赶紧进去救人啊！"

瞬间，郅都脑海之中闪过了很多念头。

首先，现在皇帝的妃子正在如厕，莽撞冲入定是不妥的，哪怕最后将妃子给救出来了，自己的结果也一定好不了。

其次，自己身为中郎将，保护皇帝才是第一要职，如果自己跑去与野猪决斗，野猪跑出来袭击汉景帝怎么办？

基于以上两点，郅都并没有动，而是站在原地保护汉景帝的人身安全。可郅都怎么想的汉景帝并不知情，他还以为郅都反了，所以异常大怒，竟亲自将宝剑取出，要杀到厕所里英雄救美。

一见汉景帝要自己上，郅都一下拦在了汉景帝身前，不让汉景帝有所寸进。汉景帝大怒，用宝剑指着郅都的脖子让他滚开，可郅都没有半点儿惧意，顶着汉景帝的宝剑不卑不亢地道："启禀陛下，皇宫之中的妃子何其多？失去一个还会有一个新的妃子进来，可陛下则不然，整个天下全都在陛下手中运转，一旦陛下发生什么意外，那整个大汉就完了，还请陛下爱惜自己的身体，否则既对不起国家亦对不起太后。"

听了这话，汉景帝本来愤怒的情绪逐渐冷静了下来，便没有鲁莽地杀进去。

而就在这时，那野猪也"哼哼哈哈"地从厕所跑出来逃掉了。

汉景帝待野猪走远之后一路小跑地杀向厕所，只见此妃子蹲在原地不停地哆嗦，除了害怕以外并没有什么损伤，这才放心。

后来，这妃子听说此事以后非但没有怪罪郅都，反倒是赏了郅都很多的金银以表示自己也对汉景帝同样关心。

而这次以后，汉景帝更加器重郅都。

后来，汉景帝着力发展国家经济，可不管什么时代都会有国家蛀虫存在，而在当时的济南就有一个瞷氏宗族。

此宗族在本地有三百来户，并且极为团结，无恶不作，还和朝中的很多大员有关系，所以当时的郡守都奈何不了他们。

汉景帝对此事极为重视，并且也想重用郅都，便让他前往济南担任郡守，想试试他的深浅。

按说一般比较有手腕的新任郡守到任上总要先了解一下本地形势，然后再采取一些其他的策略什么的，可郅都根本就不屑那一套，到任上以后便问郡尉谁是瞷氏的族长，得到郡尉的答复以后便直接领一队兵马跑去瞷氏族长家中，将此族长"一刀两断"。

这个宗族后来非但没有报复，反而从此以后在济南彻底老实。

郅都到济南任郡守以来，分文贿赂不取，一个美女不占，不收发私人信件，公正廉洁，并采用极端暴力的法家之策来管理当地，只要是犯了法，不管是普通老百姓还是当地豪强，抑或是达官显贵，郅都统统依法处治。

所以，在郅都的"酷法"管理下，只短短一年的时间，济南路不拾遗，整个济南的人都对郅都畏惧如虎，甚至其他郡守见到郅都都极为畏惧，像下级见了上级一样。

有人曾经劝郅都道："大人，您这样肆无忌惮地运用酷法，得罪的人实在是太多了，哪怕他们奈何不得您，难道您就不担心您家室的安全吗？"

郅都直接回道："整个天下，我只知道为皇帝陛下尽责，所以别说是我的家室被害死，就算是我被害死又能怎么样？"

这话说得实在是太霸气了！那些本来打算以家室来威胁郅都的势力也只能老老实实地做人了！

而郅都的能力和对汉景帝的忠诚都再次得到了印证，汉景帝乃升郅都为中尉，管理京城治安。

京城，是天下权力的集中地，整个天下最有权力的人全都集中在这个地方，长安城内的关系盘根错节，所以历朝历代的京都都是最不好管理的地方之一。

可郅都呢？哪管你什么关系网，只要你犯法，除了皇帝和皇太后以外我都敢办！

于是，京城的那些官宦子弟被郅都收拾得鬼哭狼嚎，整个京城一时之间成为天下治安最好的城市。那些官宦子弟畏惧郅都如鹰，都称郅都为"苍鹰"。

如此，郅都的大名算是打响了。

可是，有人还真不信那个邪，这人便是当今的丞相大人周亚夫。他非常不喜欢郅都这种酷吏,所以总想在工作上给郅都找麻烦,可无奈郅都全无破绽,不但不收受贿赂,竟然在政绩方面都是天下第一,这让周亚夫怎么陷害他?

然而周亚夫的小动作并没有逃过郅都的苍鹰之眼,正所谓身正不怕影子斜,他郅都没毛病怕什么周亚夫,所以从这以后郅都就和周亚夫对立起来了。

丞相,那是三公之首,是全天下官员的上司,所以只要有官员见了丞相首先就要作揖行礼,而西汉的丞相又是所有朝代的正一品官员中权力最大的,所以这些官员为了讨好丞相,便总是在见到周亚夫的时候一躬到地。

可郅都呢?原来也对周亚夫有些尊敬,可自从他发现周亚夫的心思以后两人就撕破脸了,再见周亚夫的时候只是象征性地冲其两手一碰,甚至看都不看周亚夫一眼便拂袖而去,并且是在众人面前!这让周亚夫颜面尽失。

但周亚夫还是拿他没有办法。

可是,历史总是有转折的,除了皇帝以外,不管是谁都别想在这出大戏上一直唱主角,而郅都的末日很快便要来了,其主要原因便是因为一个人的死,这人就是前太子刘荣。

正所谓帝王之家无亲情,自从刘荣被废以后,经历过七国之乱的汉景帝总是担心在自己百年之后刘荣会造刘彻的反,所以便对刘荣起了杀心,但不管怎么说,刘荣都是自己的亲生儿子,所以汉景帝虽然有杀心,但并没有打算下手,相信只要刘荣从此以后能谨慎做事,老实做人,他还是会安享晚年的。

可刘荣就偏偏要弄出一点儿事儿来寻死。

也许是心中有闷气想要发泄一番,也许是真的不知情,刘荣到了临江国以后竟然侵占宗庙之地来修建自己的王宫。

此举可以算得上是大不敬了,汉景帝闻讯以后大怒,便决计杀了刘荣,乃遣人召刘荣前来长安觐见。

刘荣虽十分害怕,但也依言前往长安了,因为刘荣根本没想到自己的亲爹会对自己下毒手,他本以为到了长安以后被痛骂一顿也就完事儿了,可等到长安以后,汉景帝根本就没有接见他,而是让他直接到中尉府报到。

等刘荣到中尉府以后,郅都二话不说,直接将刘荣扔到了监狱审问。

（注：按照正常的流程，哪怕是审理刘荣也应该是廷尉署，怎么可能轮到中尉府来审理，所以这里面的猫腻一看便知。）

刘荣怎么说也当过太子，再不济现在也是一个诸侯王，怎能忍受如此羞辱？便拒不承认所犯之罪，郅都往死里抽打，更是对刘荣极尽羞辱，给他弄得全身是伤，毫无尊严可言。

刘荣愤怒至极，几乎用尽全身力气对郅都大吼道："你这个酷吏！我是绝对不会向你低头的！你现在给我纸和笔，我有什么罪名自然会向我的父皇禀明，用不着你来审！"

可是郅都呢？根本就没搭理刘荣的请求，依然用无尽的鞭打羞辱他。

后来，郅都政敌周亚夫的朋友魏其侯窦婴见有机可乘，便收买狱卒，将纸和笔偷偷地送到了刘荣手上，刘荣用笔蘸着自己身上的血，写了一篇受辱的信件交给狱卒，然后直接在监狱里自杀了。

而窦婴呢？根本没将此信交给汉景帝，因为他知道，这事儿肯定是汉景帝授意郅都干的，要不然郅都就是有天大的胆子也不敢如此羞辱皇子。

所以，窦婴直接将这封刘荣用鲜血写的"委屈"信交到了窦太后手上。

刘荣不管怎么说都是窦太后的孙子，所以当窦太后得知郅都将自己的孙子硬生生地逼死以后怒不可遏，便打算以最严厉的刑罚处死郅都（具体什么刑罚史料无表）。

可还没等窦太后动手，消息就已经传到了汉景帝耳中，汉景帝大恐。

那汉景帝为什么要惧怕呢？

要知道，郅都是在汉景帝的"授意"下才逼死了刘荣，而且，郅都是汉景帝手中的王牌鹰犬，所以不管于公于私，汉景帝是都要保郅都的。

所以，他直接"罢免"了郅都的官职，谎称已经杀死郅都，实际上是让他在老家暂时躲避，打算等过一段时间，窦太后把郅都忘了再行任用。

果然，一段时间以后，窦太后慢慢从暴怒中平息下来，表面看起来似乎真的把郅都给忘了。于是，汉景帝偷偷起用郅都，让他前往受匈奴寇掠最频繁的雁门郡充当太守。

郅都到了雁门郡以后，功必赏、过必罚。军规极尽严酷，可战士们的军饷从来没有延期和缺少过，这等恩威并重使得雁门戍卒无不拼死效命，以一敌三。

所以自从郅都到任以后，前往雁门寇掠的匈奴骑兵无不被打得灰头土脸。

最后，甚至惊动了王庭的军臣单于，竟让他亲自过问雁门守将为何人。

为了让士兵们增加对郅都的仇恨，以此提升他们的战斗力，军臣单于便命三军练习骑射的时候将靶子粘上郅都的画像。

可让军臣单于崩溃的是，那些匈奴骑兵一听草人上面的是雁门太守，一个个吓得腿都有些发软，竟然无法准确地射中靶子。

没错，匈奴人怕郅都就是怕成了这个样子。

所以，一直到郅都死前，匈奴都没敢再次寇掠雁门边境。

4.8 暗杀事件

好了，郅都的事儿就先放一放，为了使叙事更流畅，我有很多这期间的事情都没有叙述，在此补充整理一下。

1. 公元前149年，汉朝局部地区发生了地震，几乎同一时刻，衡山国境内下起了特大雹子，据说最大的雹子直径竟达五十厘米。

接连发生的两起天灾使得灾区百姓苦不堪言，汉景帝及时采取补救措施阻止了事态的进一步恶化。

2. 公元前148年，匈奴右贤王统匈奴骑兵大范围寇掠燕地边境，汉廷无可奈何，只能被动挨打。

为此，汉景帝致信军臣单于，对匈奴此种野蛮行径予以严厉谴责，而匈奴单于呢？呵呵，根本都没理汉景帝，照样寇掠不止。

3. 同年三月，汉景帝认为五马分尸这个刑罚惨无人道，乃将其改为弃市

（就是在街市之中先被老百姓唾弃，然后再杀头）。

4. 同年七月，汉景帝觉得郡守和太守职能几乎一样，没有什么差别，区分着叫还太费事，便罢郡守之称呼，全都归为太守一称。

公元前148年，郅都被起用为雁门太守没过多长时间。

地点：梁国王宫深处。

梁王道："你说什么？袁盎那老东西竟然辞官隐居了？"

羊胜道："确实如此，那袁盎到了楚国以后楚王根本不待见他，袁盎说什么楚王都反着来，皇帝陛下又不召他去长安为官，所以袁盎一怒之下便辞去了官职。不过我听说……"

梁王道："你听说什么？"

羊胜道："我听说陛下一旦有什么解决不了的问题都会派人到乡间去寻他问计，我恐怕过不了多长时间袁盎又会被陛下重新起用了。"

"不行！这绝对不行，袁盎这老东西，要不是他，我早就成为大汉储君了！只要他活在这世界上一天，我就永远都不可能当上储君，死！只有他死了才有希望！公孙诡！"

公孙诡道："在！"

梁王道："羊胜刚才的话你也听到了，你现在马上给我着手调查袁盎每天都干些什么，把点儿给我踩明白了，这事儿必须做到万无一失！"

公孙诡微微一笑道："启禀大王，微臣早就将袁盎每日的举动调查得一清二楚了。"

梁王道："哦？快说！"

公孙诡道："那袁盎自从回家隐居以后，每天都和老百姓混在一起斗鸡走狗，一点儿都没有曾经当过大官的架子，本地的老百姓对他称赞有加。微臣认为，这都是他提高自己名望的手段，最终目的还是要借此重回朝廷。还有，他还在家中结交四方宾客，竟然连剧孟都受到了袁盎的热情款待。"

梁王惊异道："剧孟？那不是个黑社会头子吗？袁盎怎么会结交这样的人？"

公孙诡道："当然是为了提高声望，剧孟虽然是黑社会，但在民间声望也是不错的，做了很多劫富济贫的好事，人脉也很广，所以袁盎此举不但没拉低自己的身份，反倒使得民间对他的评价更好了。"

梁王道："哟，这可不行，不能再等了！羊胜、公孙诡！"

"在！（齐声）"

梁王道："本王现在就命你们寻找武艺高强的刺客去刺杀袁盎，一定要在他再次被召回朝廷以前杀了他！"

"是！"

梁王道："不行！一个人不够，你们两个给我多派几批刺客过去！务必将此事办妥！"

"是！"

就这样，首个刺客来到了袁盎的家乡。

袁盎的死期到了吗？暂时还没有。

按说一般的刺客直接杀了目标领取赏金也就行了，可这名刺客乃是个奇人，他每每杀一个人总要先在当地了解这个人的品质，如果要杀的是一个好人，那这刺客是决然不会动手的。

巧的是，袁盎在当地百姓中的声望还真是相当不错。所以，这刺客非但没有暗杀袁盎，反倒是找到袁盎，并和他道："先生，我本是梁王派来刺杀您的刺客，可您是一个有修养有文化的人，我不忍心杀害国家栋梁，可梁王现如今已经派了十多批刺客前来杀您，还请您多多戒备！"

说罢，此刺客转身便走。

听了这话，袁盎的心情非常不好，再加上最近家里经常出现奇怪的事情，袁盎便往当地最有名的占卜师棓先生处占卜吉凶。

最后占卜的是什么史料并没有详细表述，但袁盎从棓先生家里出来的时候却是满面愁容，料想也没什么好的结果，估计是想回去以后怎么多加防备了，可梁王刺客来得何其快，第一个刺客刚刚离开没多久，第二个刺客便已经埋伏在安陵城门外了。

那天，袁盎走在回家的路上，可就在路过安陵门的时候，突然感觉身体里一凉，然后就见一把匕首深深地插进了自己的身体。

结果，曾经为汉文帝身边红人的袁盎就此命丧黄泉，时年五十岁。

这还不算，当初随袁盎共同反对立梁王为储的大臣们也皆被梁王派出的刺客所暗杀，竟达十余人之多。

此次暗杀事件使得朝野震惊，一看就知道是梁王干的。而经过了七国之乱，现天下诸侯全都消停地过日子，没有一个人敢再次反对汉景帝的统治。

所以，梁王的利用价值也就没有了，再加上他的存在始终对太子刘彻是一种威胁，并且这个威胁不管是现在还是自己百年之后都存在。

于是，汉景帝对梁王动手了。

他先是派出无数密探前往梁国境内，秘密抓捕刺客，并严刑拷打。

那些刺客禁不住酷刑，乃将羊胜和公孙诡的身份如实托出，而羊胜和公孙诡都是梁王的心腹谋臣，这还有什么可说的？汉景帝便派田叔携京城官吏往梁国抓人。

可消息提前泄露，公孙诡和羊胜便窝藏于梁王宫中不肯出来。

结果，田叔搜遍了梁国也没能找出公孙诡和羊胜，而现在差的只有梁王宫没有搜查而已。

田叔多次暗示梁王，希望他能将此二人交出来，可梁王都没有任何动静，双方便陷入了一种僵持的状态。

可就在这时候，此种状态被人打破，那人便是韩安国。

韩安国，字长孺，梁国成安县人，后搬到了梁国都睢阳，意图谋个一官半职，因为韩安国精通《韩非子》和各种兵法，所以很快被梁王任用。

七国之乱时，韩安国虽在野外作战时败给了吴楚联军，可当时双方兵力差距很大，非战之罪，毕竟项羽此等战神千百年都难出一个。再加上之后的守城战中韩安国指挥得当，为睢阳能够成功守住立下了汗马功劳，所以名声也就在梁国境内慢慢起来了，甚至都受到了朝廷的注意。

后来，七国之乱平定，梁王也没那么高的利用价值了，可他却依然以平定七国之乱首功之臣而自居，什么排场都和汉景帝相比，甚至有过之而无不及。

汉景帝听闻此事以后很生气，便不见梁王的使者，甚至连一向骄纵梁王的窦太后也埋怨梁王的无礼，从而不接见梁王的使者。

梁王听闻此事以后非常害怕，便降低了自己出行的规格，并派韩安国前往长安为自己辩解。

聪明的韩安国到达长安以后并没有直接拜见汉景帝和窦太后，而是找到了可以在后宫和皇帝之间自由穿梭的长公主为梁王求情。

他再一次向长公主歌颂了梁王抵挡吴楚联军的功劳，并为梁王辩解，称梁王的父亲是皇帝，哥哥是皇帝，母亲曾经是皇后，现在是皇太后，所以从小到大都习惯了高等规格，并没有任何其他的想法，如今梁王听闻因为此事让陛下和太后生气，便日夜在国中痛哭，并将自己的规格降低为诸侯，如今梁王都已经这样做了，难道还不值得陛下和太后原谅吗？

说完了，韩安国还给长公主送了很多的金银财宝以示梁王的"诚意"。

长公主收了钱自然办事，于是将韩安国的原话添油加醋地报告给了汉景帝和窦太后，使得两人原谅了梁王。

而从这以后，韩安国更加声名显赫，其名甚至都烙印在汉景帝和窦太后心中。

可就在韩安国一帆风顺的时候，不知道他犯了什么罪（史料无载），却被打入大牢。但韩安国没有心灰意冷，因为他知道，梁王根本离不开他。可当时监狱里有一个叫田甲的狱吏，有可能是心理变态吧，他最喜欢的便是羞辱那些曾经为大官的罪犯，所以对韩安国极尽羞辱。

韩安国也不生气，只是冷笑着对田甲道："小子，你就不怕我东山再起吗？"

听了这话，田甲猖狂大笑："你看看你现在这个德行！就凭你还能东山再起？我告诉你！哪怕是你真有一天能东山再起，我也能给你灭了！"

而结果呢？过了没多长时间，梁王果然把韩安国给弄出来了，并任命他为睢阳内史，俸两千石。

这一任命直接把田甲吓怕了，立马弃官逃亡。

可韩安国却放出话来，让这田甲赶紧回来，要不然就灭了他的全族。

田甲无奈只能硬着头皮回来了。

当天，他袒胸露背地跪在韩安国面前，哆哆嗦嗦一句话也不敢说。韩安国笑着道："我现在已经东山再起了，来吧，你出来灭了我。"

听了这话，田甲更是吓得魂不附体，一个劲儿地给韩安国磕头求饶，韩安国冷笑着对田甲道："行了，像你这种小人值得我动手吗？记住，凡事留一线，日后好相见，做人做事不要太绝，滚吧。"

就这样，田甲捡回了一条命，而此事也成了民间的一段佳话，韩安国的胸襟更是得到百姓的称赞。

我们书接上文，话说韩安国得知梁王与田叔"僵持"以后大为惊恐，也料定羊胜和公孙诡必在梁王宫躲藏，便赶紧跑去面见梁王，一见面便哭得稀里哗啦。

梁王纳闷儿地问："长孺？哎，长孺你哭什么？你有事儿说呗！"

韩安国一边抹眼泪一边哽咽道："大王！臣虽非忠良，但也知道君辱臣死之说，大王因为没有好的臣子才会陷入如今这种被逼迫的事态，现在大王既然捉不到羊胜和公孙诡，肯定就会继续受辱，那就让臣以死来向大王表示忠诚和气节吧！"

说罢，直接抽出短刀便要自尽。

梁王见韩安国要自杀，赶紧拦住，并着急地道："长孺你这是干什么？有话好好说！"

韩安国哭着道："大王您觉得您和陛下的关系与高祖与其父还有现今陛下与临江王（刘荣）的关系如何？"

梁王想都没想便道："肯定是不如他们。"

韩安国道："这就对了，太上皇、临江王与高祖和当今皇上都是父子关系，但是当初高祖曾说，'拿着三尺宝剑夺得天下的人是老子！'所以太上皇从始至终都没有过问过政事，只老老实实居住在皇宫之中。临江王是陛下的庶长子，却因栗姬的一句错言被废去太子之位，进而酿成杀身之祸。这都是为什么呢？因为身在帝王家总是要以天下安定为第一位的。现在大王因为听信奸臣之言而犯下了大错，大王是不是担心陛下会因为这件事情杀了您？"

梁王沉默。

韩安国道："大王这样想就错了，恕臣直言，您绝不会死，因为在您身后有太后给您撑腰，现在太后因为这件事情终日痛哭，陛下也是无可奈何，所以哪怕是为了太后，陛下也绝对不会杀掉大王，可一旦太后有什么三长两短的，大王觉得您的下场会怎么样呢？不如趁着太后还健康，赶紧将此事了结，迟则生变啊！"

一听这话，梁王一激灵，便让公孙诡和羊胜自杀，并将此二人的人头献给了田叔，谎称是在田间抓住了二人，并直接斩杀，为袁盎等忠于大汉的官员报仇。

田叔也没说什么，提着人头就回去复命了。

汉景帝见到田叔以后急切地问："怎么样？主谋是不是刘武那小子？"

田叔道："从种种情况来看，主谋定是梁王无疑，不过……"

汉景帝道："不过什么？你说！"

田叔道："不过陛下就不要再追究这个事儿了。"

汉景帝道："为什么？"

田叔道："因为如果继续追查下去，梁王的罪行就会公布于众，那时候哪怕是陛下您想保他，满朝文武也是绝不答应的，而太后失去了自己心爱的儿子必会肝肠寸断，那时候，陛下难道就可以心安理得了吗？"

汉景帝沉默了一会儿，最后无奈叹息一声便让田叔下去了。

之后，汉景帝亲自找到了窦太后。

此时的窦太后已经连续好几天都没吃好饭了，再加上连续失眠，使得老太太整个人状态很差。汉景帝也是心疼老娘，便和窦太后道："母亲，杀死袁盎以及十余位朝中大臣的事已经查明白了。"

听了这话，窦太后整个人愣住了，然后急切地问："调查结果怎么样？你快说！你的弟弟和这件事到底有没有关系？"

汉景帝道："母亲请放心，刺杀的事情梁王并不知情，这都是羊胜和公孙诡干的好事，您的儿子很安全。"

这话一说，窦太后才算是真的安心，从此恢复了正常的饮食与睡眠。

又过了一段时间，韩安国见朝廷没有继续深究梁王的意思，便面见梁王谋划道："大王，这次的劫难看来是成功过去了，可臣希望大王不要就此安心，应该马上前往长安向陛下和太后认罪，并且大王记住，在进入长安以前，你一定要偷偷脱离车队，只带几人潜入长安，然后躲藏在长公主家中，等过一段时间以后再与陛下和太后见面。"

梁王道："这是为何？"

韩安国："现在陛下虽然口头上原谅了您，可心里一定还会非常怨恨，大王如果这样去长安的话，陛下虽然不会杀您，但效果肯定不好，可如果您在到长安之前假装失踪，那太后必然惊恐！而一旦太后惊恐，陛下也肯定会担心您的安危，到时候您再出去的话，必会有奇效！"

梁王纳其言，乃于车队入关的那天晚上偷偷带两名骑兵潜入长公主家躲藏了起来。

梁王就这样失踪了。

果然，当听闻梁王失踪以后，窦太后都急疯了，料想绝对是凶多吉少，而唯一想杀并能杀梁王的还能是谁？肯定是汉景帝了。

于是窦太后哭得稀里哗啦，每天都在后宫中声嘶力竭："皇上杀了我的儿子！皇上杀了我的儿子！"

这话传到了汉景帝的耳中使他又是伤心又是惊恐，便调动许多京城南北军地毯式搜索关中地区，活要见人死要见尸。

见此，长公主赶紧和梁王说明现在的情况，并嘱咐梁王赶紧现身，要不然事情就真的闹大了。

于是，梁王穿戴一身刑具来到了皇宫门前。

果然，当听说梁王重新出现以后窦太后和汉景帝都高兴坏了，三人在宫外相拥而泣，从此恢复了手足之情，汉景帝算是原谅了梁王。

可从此以后，为了国家社稷，汉景帝始终疏远梁王，两人再也没有同坐过一辆马车，正所谓帝王之家无亲情，古人所言诚不欺我。

4.9　周亚夫之死

梁王刘武终于是保住了一条性命，可现在汉朝的当朝丞相周亚夫却在公元前147年走下了历史的神坛，这是为什么呢？请让我将时间往前稍稍挪个几年。

话说周亚夫自从阻挠汉景帝废太子刘荣以后，二人之间便出现了裂痕，景帝升周亚夫为汉朝丞相，明面上是升他的官，可实际上却是想找机会除掉他，而周亚夫呢？完全不知自己潜在的危机，依然嚣张无度，屡次与皇帝和太后的思想背道而驰。

王夫人刚当上皇后的时候，窦太后认为王皇后本来也没几个亲戚，便想封其兄王信为侯，给这个新上来的"后宫之主"一个"甜枣"，以结善缘。

可周亚夫却对此事极为反对，和汉景帝叫嚣道："当初高祖曾有言，'非刘姓不能封王，非有大功者不能封侯，谁要是不遵从这个条法就要受天下所讨伐'。那王信虽然是皇后的哥哥，可从没立过什么功劳，如果立他为侯的话，那就等于是藐视高祖，所以臣绝不认同。"

这话说得诚然可笑，想刘邦驾崩以后，无功而封王侯者数不胜数，他周亚夫为什么别人不说偏偏找王信的碴儿呢？说到底还不是因为对景帝废太子的事情而表达不满吗？况且，历代皇帝最讨厌的是什么？那就是拿前人的条文来制约现在的皇帝，所以汉景帝对周亚夫所言相当不爽，但人家都把高祖给搬出来了你还能怎么办？所以汉景帝也没有作声，王信也没成功封为侯爵。

周亚夫一句话得罪了朝中三个最有权的人（窦太后、汉景帝、王皇后）。

直到公元前147年，突然有一天，匈奴某王徐卢率五个匈奴重量级人物降汉（具体降汉原因史无记载，不过一说是发动政变失败，进而逃亡汉朝），汉景帝听闻后大悦，打算将此五人全部封为侯爵！

这么做有很多的好处。

首先，可以以此为榜样吸引更多的匈奴实权人物前来投奔汉朝，从而瓦解匈奴集团的内部统一。

其次，这五人都是匈奴的实权派人物，他们不但熟悉匈奴的大小内情，还熟悉匈奴境内的地形。如果给这五个人荣华富贵，那么他们就会为汉廷尽忠，进而使汉廷彻底了解匈奴的人口、风俗、财政、战斗方式、训练方式、军事布防，甚至会得到一份详尽的匈奴地图，这无不为以后主动讨伐匈奴提供了作战的基础。

可周亚夫竟然和汉景帝说："陛下，这些人全都是背叛自己主子的贼人，如果陛下封他们为侯的话，日后还拿什么去批判那些不尽臣节的人呢？"

多么狭隘，多么无知，这种人怎么配做丞相。所以汉景帝都懒得和周亚夫解释了，直接一句"丞相的话我不能采纳"，就把周亚夫给驳回去了。

而对于汉景帝的做法，周亚夫非常愤怒，便从这以后开始称病不朝，并向汉景帝辞职。

而汉景帝呢，当然批准了他的辞呈。

可过了一段时间以后，汉景帝又开始怀念起了周亚夫，因为周亚夫有很高明的军事才能，汉朝现在缺的就是这等顶级将领。

于是，汉景帝给了周亚夫一个考验，想看看已经蹲在家里有一段时间的周亚夫有没有什么长进。

一天，汉景帝在宫中设宴招待周亚夫，放在他面前一大块肉，可却没有食肉的刀具和筷子。

这无疑是汉景帝不想给周亚夫筷子。

那汉景帝又为什么这样做呢？因为汉景帝想看到周亚夫用手将这块肉吃完。想看看周亚夫学没学会隐忍。

可之后的事情让汉景帝大失所望。

那周亚夫看到自己的盘子里没有任何餐具，便大声质问侍者，并让他赶紧去给自己拿取餐具。

就在这时，本来还微笑的汉景帝却突然晴转多云，阴冷地看着周亚夫道：

"怎么？难道这还不能让你满足吗？你还想要什么？"

这话说完，周亚夫吓了一大跳，赶紧给汉景帝跪下道歉。

见周亚夫态度还算不错，汉景帝便让其起身。

可让人惊呆的一幕出现了，汉景帝只是让周亚夫起身，可那周亚夫起身以后不等汉景帝再说什么便径直走了，很显然是怨恨汉景帝让他受辱。

见此，汉景帝冷冷一笑，和左右说："看看他是什么德行，就这种人也配在朝中做官？也配做国君的左右手？"

可以这么说，从这天开始，周亚夫就算是彻底结束了他的官场生涯。

可周亚夫如果以后老老实实做人，他这一辈子也会以一个富家翁的身份终老。可周亚夫并没有。

话说自从那次吃肉事件以后，周亚夫也知道汉景帝以后是不可能再用他了，所以每日心情都不怎么好，久而久之便积郁成疾。他的儿子怕周亚夫有什么意外，便问周亚夫百年之后想要什么陪葬。

因为周亚夫半辈子都是在军队中度过的，自己这一生最大的荣耀也是军队给他的，所以周亚夫就让自己的儿子准备五百具皇家甲胄作为陪葬。

"儿子周"也挺孝顺，得到父亲命令以后便马上和宫中有关单位官员联系，购买了五百具甲胄，并雇用了一些工人来搬运这些甲胄。

可结果呢，老周家在长安城内横行霸道惯了，"儿子周"竟然不打算给这些雇工工钱。

结果，满怀怨恨的雇工头便去朝廷告发了周亚夫（因为周亚夫是私自"购买"的朝廷用具，严格来说是犯法的）。

汉景帝得知此事以后并没有多生气，毕竟五百具甲胄也不是什么大事儿，可该问的还是要问，便找了一名官员前往询问周亚夫要这些甲胄的具体用途。

只要周亚夫照实说了，汉景帝定不会怪罪他。

可这莽夫直到现在还生汉景帝的气，所以对汉景帝的"质问"根本就不予回答。

于是，汉景帝真的怒了，拍着桌子怒骂道："好个周亚夫！你不是不说吗？好！没有供词我也一样可以办你！廷尉！"

"臣在！"

"关于周亚夫私购甲胄一事证据确凿，不容抵赖，现命你亲自查处此案，一定给我秉公处理，不能有一点儿徇私，你懂我的意思吗？"

廷尉道："懂，臣这就去办。"

就这样，廷尉亲自带大兵前往周亚夫府中。

见廷尉亲自出马，并且气势汹汹，周亚夫感觉这次好像是捅了娄子，便小心翼翼地问："廷尉大人所来何事？"

廷尉根本不和周亚夫答话，只是厉声道："侯爷你是想造反吧？"

周亚夫一听这话，心里没来由的就是一个哆嗦，赶紧道："我买这些甲胄是陪葬用的，怎么能因此说我谋反呢？"

真乃"欲加之罪，何患无辞"，按说周亚夫说出这话也就能将他的嫌疑给解了，可谁知道就在这时候，此廷尉说出了一句千古无双的话，直接给周亚夫说崩溃了。

只见廷尉冷笑道："哼！你哪怕不是在地上造反，也一定是想死了以后在地下造反！不管活着造反还是死了以后造反那都是造反！我看你还是跟我回廷尉署吧！"

一听这话，周亚夫明白了，一个"小小"的廷尉怎么可能如此肆无忌惮地诬陷他，这一定是汉景帝在后面授意才给了此廷尉如此大的依仗。

想明白了这些，周亚夫再无生意，便直接抽出短剑打算自杀了事。

可就在这时，他的夫人疯了一般冲了过来，死死地拉着周亚夫，"夫君！陛下现在只是一时之气，等过一段时间陛下冷静了，你一定会重见天日的，还请夫君不要自寻短见！"

周亚夫觉得夫人之话有些道理，便长叹一声，和廷尉回廷尉署了。

可周亚夫这次想错了，因为他数次和汉景帝作对，使得汉景帝已经对他彻底失望，而纵观汉景帝的一生，他是轻易不杀人，可一旦决定杀一个人，那是绝不会改变的。

所以，一到廷尉署，负责审讯的官员便用尽了酷刑折磨周亚夫，为的就是从周亚夫口中逼出"谋反"的口供。

可周亚夫就是被打死也决不承认谋反，那不但给自己抹黑，同样给九泉之下的老爹抹黑，可他又不甘心继续受辱，所以，周亚夫从进入廷尉署那天开始便拒绝食用一切食物，终于在第五天的时候绝食而亡。

周亚夫，西汉的一代名将，就此命丧黄泉。

4.10 政治过渡（2）

好了，周亚夫死了，让我们看看这之前和之后汉廷都发生了什么事吧。

公元前147年十一月，汉景帝废除各封国御史大夫的官职，使得中央御史大夫更加尊贵，同时也提升了国相的权力，让他能更好地制衡诸侯王。

同年四月，汉廷发生大型旱灾，全国各地受旱灾影响，粮食产量急速下滑，针对此，汉景帝发布诏书，命全天下民众禁止酿酒，将所有的粮食都节省下来。

同年五月，汉景帝升御史大夫刘舍为丞相，顶周亚夫之空缺。

卫绾则升为御史大夫，顶刘舍之缺。

卫绾，代国大陵县人，车技极为出众，不管是战车还是皇家马车他都能驾驭如飞，而汉文帝的业余爱好是什么大家也都知道，所以卫绾便被汉文帝提拔为郎，时刻跟随其左右。

后来，又因为卫绾总能带给汉文帝刺激，汉文帝便升其为中郎将。

卫绾为人大大咧咧，没有半点儿野心，并且极好饮酒，当时还是太子的刘启为了巩固自己的位置，经常讨好汉文帝身边的红人（当时刘揖并未死），卫绾当然也不例外。

然而，卫绾虽然没有什么野心，但也深知保命之道，知道当时汉文帝最喜欢的是刘揖，所以没敢和刘启深交。

以至于刘启请卫绾喝酒，好几次卫绾都托病没去，使得刘启对其非常怨恨。

后来，汉文帝不行了，特别在临终之前交代汉景帝，让他善待卫绾，并反复说明卫绾是个实诚人，根本就没有什么心机。

汉景帝答应了，所以继位以后并没动卫绾，也没有管他，一年之内都没见卫绾一次。

而卫绾呢，也知道汉景帝实际上是个心狠手辣的人，而自己当初得罪过他，所以做事兢兢业业，极为谨慎，不敢有半分差池。

后来，汉景帝在一次打猎的过程中想起了卫绾，便让他为自己驾车。

驾车途中，汉景帝微笑着问卫绾："知道我为什么要让你驾车吗？"

卫绾心知肚明，可表面上却装糊涂道："因为臣在驾乘方面有些虚名，所以受陛下宠爱，让臣为陛下驾车，这真是臣的荣耀。"

听了这话，汉景帝一怔，然后哈哈一笑，本来有些阴冷的表情也逐渐阳光了起来，紧接着又变得有些严肃，故作生气地问："嗯！你知道就好，那我问你，当初我还是太子的时候曾数次请你喝酒，你为什么没来？"

卫绾哪敢说实话，诚惶诚恐地道："这、这可真是罪大恶极，可不巧的是，那时候臣是真的生病了，还请陛下恕罪。"

看着卫绾在地上哆哆嗦嗦的样子，汉景帝的"复仇心理"得到了极大的满足，这才真正地"赦免"了卫绾，并让他好好为自己驾车。

像当初给汉文帝驾车那样，卫绾哪敢不尽力，简直把吃奶的劲儿都使出来了，皇车让卫绾驾得如同飞起一般。

之后，享受了卫绾车技的汉景帝对卫绾赞不绝口，竟要赏赐卫绾六把自己的佩剑。

在当时，皇帝赏赐的佩剑是能卖大价钱的，所以汉景帝这六把剑说是赏卫绾千金也不为过了。

可是卫绾呢，再次跪在地上道："启禀陛下，之前先帝已经赐给了小人一把剑，如今此剑还在家中供奉，实在不敢再接受陛下的赏赐了。"

汉景帝听了此话大为惊奇道："还留着？不能吧，一般的官员都会将皇帝赏赐的御剑给卖了换钱，难道你没卖？"

卫绾道："确实时刻供奉在家中。"

汉景帝道："我不信！你领我去看看！"

就这样，汉景帝屈尊前往卫绾家中，然而一进大堂就见正中摆放的正是汉文帝的佩剑，并且此剑鞘口部微微有了些锈迹，一看就是从来都未拔出来过。

于是，汉景帝感慨地道："什么叫忠臣！什么叫廉正！什么叫实诚！什么叫没有心眼儿！你卫绾就是啊。"

所以从这以后，卫绾被汉景帝所重用，没过多久便升卫绾为河间王刘德（景帝之子）的太傅。

再后来，七国之乱爆发，汉景帝转卫绾为将，等七国之乱平定之后封卫绾为建陵侯。

再之后，汉景帝废除了太子刘荣，立了刘彻为太子，便升卫绾为太子太傅，后又升卫绾为御史大夫。

我们书接上文。

同年九月，汉廷异象连连，先是全国局部地区发生蝗灾，然后有彗星从西北方出现，紧接着又出现日食，使得天下流言四起。

汉景帝带领文武百官亲自前往祭天，这才使得流言逐渐平息。

同年，汉景帝立庶子刘乘为清河王。

公元前146年三月，御史大夫卫绾建议汉景帝，禁止高五尺九寸以上及牙齿还未长平的马出关，以此保护汉朝的军马。

汉景帝准奏。

公元前145年夏，汉景帝立皇子刘舜为常山王。

同年六月，全国多地区发生大水，所淹农田不计其数，汉景帝赶紧祭祀上天，并大赦天下，以绝臣民之口。

同年八月，未央宫东楼发生自燃事件，再结合现在天下很多官员都有徇私舞弊的现象，所以汉景帝大力整顿吏治，使得天下一时之间少了很多腐败之事。

公元前144年十月，梁王刘武进京参见皇太后，因为汉景帝最近的身体不是很好，所以梁王再次生出了想谋得储君的念头，便上奏汉景帝，以陪母亲为名常住长安。

可聪明的汉景帝岂能不知梁王那点儿小心思？所以直接拒绝梁王，并让他即刻返回梁国，并且自从这以后，汉景帝对梁王更加冷淡，好像做什么事儿都要防着梁王。

大概几个月后，有可能是梁王积郁成疾，亦有可能是得了热病，反正他是魂归西天了，死时家中粮米无数，钱好几百万，黄金四十余万斤。

窦太后闻讯哭成了泪人儿，可汉景帝却没有时间难受，他不但没为自己弟弟的死哭泣，反倒是在第一时间将梁国拆成五个国家，并立梁王的五个儿子分别为王，意图彻底削弱梁国的实力。（注：梁王刘买、济川王刘明、济东王刘彭离、山阳王刘定、济阴王刘不识。）

我们继续书接上文，同年十一月，汉景帝改廷尉名称为大理，改少府为大匠，奉常为太常，典客为大行令。

同年十二月，因为现在天下假币横行，所以汉景帝加大造币监督力度，并且只要抓住有制造假币的，直接弃市。

同年四月，距离汉文帝时期的以笞代肉已经过去整整二十三年了，在这二十三年中，因为笞刑而致死的罪犯不计其数，天下人对这种看似文明实则要命的刑罚深恶痛绝。

汉景帝继位以后对这种刑法做出了一定的改善，可依然有不少人死于棍棒之下。所以，汉景帝在本年再一次改善法令。

最早的笞实际上就是一个大粗棒子，那一棒子打下去，基本上就皮开肉绽了，并且在汉文帝时期，全身上下除了脑袋哪里都可以揍，一个人打累了还可以换人，所以很少有犯人能够坚持到三百笞。

针对于此，汉景帝下令，以后用于打人的笞杖必须符合规定，长为五尺，以竹子做成，根部手握之处只能有一寸，前部打人之处必须削成薄半寸的竹片，竹节要全部磨平，打人的时候也不准打其他地方，只能打屁股，并且一个罪犯不管判了多少笞杖，必须由同一个行刑者打完，轮到下一个犯人的时候才能换人行刑。

如此，"打者必死"的笞刑告别了历史的舞台，汉景帝的仁爱之名也传遍了天下。

好了，政事都说完了，我们再来看看身在雁门的郅都吧。

4.11 苍鹰死，宁成上！

话说自从郅都到雁门以后，整个雁门边境军纪肃然，战斗力大增，使得匈奴骑兵竟无一敢犯边境。

久而久之，这郅都就成了军臣单于的一块心病了，一天到晚想的都是怎么除掉郅都。

最后，也不知是谁出的主意（一说中行说），即以汉制汉，用汉人的手来铲除郅都这个心腹之患。

这名献计的人打听出了郅都和汉太后有和解不了的仇怨，便献计军臣单于，让他将郅都的现状以信件的形式交给窦太后。

时间：公元前144年五月。

地点：后宫皇太后处。

啪！一封信件被扔到了汉景帝的胸口，汉景帝赔笑道："娘！到底什么事儿惹得您这么不开心啊？"

窦太后指着汉景帝就骂："你不是说郅都那浑蛋已经被杀死了吗？！那你看看，信上都写了些什么！"

听了这话，汉景帝心中一惊，赶紧拿信观看，这一看之下差点儿没给气死，也不知道是哪个不知死活的把郅都的近况一五一十地全都报告给了窦太后。

汉景帝一时不知该如何对窦太后说，便愣在原地不知如何是好。

窦太后见汉景帝这样子更是气愤，愤怒道："那郅都杀我孙儿，罪大恶极！我必杀他！现在给你两条路选！再不就杀了郅都！再不就杀了你老娘！"

汉景帝辩解道："母亲，郅都是忠臣啊，我要是杀了他会令天下臣子寒心的！"

见汉景帝还要保郅都，窦太后大发雷霆道："忠臣？算了吧！他是忠臣，难道我孙子临江王就不是忠臣了吗？你就给我一句话，到底杀不杀郅都？"

汉景帝无奈道："唉，杀，我杀还不行吗？我现在就着人去雁门逮捕他！"

窦太后冷笑道："呵呵，行了我的皇帝陛下，这事儿就不劳你大驾了，我已经派人把他抓回长安了，你只需要批准就可以了。"

汉景帝气得浑身颤抖，但对窦太后他是真没办法，最后只能忍痛将郅都斩杀，汉景帝手下的苍鹰就这样因窦太后而死。

话说自从郅都离开长安以后，这个全天下最复杂的城市又开始混乱起来，欺凌事件层出不穷，这让汉景帝头痛不已。

可就在郅都死后不久，又一个酷吏上台，彻底肃清了长安的黑势力团伙，使得长安重新焕发生机，这人便是宁成了。

宁成，南阳郡穰县（今河南省邓州市）人，也是从郎官开始接近景帝的。

后来，景帝身边最红的郅都被升为中尉，掌京城治安，宁成也就逐渐替代郅都成为汉景帝身边的红人（据说宁成是在一次打猎中救了汉景帝才被重用），而身为郅都的铁粉，宁成不管做什么都学习郅都的风格，使得汉景帝越看宁成越顺眼，亦调宁成往济南为都尉，走郅都的老路，重用之心一观便知。

再后来，郅都"杀"废太子刘荣，得罪了窦太后，便被汉景帝雪藏，而失去了苍鹰的长安也再次成为犯罪之都。

再之后，苍鹰死，汉景帝感觉宁成在济南应该也历练得差不多了，便让他前来长安做中尉。

宁成自从任中尉以后，完全模仿了当初郅都的高压政策，对长安的那些为非作歹的宗室豪强及外戚集团极尽打压，使得长安又重新回到了当初郅都时期的清明。

4.12 骁将李广

公元前144年六月，也就是郅都被窦太后害死的一个月以后，北方马蹄阵阵，许久没有寇掠雁门的匈奴骑兵集大军攻击雁门，结果雁门在很短的时间内便被匈奴大军攻破。

攻破雁门，匈奴骑兵马不停蹄，在进行了足够的"补充"以后便北上至武泉（今内蒙古自治区呼和浩特市东北）一带寇掠，之后向西南直袭上郡。

匈奴原本的战略方针是靠无与伦比的机动力闪电般寇掠上郡后进一步向南寇掠，等汉廷集结士兵之后再撤退，势必要给汉廷一个难忘的教训。

可当他们兵至上郡以后却被上郡太守李广在误打误撞之下给吓跑了，那这是怎么回事儿呢？李广在之前不是汉文帝的郎卫吗？什么时候成了上郡太守了？

没错，李广之前确实是汉文帝的郎卫，可汉文帝驾崩以后，汉景帝继承了皇位，因为李广的武艺十分高超，外加统率骑兵作战特别有一套，所以汉景帝就任李广为骑郎将，让他统率一支精锐骑兵。

后来，吴王刘濞反，七国之乱爆发，汉景帝便命李广为骁骑都尉跟随周亚夫前往攻打吴楚联军。

李广当时担任周亚夫的骁骑都尉，率领一支骑兵战团立下了很多功劳。

按说，当时汉朝最需要的就是能指挥三军作战的大将，其次便是李广这等擅长率领骑兵奔袭作战的骑将。所以，哪怕是不封侯（封侯的可能性还是有的），金银财宝也必须大大地赏赐。

可是，李广却因为在七国之乱中的英勇表现得到梁王刘武的认同，并且在战后赏给了李广将军印，意思很明显，就是想挖汉景帝的墙脚了。

而李广呢？美滋滋地接受了，大概是想给自己留一条后路吧，抑或不敢得罪梁王。具体什么原因谁知道呢，反正是收了梁王的将军印。

可七国之乱平定以后，梁王还有什么价值呢？不但没有了价值，反而会成为汉景帝的威胁，所以汉景帝对梁王极为警惕。那么李广接受了梁王的赏赐就成了大事了，所以朝廷没对李广有半点儿奖赏。

后来，汉景帝为了让李广远离梁王，同时因为上郡经常被匈奴寇掠，所以便让李广前往上郡任太守之职。

我们书接上文，话说汉景帝千算万算没算到李广到达上郡的第一场战斗便是如此硬仗，所以急遣中贵人（皇帝身边的近臣，具体职能不得而知）前往上郡为监军，协同李广与匈奴作战。

你还别说，这中贵人还真是条汉子，到了上郡以后便主动请缨，想率领一队斥候前往前线探察敌情。

李广也比较喜欢中贵人的为人，便答应了他的请求，给了几十个斥候前往探察。

可就在中贵人率队伍放马驰骋之际，突然看到正前方有三个匈奴人，中贵人二话不说，直接命这几十个斥候攻击此三个匈奴人。

岂料这三个匈奴人毫无惧色，见汉斥候冲他们而来，直接抽出弓箭，然后拉弓，射箭，动作一气呵成，兼换箭速度极快，瞬息之间就射出去三箭。

这些斥候在杀到匈奴人跟前之前便被匈奴人射死了九人。

之后，这三个匈奴人上马便跑。

白白死了九人，但依然占人数优势的中贵人怎能罢休，便率斥候队拼了命地追击。

可就在这时，只见正在前方奔驰的匈奴人突然将身体掉转180度，然后对着斥候队又是砰砰砰的三箭。

又是三人落马而亡。

就这样，匈奴人跑，汉人追，可那三个匈奴人人数始终没变，反而汉军，已经从数十人变成了不到二十人。

直到这时候，中贵人慌了，他感觉事情有些出乎他的意料，便令余下的士兵掉转马头往回走。

可就在这时，正"逃跑"的三个匈奴人也同时掉转马头，不紧不慢地跟着中贵人的部队，中贵人的心中极为畏惧，他感觉自己现在正在被三头饿狼盯着、跟着。

可就在中贵人想着如何应对的时候，又是那令人绝望的拉弓声，紧接着砰砰砰！三声弓箭离弦声再次爆出，又有三名汉斥候死去。

中贵人那紧绷的神经直接炸裂开来，狂吼道："跑！快跑！"

就这样，局势大逆转，汉军玩儿了命地往回狂奔，而这三个匈奴人则悠闲地在其身后跟着，并且时不时地放箭射杀汉军斥候。

看着身边的斥候一个又一个死去，中贵人唰唰地往下掉冷汗，他现在只有一个念头，逃！有多远逃多远，只要能成功逃走，以后就再也不出来作死了。战场太可怕了。

又过了一会儿，十多个人变成了十个……九个……五个……两个……

中贵人玩儿命地逃，他现在什么都不想了，只想逃，并且一边逃，一边胡言乱语。

可就在那三个匈奴人打算再次举起弓箭将剩下的两个汉人全都杀死的时候，突然从前方传来阵阵轰鸣——汉人的援军来了。

看着上千的汉人骑兵，三个匈奴人鄙视地嗤笑一声，便掉转马头走了。

而此时的中贵人好像失心疯一般趴在马背上狂抖，什么都说不出来，直到士兵将中贵人架回大营，中贵人才好了一些。

见到李广以后，中贵人将匈奴人的战力添油加醋地说了一遍，再配上他哆哆嗦嗦的样子，那匈奴人简直成了鬼神，是不可战胜的存在。

一旁的骑兵听着都能感觉到匈奴人的可怕。

见此，李广知道事情可能不妙了，因为这种情绪如果蔓延到全军，那对汉军士气绝对是毁灭性的打击。

所以，李广和中贵人道："照兄弟所说，这三头畜生一定是匈奴的射雕者了，那些射雕者是匈奴的特种兵，匈奴箭术、骑术最高超的人，所以你们在不知根知底的情况下差点被全歼也不是什么丢脸的事儿。"

说完，见中贵人的脸色渐渐平息，便继续道："不知兄弟可有受伤？"

中贵人道："启禀太守，只是受了一点儿擦伤。"

李广道："那中贵人想不想报这一仇？"

一听这话，中贵人吓了一大跳道："不敢了不敢了，李太守，这些匈奴人太厉害了，咱们还是老老实实地守城吧，只有这样才能击退匈奴人。"

李广鄙视地看了一眼中贵人，然后道："你怕什么？你我多日相交，我视你如兄弟一般，兄弟被匈奴人羞辱了，我岂能不给你报仇？实话和你说吧！这些匈奴人在我李广眼里就是土鸡瓦狗！一箭一个的……"

中贵人忙插嘴道："不作死就不会死！我不去！"

李广道："不行！必须去，这样，我带一百心腹骑兵去给你报仇，一百个还不够教训三个匈奴人吗？你怕个啥！"

这话一说，中贵人犹豫了，过后才点了点头道："那，那好吧，我就再试一次，反正就是死了也有你陪我！"

话毕，李广哈哈大笑，遂领中贵人与百余名骑兵前往追击那三个射雕者。

匈奴人是马背上的民族，所以对马极为爱护，再加上射雕者的战马都是匈奴中的宝马，所以这些射雕者对自己战马的待遇和自家儿子也差不了多少了。

之前因为逃跑后又回击汉军，令三匹匈奴战马非常疲惫，所以这三个匈奴人都下了马背，徒步往匈奴军营中前行，为的就是能让战马好好休息，可同时也为李广能追上他们提供了有利的时机。

果然，在过了一会儿以后，匈奴人后面轰隆隆的马蹄声响起，中贵人遥遥望见那三个匈奴人，直接对李广吼道："就是他们！大哥！就是他们！"

此三个匈奴人一见汉军到来，便跳上马背，转身离开，李广用马鞭狠狠地击打了一下马屁股然后一声怒吼道："分！"

命令一下，百名骑兵瞬间向两旁扩散，而此时的中贵人不明就里，还在原地发呆，之后一激灵，赶紧跟在向左右分开的骑兵队后面。

不一会儿，李广与那三个匈奴人越来越近了，而这三个匈奴人见一身显眼盔甲的大将已经与大队人马脱队，便放缓速度抽出弓箭，等待此将军进入射程便给他致命一击。

可就在这时，李广从背后抽出弓箭，然后搭弓满弦，就听"刺啦"一声。

正所谓"行家一出手，就知有没有"，那三个射雕者一听这拉弦的声音便是一激灵，这动静怎么这么刺耳！那岂不是说后面那人的拉力已经在他们之上？

可还没等三个射雕者反应过来！就听"砰"的一声，一支箭矢像炮弹一样穿透了一个匈奴人的胸膛，因为来箭力量太大，竟然将这名匈奴人射于马下。

剩下两名匈奴人大恐，就要回身攻击李广，可李广射速何其快，两名骑兵刚刚回身，又是"砰"的一声，又一名射雕者被射于马下。

剩下那名射雕者也是个勇士，竟抽出马刀直奔李广而来，可还没等冲到李广身前，又是"砰"的一声巨响，紧接着自己的肩膀上就多了一支箭矢，并瞬间丧失了战斗能力。

如此，两死一伤，三个射雕者全被李广所灭。这时候，两侧的骑兵全都合拢了过来，看着被五花大绑的匈奴人，中贵人激动得不能自已，对李广深深一拜道："将军神威！小人闻所未闻，您真是我大汉……"

未等中贵人说完，突然，远处轰鸣阵阵，轰隆隆的马蹄声如同地震一般，紧接着，一个又一个匈奴人出现在李广的视线范围之内，那名受了伤的匈奴射雕者一见本军来了，就要对着他们大喊。

可就在这时，李广抽出短剑就是一下子，噗！这名匈奴射雕者气绝而亡。

这时候，中贵人慌了，对李广道："太，太守，这如何……"

未等中贵人说完，李广直接伸手制止了他，然后一脚踩着那名射雕者的尸体，身体微微弯曲，用胳膊杵着膝盖，戏谑地看着远处的近千名匈奴骑兵。

而刚才李广斩杀射雕者的一幕这些匈奴人也看得非常清楚，估计那射雕者本来要喊的应该是"他们没有多少人，杀了他们"。可这一幕在后来的这些匈奴人眼里则变成了要提醒他们有伏兵，这才在说话之前被李广所斩杀。

于是，双方就这样僵持起来。

又过了一会儿，匈奴方向又传来更巨大的马蹄之声，不用说，数万的匈奴前锋部队也来了。

中贵人早就吓得瘫在一边，李广手下副将也慌忙对李广道："大人，敌人实在是太多了，我们的士兵已经丧失了抵抗的意志，还是赶紧撤退吧。"

李广把手一扬道："非也！我大汉军马不如匈奴马，衣甲装备还要比匈奴人更加笨重，所以逃不出十里便会被匈奴人追上，到时候才是真的死路一条，而我们现在就这点儿人还如此从容，匈奴人就会以为我后方有大批士兵埋伏，进而投鼠忌器。所以，我们不但不能撤退，还要保持从容，慢慢向前移动。"

副将："这……"

李广道："别废话，传我将令，跟着我慢慢向匈奴部队靠近，敢有临阵脱逃者，我手上的弓箭保证他逃不过十步！"

"是！"

就这样，李广带着众人一点一点向匈奴人大部靠近，众人虽然忐忑，但畏惧李广手中之弓也不敢逃脱，中贵人更是悲催，心中流泪道："我说我不来！你非让我来！完了，我今天死定了。"

看着汉军那一百多人慢慢向自己靠近，匈奴统帅更是惊异非常，料定前方一定有汉人的伏兵，可现的问题是汉人到底有多少伏兵，这一百多人为什么如此有恃无恐，长安方面现在到底有没有派出大军前来救援。

要知道，军臣单于给这名统帅的命令是等大汉主力援军一到就马上撤退，这同样也是匈奴对汉作战的历来传统。

可纵观以往汉人的援军速度，没两三个月是不可能前来援救的，可这次为什么如此之快？

然而，就在军臣单于狐疑之时，对面的李广做出一件事，更加印证了他的想法。

他竟然在距离匈奴大部两里的距离内令所有士兵跳下马来，坐在原地休息。

见此，匈奴统帅紧咬牙关，心中确定长安方面十有八九已经派出援兵。

可让他就这么撤退他还不甘心，害怕中了敌人的虚张声势之计，便令一名小将带十几名骑兵探察敌情。可就在这些匈奴人距离李广不足一里的时候，李广突然一声怒吼，然后带领十余名骑兵冲上前去，北方的游牧民族平时最喜欢干的就是这事儿，所以见李广带同样人数的人前来攻击，那小将也来劲了，直接冲上前去。

可就在这些匈奴人抽出骑弓的时候，就听"刺啦"一声，然后"砰"的一下，一支箭矢破空而来，直接穿透了匈奴小将的脖子。

噗！鲜血奔涌如泉，剩下的那些匈奴人见"汉兵"箭术如此凶悍，无不吓得慌忙后退。

而李广呢？见匈奴人撤了，他也率队回到了队伍之中，之后竟然令手下士兵解下马鞍躺在地上睡觉。

匈奴统帅见此眉头紧紧锁住，过后，他的眉头一点一点松开，长叹一声后下令军队撤退回匈奴了。

至于原因主要有两点。

第一，匈奴统帅见李广所部如此嚣张，断定长安方面援军已到。

第二，匈奴人不知道李广的真实身份，以为只是一个普通的士卒，或是一个普通的小将，见他箭术如此卓绝，以为长安方面的汉军都是如此精锐。

综合以上两点，本次匈奴的大规模袭击行动就这样草草结束了。

这之后，李广的胆气和勇猛使其威震天下，匈奴人也因为他的勇猛送给了他"飞将军"的绰号，汉景帝亦对其频繁重用，哪个地方受匈奴人寇掠最严重就派李广到那里任太守。

而匈奴人呢，也很给面子，只要李广来了就马上逃走，绝对不会和他交手，这就使得李广更加名声大振。

4.13　文景之治

匈奴人被李广戏剧性一般地吓跑了，可这同时也让汉景帝对边境更加担忧，更坚定了他主动出击匈奴的决心。

　　而历来主动出击对付匈奴人的战略方法只有两个，那便是大屯田战术和以机动制机动的骑兵互攻战。

　　而大屯田战术消耗的人力物力无数，还不能给匈奴人以毁灭性的打击，所以只有以机动制机动才是真正的对匈战略！

　　汉景帝每当想起战国时代的廉颇率领赵国骑兵屠杀东胡和匈奴人的战绩便止不住热血沸腾，他们靠的是什么？不就是战马的质量和数量吗？

　　而经过汉文帝的马政改革以后，汉朝的战马开始增多，可质量是真的令人担忧。

　　所以，在经过本次匈奴人的入侵以后，汉景帝决定再改马政，不但要增加战马产出的数量，还要大大提高战马的质量。

　　为此，汉景帝下令，命战马产出最多的西北边郡扩大养马范围，并派专人前往教导监督养马，设置三十六马场。

　　此外，汉景帝还拨给朝中的一些重要部门很多资金，让他们兼任养马职责（比如大理署等）。

　　郡县地方汉景帝也不放过，专门在这些地方设置了马丞等官职。

　　为了鼓励天下人更加尽心尽力地饲养马匹，汉景帝还以身作则，在长安设立了天子六厩，并亲自检查养马情况。

　　而在汉景帝的努力促进下，汉朝的战马不管是从质量还是数量上都在稳步提高，这也给以后汉武帝荡平匈奴打下了坚实的基础。

　　公元前143年正月，因为国家冤案逐年增加，汉景帝下令，从此以后如有地方官员难以决断的案子便交给有司审定，如果案子牵扯过大，有人命干系，有司无法决断的，就要移交给大理署判决，争取不冤枉一个好人。

　　同年三月，因为旱灾已经过去多时，所以汉景帝免除了人民不能卖酒的指令。

　　同年五月，汉朝局部地震。

　　七月，发生日食。

　　这接连不断的天灾使得天下人心惶惶，而汉景帝不同于其父汉文帝，再加上他要给自己的太子留下一个好的班底，所以这锅必须有人背，谁背呢？自然是丞相了，所以刘舍就这样被汉景帝罢免。

那换上来的应该是谁呢？按照当时汉景帝的想法，当然是刘彻的老师卫绾才是最好的人选。

可就在这时，身处后宫的窦太后又出来了，她建议汉景帝用窦婴为新任丞相，其主要目的便是提升窦氏家族在长安的势力。

可反过来说，窦婴也确实具备成为丞相的能力，可是气量就完全不具备了。

而也就是因为这个，汉景帝罕见地拒绝了窦太后，而窦太后亦不出意料地生气了，质问汉景帝："你为什么不立窦婴为丞相？他要名望有名望，要能力有能力，难道你是怕你母亲我的家族坐大吗？"

汉景帝道："母亲说的什么话？儿子也知道窦婴的能力，但是身为丞相最重要的是什么？那就是气量！还有能调和阴阳，辅佐皇帝连接天下的胸襟！请问这些窦婴有吗？"

窦太后道："这，不好说没有吧。"

汉景帝道："他当然没有，想当初窦婴在母亲身边为詹士时，只是因为母亲一时冷落便辞官不干了，后来我因为废立太子和他政见不合，他又甩甩袖子不干了，试问这种任性自私、骄傲自满的人怎么能让他担任丞相呢？他能干得好吗？"

这话一说，窦太后也没有了半分脾气，只能从了汉景帝的意，立卫绾为丞相。

而卫绾为丞相以后御史大夫的位置便空了出来，为此人选，汉景帝可谓是煞费苦心，因为景帝此时的身体已经大不如前，小病不断，所以自认为时日无多，而自己百年之后，刘彻的年岁肯定没有多大（现在刘彻十三岁），所以需要老成持重的老实人辅佐才能没有危险地慢慢成长，也不会和丞相发生争权夺势之事（当初汉景帝刚刚继位的时候御史大夫晁错基本上都要给丞相架空了）。

卫绾就不用多说了，那是刘彻的老师，没有问题，而身为副丞相的御史大夫应该选谁呢？

最后，汉景帝选来选去把直不疑选为御史大夫了。

那直不疑又是谁呢？

直不疑，南阳人（今河南省南阳市），同卫绾一样，也是因高超的车技得到汉文帝的喜爱，遂升其为中郎将常随左右。

可与卫绾不同的是，直不疑非常的随遇而安，没有半点儿野心。如果照此下去，直不疑肯定是没有什么出头之日了。

可有一次的金子事件却令直不疑名声大振，也令汉文帝真正地重用直不疑。

话说一次，直不疑同舍的郎官请假回家看望父母，临走的时候误将另一位同舍郎官的钱袋拿走，而被"偷"了钱袋的郎官在没有证据的情况下就说是直不疑偷走了他的钱袋。

可直不疑竟然主动向被"偷"了钱袋的人承认错误。

那直不疑为什么承认错误呢？这其中有两种说法。

第一，直不疑嫌解释也解释不清，就直接认了。

第二，那名拿错钱袋的人和直不疑关系不错，直不疑猜测应该是那人拿走的钱袋，所以替那人背黑锅了。

后来，拿错钱袋的郎官假期结束回来了，便将拿错的钱袋还给了那名郎官。

那郎官收到钱袋以后惭愧得无以复加，不但跑去和直不疑承认错误，还逢人便说直不疑是长者。

因此，直不疑受到汉文帝的喜爱，遂升其为中大夫（掌议论，属郎中令管辖）。

可因为直不疑升迁太快，引得朝中某些人忌妒，便打小报告诋毁直不疑，和汉文帝说直不疑与嫂子私通。

而汉文帝是一个特别注重德行的人，听到这件事以后很不高兴，便将直不疑召到近前问这事儿是不是真的，可直不疑一句话便撇清了盗嫂嫌疑，还狠狠地打了那个告状小人的脸。

他是这么说的："我压根儿就没有兄长，哪来的嫂子？"

后来到汉景帝时期，七国之乱爆发，直不疑也率领一部士兵跟随周亚夫抗击吴楚联军，因为功劳不小再次被升官。再之后就被升为了御史大夫。

我们书接上文。

封了卫绾和直不疑以后，汉景帝终于是给太子刘彻铺了一条大路，他现在唯一希望的就是在死之前都不要再出什么乱子了。

可天不遂人愿，公元前142年3月，匈奴狼再次寇掠大汉，狼爪子直接伸到了雁门。

而此时的雁门守将是谁呢？冯敬。

冯敬，为前朝秦骑将冯无择的儿子，深得父亲真传，很会运用骑兵。秦朝灭亡以后，其父冯无择以骑将的身份跟随魏豹。

后来，魏豹背叛刘邦，刘邦乃命韩信出兵北上攻击魏豹，结果魏豹兵败，冯敬成了汉军的俘虏，进而投降汉军，跟随灌婴、曹参等人征战天下。

等天下大定以后，冯敬弃武从文，希望能在政坛上闯出一番名堂，结果公元前177年，他被汉文帝封为典客，再后来，因为是灌婴的老部下，所以被灌婴提拔为御史大夫。

雁门太守郅都被窦太后害死以后，雁门便成了匈奴时常出没寇掠的地方。当时，朝廷中够资格为雁门太守的人很少，冯敬便是其中之一，再加上其为征战沙场的老将，所以汉景帝便派他前往雁门为太守。

从三公之一的御史大夫下调为太守，冯敬虽心有不满，但还是依言而行了，毕竟皇命不可违。

书接上文，话说冯敬自从为雁门太守以后过得很不开心，总想回到中央任职，可就在这时候，匈奴的狼爪子再次伸到了雁门，冯敬便打算主动出击歼灭匈奴，这样立了大功便很有可能回到长安任职。

于是，冯敬所部在平原之上被匈奴全歼，本人也难以幸免，被匈奴残忍杀害。

冯敬也成了汉匈战争史上汉朝被杀的最高级官员（御史大夫）。

汉景帝听闻冯敬被杀，惧怕匈奴继续深入，急令上郡太守李广领车骑前往增援雁门，而正在雁门苦苦支撑的汉军闻听飞将军李广援军将到，无不拼死抵抗。反观匈奴人，闻听李广将来，竟不战而退，直接吓跑了，你说这都哪跟哪呀？

同年春季，汉朝天下灾祸连连，收成非常不好。汉景帝因此下令，那些富足的人不准用上等谷物喂食马匹，违反者没收马匹。

他还向天下臣民发布诏书，鼓励百姓耕田开荒，并减农民赋税。

这还不止，汉景帝还学习自己的老爹，亲自下田耕地给天下臣民做榜样。

同年五月，汉景帝改有十万钱以上才能当官为四万钱以上（不包括商人）。

（注：主要意图就是避免那些早先家里一穷二白的人当官以后疯狂收受贿赂。）

公元前141年正月，汉景帝再次向天下臣民下令，让百姓多多种田养桑，并增加法律，禁止官员以官方手段征用百姓为他们在山矿中采掘金银，一旦发现便贬为奴隶，绝不姑息。

同年同月某一天，汉景帝如往常一样一边咳嗽一边批阅公文，可就在这时，汉景帝手中的笔停了，他就那样愣愣地坐在原地，看着自己布满鲜血的手。

又过了一会儿，汉景帝默默擦掉了手上的鲜血，没有惊动任何人。

然后，他陷入了长时间的沉思，他想到了窦太后，想到了王皇后，想到了长安的那些公卿大臣和外戚们。

最后，他又想到了太子刘彻。

大概半个时辰以后，汉景帝突然站起道："来人！"

一名小太监赶紧跑来道："陛下有何吩咐？"

汉景帝道："给我紧急通知下去，我要临时召开朝会，命有关人员速来皇宫参会！"

太监道："是！"

就这样，朝中那些大臣不管在家干什么的都紧急穿上官服往皇宫而去。

因为但凡皇帝紧急召开朝会都是有大事发生，上一次是汉文帝召开的临时朝会，结果发动了超庞大军团准备以搏命方式歼灭匈奴老上单于。

于是，朝堂之上，所有的官员都不敢有任何声响，针落可闻。

不一会儿，汉景帝终于发话了："诸位王公大臣，今日朕宣你们入宫觐见只有一件事通知，那就是朕要给太子刘彻举行加冕大典，时间就在三日以后，就这样，散了吧。"

话毕，汉景帝起身就要走，可堂下大臣不干了，他们有的陷入沉思，有的则直接站出来道："陛下不可啊，按我大汉旧例，太子加冠必须要在二十才可，如今太子年仅十六，怎么可以如此仓促便举行加冕大典呢？这简直是视礼法如儿戏，还请陛下三思啊。"

话毕，汉景帝冷冷地看了一眼殿下大臣，然后只说一句便拂袖而去，"我不是在和你们商量，而是通知，仅此而已"。

这如同突击一般的加冕典礼不但给长安的大臣们弄蒙了，就连后宫窦太后都没反应过来。

于是，加冕典礼当天，汉景帝带病主持，这也就是说，哪怕刘彻现在登基，窦太后和王皇后也没有任何权力来弄一出"临朝听政"了。

同年同月，也就是在刘彻加冠典礼几天以后的一个早晨。汉景帝刘启，这名伟大的君王永远地闭上了眼睛，时年四十七岁。

想当初刘邦一统天下以后，整个汉朝生产停歇，物资匮乏，百废待兴。

当时的天子刘邦都坐不上四匹同样毛色皇马拉的车，甚至王侯将相都只能坐牛车，百姓更是毫无积蓄。

可到汉文帝汉景帝的时候，国家官员大部分清正廉洁，百姓则谨慎淳朴，安居乐业，人人自给自足。

那时候，各个郡县的粮仓都堆满了粮食，长安国库满满的金银，根本无法以数来计算。太仓中的粮食满满地挤压在一起，每年都要扔出去好多旧的粮食才能将新的粮食放进去。

那时候，大街小巷随处都能看到百姓骑着高头大马往来穿梭，骑的马是母的或者低劣的都要被人排斥耻笑。

当时的汉朝人真是有钱，每个老百姓都对自己的生活非常满意，谨慎地享受生活而不敢去犯罪。而汉军中的战马无不高大挺拔，汉军的兵器甲胄是当时最锋利坚韧的，而这些，大都是汉文帝和汉景帝的功劳。

所以我们称呼这个成果为"文景之治"。

这之后，年仅十六岁的刘彻上台了，这便是或被传颂千古、或被骂作暴君的汉武帝刘彻了。

一个全新的大汉时代即将开启，一个剑指苍天、四面扩充的大汉时代即将到来。一个集整个西汉之精华的朝代即将来临。

第五章

不怎么威风的汉武初期

5.1　一朝天子一朝臣

公元前141年正月，汉景帝刘启驾崩，闻名千古的汉武帝刘彻正式登上汉皇宝座，是为西汉第七任皇帝。

同年二月，皇太后窦氏正式成为太皇太后，原皇后王夫人成为皇太后。

同年三月，为了增加母亲王太后的势力以便于巩固自己的皇位，汉武帝封王太后同母异父的弟弟田蚡和田胜为列侯。

因为记载田胜的史料特别少，他也没发挥过什么作用，所以不多介绍，咱们主要还是说一下田蚡。

话说自从王夫人生下刘彻以后，汉景帝对其宠爱有加，王夫人便用此天赐良机推荐自己的家人进入长安为郎官，以为自己的后援团，而田蚡大概就是在此时间段进入长安的。

进入长安以后，为了能让刘彻成为太子，田蚡没少给王夫人出主意，等到七国之乱以后，窦大将军的威名响彻朝廷，一时间风头无两，而田蚡呢？为了能让窦婴注意和提拔自己，极尽溜须拍马之能事，好似他是窦家的晚辈一般。

因此，当时朝中的那些士大夫无不鄙视田蚡，可田蚡知道，要脸没有用，只要自己升到一定的位置，当初鄙视自己的人最后都会围到自己身边，所以他依然我行我素。

到汉景帝晚年的时候，因为田蚡把朝廷的那些大员都"拍"得特别舒畅，外加汉景帝也想在死前提升太子一派的势力，乃升田蚡为中大夫。

直到汉景帝驾崩，汉武帝上位，立马封田蚡为武安侯，为自己出谋划策，田蚡一时之间成为汉武帝身边的红人之一。

可此时朝中局势错综复杂，势力最大的还是窦氏一脉，所以田蚡不敢嚣张，而是谨慎做人。据《汉书》所表，他用的门客之前全都是白身，从来没做过什么官，身家可谓清白。田蚡便推荐这些门客成为朝中官员，以慢慢培养自己的势力，由此可见，此时的田蚡有多么谨慎。

公元前140年十月，为汉武帝元年，这个拥有无比雄心的年轻帝王为了向天下展示自己的决心和雄心，乃开创了一个破天荒的"年号"制度。

要知道，年号这种东西在汉武帝以前是没有的，历史学家称呼多少多少年的时候都会说文帝××年或者景帝××年之类的，可自从有了年号，称呼就变得五花八门，比如说什么黄龙××年、大鼎××年等，只要皇帝开心，想要什么年号就要什么年号，并且这种制度传承了两千多年，一直到清朝灭亡。

那汉武帝刚刚登基，又是头一回定年号，他给自己的开始选的年号是"建元"，表示一切的开端。

同年同月，汉武帝广招天下方正、贤良和有一技之长的人，希望能多多收集天下人才，同他一起开创一个新的大汉盛世。

那时候，四方士人都能感觉到这个新任的年轻皇帝是一个想做大事的皇帝，所以一个个全都上书给武帝议论国家大事，虽然大多数人都没被汉武帝看中，但依然有一部分被汉武帝所任命，并在以后的日子里帮了汉武帝许多。

这其中有一个人就凭借自己惊人的反应和幽默的言辞打动了汉武帝，从此步入了仕途，他的名字就是东方朔。

东方朔，字曼倩，平原郡厌次人（今山东省德州市陵城区），听说新任皇帝广纳天下人才，便抱着试一试的心态往长安求官。

可他到长安以后并没有马上拿着自己的治国之策呈上汉武帝，而是住在驿馆，观察着那些成功被录用的和没有被录用的人。尤其是没有被录用的，东方朔还会详细地询问他们给汉武帝呈上的治国之策的内容。

最后，在汉武帝寻找天下贤才即将结束的时候，东方朔将自己原来打算呈上的治国之策撕成碎片，然后换了一封信呈了上去，信里他是这样写的："启禀陛下，草民东方朔从小就失去了父母，是由哥哥和嫂子养大的，可草民天赋异禀，没多长时间就精通了文书和记事，十三岁就能阅览各种典籍，十五岁学会了击剑，十六岁精通了《诗经》和《尚书》，其中背诵了二十二万字，一字不差。并且草民文武双全，十九岁的时候便通读了《孙子兵法》和《吴子兵法》，并且还是背诵了二十二万字，一字不差。草民今年已经二十二岁了，可身高却有九尺三寸（2.07米），眼睛像珍珠那样漂亮，牙齿像编成串的贝壳相连一样整齐洁白。并且，草民的勇猛好像孟贲（战国时秦武王手下三大力士之一），敏捷如庆忌（春秋时期吴王僚的儿子，据说身法极好，出手迅捷，有"草上飞"之称），廉洁如鲍叔（鲍叔牙），守信如尾生（春秋时期有一个叫尾生的老百姓，因为没有女子喜欢，所以一直单身。可有一天，有个女子看上他了，约他在某个时间到桥上一见，结果那天女子把这事儿给忘了，尾生却不肯走，还在傻傻等待，一直到水涨潮把桥淹了他都不肯走，从此尾生便成了守信的代名词）。像我这样的人难道还不够资格做天子的大臣吗？"

东方朔真像"自荐信"描述得那么厉害吗？答案当然是不可能，起码不可能全是真的。那他是为什么呢？难道不知道这叫欺君之罪吗？

他当然知道，但东方朔也知道只要皇帝看到自己这封信就一定会宣他进入皇宫会面，而只要见到皇帝，东方朔就有信心能把皇帝给说服了。

而事实也果如东方朔所料，汉武帝看到东方朔的信以后哈哈大笑，认为这小子是个奇人，便让他前往公车府等待自己的召唤。

可也不知道汉武帝是太忙了，还是洞穿了东方朔的把戏，他竟然一个多月没有召东方朔前去见他，这要是一般人也只能默默等待了，可东方朔毕竟不是一般人，他有他的办法。

那时候，给汉武帝看守皇家马匹的是一些侏儒，而东方朔就将主意打到了他们的身上。

那天，这些侏儒正在马圈里面为汉武帝伺候皇家马匹，就见东方朔大摇大摆地走了过去，在靠近马圈的小木桩子旁停了下来，然后手肘放在木桩子上，用手支着自己的下巴，一边看这些侏儒喂食，一边长吁短叹："唉……唉……唉……"

有个侏儒回过头来看了一眼东方朔，见这人生得异常高大，穿得也还算体面，还以为是朝中大官，所以也没吱声，而是继续喂食皇马。

可没过多一会儿，东方朔又是"唉！"的一声，如此长吁短叹了好一会儿，终于有个侏儒再也忍不住了，走上前去试探地问道："我说这位大人，你在这唉声叹气的干什么呢？"

东方朔道："我不是什么大人，我叫东方朔，只是一个小小的待诏而已。"

一听这话，周围的侏儒都怒了，他们围到了东方朔身旁，吹胡子瞪眼道："那你在我们周围唉声叹气个没完！难道是瞧不起我们这些人吗？"说罢就要动手。

可东方朔一点儿都没有慌张，而是两手一摊，无奈地道："唉，这好人真是当不了，人家是来救你们性命的，可反而被当成了嘲笑你们的坏蛋！何其荒唐！"

这话一说，周围的侏儒全都愣住了，然后他们的领头人整理了一下自己的情绪，对东方朔微微一拜道："这位公子，我们这些人读书少，没什么礼仪，所以刚才的失礼之处还请您不要见怪，我想请问公子，我们这些人每日只是在这里打扫伺候皇马，从来没有得罪过任何人，怎么就有了性命之危了呢？还请公子不吝赐教啊。"

东方朔回道："这事儿本来我也不知道，可前两天我曾听公车府的卫士说，皇帝认为你们这些人对朝廷一点儿用处都没有，让你们耕田你们赶不上其他'正常'人，让你们当官你们又没有本事治理百姓，让你们上战场杀敌更是不可能，所以，皇帝打算杀了你们这些没有什么用还浪费国家粮食的人。"

这些侏儒从小到大没读过什么书，再加上东方朔说的也都是客观事实，所以根本没想到他会骗他们，于是当听到自己即将被汉武帝斩杀的消息以后直接是哭得稀里哗啦。

东方朔一见阴谋得逞，便在这些侏儒哭得正热烈的时候插嘴道："不过……"

一听这两个字，这些侏儒立马止住了哭声，全都望向东方朔，这些侏儒赶紧问道："不过什么？你倒是说呀！"

东方朔道："不过倒不是没有自救之法。"

众侏儒齐声道："什么办法？"

东方朔道："一会儿吧，皇帝陛下要从这条道经过，你们就在皇帝经过的时候拦住他的去路，对皇帝猛磕头求饶，那时候咱皇帝心一软，兴许就放过你们了。"

这话一说，这群侏儒好像找到了救命稻草一般，纷纷感谢东方朔的策略。

过了一会儿，汉武帝的车驾果然从此地路过，那些侏儒见汉武帝果然来了，哗啦一下冲了上去。

那些郎卫吓了一跳，一个个抽刀就要砍人，可就在这时，这些侏儒全都跪在了汉武帝的车驾之前并号啕大哭地向汉武帝请罪，请求汉武帝放他们一条生路，再不济让他们回家也行，就是别杀他们。

汉武帝一听这话就愣了，对这些侏儒道："我什么时候说要杀你们了，这都谁和你们造的谣啊？"

侏儒们一听这话也察觉出不对劲儿，便和汉武帝道："启禀陛下，是一个自称待诏的东方朔对我们说的。"

汉武帝疑惑道："东方朔？哪个东方……啊，我知道了，就是那个吹牛的小子。好小子，胆儿够大的，现在都敢挑战我的权威了。来人！"

"在！"

"去！把那个东方朔给我召到侧殿，我倒要看看他有什么三头六臂！"

"是！"

就这样，东方朔被宫中郎卫"架"到了皇宫侧殿，汉武帝一见东方朔便冷笑一声，然后怒声叱问："东方朔！你好大的胆子，到底是谁给了你这样的胆子来戏弄于朕？你可知道你犯了什么罪？"

龙威！东方朔已经把一头"龙"给激怒了，换个人估计当场就吓得龟缩在地了，可东方朔没有，只见他非常冷静地和汉武帝道："陛下问得对！可有句话臣下要说，哪怕是陛下您杀了我，我也要说。"

汉武帝道："哼！你说！"

东方朔道："陛下！那些侏儒只有三尺多（一米出头）高，陛下给他们的俸禄则是一袋粟和二百四十钱，而臣呢？臣九尺多高，可俸禄也是一袋粟和二百四十钱。结果，那些侏儒饱得要死；可臣呢？臣饿得要死。所以，如果臣再不想出点儿什么办法面见陛下估计就饿死了！如今得见陛下，如果陛下觉得臣能用的话，那就请好好用臣；如果觉得臣不能用的话，那请让臣赶紧走，省得浪费长安的粮食。"

看着东方朔那高大的样子，听着他搞笑的言论，汉武帝被东方朔逗得哈哈大笑，便免去了东方朔的欺君之罪，还让东方朔待诏金马门（待诏金马门和待诏公车府绝对是两个不同的概念，公车府只有一袋粟和二百四十钱的俸禄，可金马门那是专门的高档学士招待处，虽然具体俸禄史无所载，但应该要比公车府多许多），并时常召见东方朔，几乎每次都让东方朔逗得大笑。

好了，我们书接上文。

同月，丞相卫绾建议武帝从此弃用法家和纵横家人物为官，因为不管是法家还是纵横家，那都是乱世才会用到的，而现在汉朝用的是黄老之术，所以国泰民安，再也不需要什么法家和纵横家了，那么，类似商鞅、申不害、韩非、张仪、苏秦这样的人物便成了动乱分子，是扰乱朝廷稳定的存在，必须剔除。

汉武帝认为卫绾的话很有道理，便准其奏，罢免了很多"两派"官员，使得战国时代最火的两种学说逐渐退出汉朝的舞台。

同年（建元元年）二月，汉武帝大赦天下，并下令，只要是年满八十的老人便免去他们的人头税（二百四十九钱），借以收买人心。

同年四月，汉武帝再次下令，命天下只要有人家的老人到了九十岁，这一家的人便免除徭役，并强制他们照顾父母，如果发现不孝，粗鲁对待自己父母的，就等着一辈子当官奴吧。

还记得当初的七国之乱吗？没错，自从七国之乱以后，那些反王们的家人亲属大部分都被强收为官奴，而如今多年已过，该罚的也都罚得差不多了，再加上汉武帝刚刚继位，想要收买人心，所以便于同月赦免那些七国后代，让他们重获自由。

时间飞速流逝，转眼之间两个月就过去了，而丞相卫绾的所作所为也渐渐让汉武帝开始心生不满，进而在同年六月爆发。

汉朝自从曹参为相以来都是遵从黄老无为而治的学说，而卫绾呢，也不例外，同样是黄老学说的忠实支持者。

汉武帝是个闲不住的人，一天到晚想的都是如何有所作为，所以，让一个"守旧派"做"改革者"的丞相完全就是驴唇不对马嘴。

于是，汉武帝全然不顾师生情谊，在同年六月找了个借口罢免了卫绾，并在此时恢复了太尉的官职，以分丞相之权能。

那么这两个空缺要由谁来担任呢？

当然是窦婴和田蚡了。

为什么呢？

田蚡不用说了，那是武帝派系的中坚人物，必须大力提拔。而窦婴呢？别看他是窦氏的中坚人物，但此人心向大汉，一切都以汉朝的利益为核心，所以不管从能力、名望还是性格上，汉武帝都很喜欢窦婴，就更别提升了窦婴还能让窦太皇太后高兴的原因了。

基于此，丞相和太尉必是此二人担任。

可现在问题的关键是到底让谁当丞相呢。

众所周知，丞相为三公之首，众官位最大的存在，也是皇帝的左膀右臂。按道理来说，此位置应该是皇帝最信任的人才能担任，所以在汉武帝心中应该是希望田蚡来当的。可田蚡属于新贵，官位蹿升得太快，如果再升他为丞相，那天下人会怎么看自己？

为此，汉武帝很犯难。

而宫中没有不透风的墙，抑或聪明的田蚡猜出了汉武帝此时的想法，便想争取一下这个丞相之位，可田蚡门客中有一个叫籍福的却在这时对田蚡道："大人莫不是想夺得丞相之位？"

田蚡笑道："嗯！我是有这个想法。"

籍福道："大人万万不可，那魏其侯窦婴在朝中显赫已经太久了，天下无人不认为他就是下任丞相，估计就连他自己也是这样想的吧？而大人您属于新贵，除了皇帝和太后以外在朝中并没有什么根基，如果您这时候将丞相之位夺到手，那就一定会得罪魏其侯，进而导致两方成为死敌，大人觉得您现在是魏其侯的对手吗？"

田蚡眉头紧皱，过了一会儿无奈地道："我现在并不是他的对手。"

籍福道："大人英明，那既然这样，何不做次好事将丞相之位让给魏其侯呢？这样做既能让魏其侯对您感恩戴德，还能让大人您成就贤者的名声，天下谁还敢小看您呢？再者说了，太尉也是三公之一，手掌天下兵权，当初的灌婴不就是通过太尉最后当上的丞相吗？所以，丞相也不见得比太尉尊贵多少，大人，我说得对吗？"

话毕，田蚡哈哈大笑，只一个"善"字。

这之后，田蚡火急火燎地跑去王太后处，向自己的姐姐阐明想法，王太后也很支持田蚡，便给汉武帝传话表明态度。

汉武帝正在为丞相人选而犯愁，一听自己的舅舅觉悟这么高自然高兴，所以没过多久便任命窦婴为丞相，田蚡为太尉。

丞相印下来的那一天，窦婴无比兴奋，几乎将朝中所有的政要都请到了府中。当然了，这其中是肯定有田蚡的了，而田蚡呢？也同样带着籍福前来丞相府赴宴。

籍福现在虽说是田蚡的门客，但此人深谙狡兔三窟之理，便打算给自己留一条后路。

于是，在酒宴结束以后，他告别了田蚡，偷偷地返回了丞相府，并请求面见窦婴。

当时窦婴和田蚡正属于"蜜月期"，所以对田蚡的手下也是极为友好，便同意面见籍福。

大厅之上，窦婴微笑着对籍福道："不知你前来所为何事啊？是不是太尉有什么要你托付我的呢？"

籍福对窦婴微微一拜，然后道："回丞相大人，我家太尉并没有什么要对大人说的，而是小人有几句心里话想禀奏丞相，不知丞相大人是否愿意听取。"

当天窦婴心情极好，所以听籍福这么说也来了兴致，道："哦？是你个人有话要对我说？好吧，但说无妨。"

籍福再次对窦婴一拜，然后道："君候是一个有侠义精神的贤者，所以为官以来都是疾恶如仇，但不管是以前还是现在，恶人的数量总是要多过善人，从前君候不在丞相之位，所以做事可以由着性子肆意而为，但如今君候已坐上群臣之首的大位，所以不管做什么都要给自己留一条后路，尽量将两碗水端平，不管是善人还是恶人都尽量不要得罪，这样才能长久地坐稳相位，不然只怕是会受到无尽诽谤，进而丢掉丞相之位，甚至有可能招来杀身之祸！鄙人所言都是至诚之言，还请君候谨慎考虑。"

话毕，窦婴微微一笑，然后道："好，你说的话我都记住了，谢谢你的忠告。"

可当籍福告辞以后，本来微笑的窦婴却突然换上了一副极为鄙视的表情，道："哼！一个太尉府小小的门客也敢教本相做人，真是不知天高地厚。"

所以根本没拿籍福的劝告当回事儿，依然我行我素。

那窦婴的结果会不会如籍福所说呢？那是后话，我们暂且不提。

5.2　孙子和奶奶的对峙

话说窦婴和田蚡纷纷坐上了三公之位后感情急速升温，再加上两个人都是儒家学说的坚定拥护者，便成了黄金搭档，并上书提拔赵绾为御史大夫，王臧为郎中令，因为这两个人都是当时非常著名的儒生，师从大儒申培公。

因此，当时的朝廷三公清一色全都是儒生，从而也使得朝廷中其他学派的官员开始紧张起来。

同月，窦婴、田蚡等"儒家集团"为了使儒家在朝中彻底占据统治地位，乃建议汉武帝在朝中进行大改革，此改革范围极为广泛，历法、巡守礼仪、外戚管理制度无不包括在内，甚至连朝中的服色都要有所改动。

紧接着，窦婴等"儒家集团"又提出了一个更为嚣张的建议，那便是在整个朝廷中隆推儒术，贬低和打击道家言论，使得以太皇太后为首的黄老集团逐渐在朝中失去向心力。

为此，赵绾和王臧还特别推荐自己的老师，大儒申培公前来长安协助汉武帝隆推儒术。

年轻的汉武帝正是想做一番大事业的时候，所以当然愿意，便派人带上金银玉帛，隆重地请申培公前往长安。

可当申培公到达长安以后却令汉武帝大失所望。

那天，汉武帝端坐于皇宫侧殿之上，右边站的是丞相窦婴，左边站的是太尉田蚡，不一会儿，赵绾和王臧就扶着一个老人走进了侧殿，那老人抬头看了汉武帝一眼就要下跪，汉武帝赶紧道："老人家，您这么大岁数就不要跪了，我们还是进入正题吧。"

听了这话，申培公一怔，然后"哦哦"两声，之后给王臧和赵绾两人一个手势，两人赶紧松开申培公坐到一旁去了。

汉武帝道："申公，现在朕刚刚继承皇位，想要在朝中进行改革，并将儒家放在首位，立于百家之冠，现已开始初步实施，不知接下来还有什么要注意的，还请申公指教。"

话毕，汉武帝微微一欠身，给了申公一个小揖，可等了半天都没见申培公那边有动静，好奇的汉武帝一抬头，好嘛，这老家伙还在那优哉游哉地将着胡子呢。

看到这儿，汉武帝这心里有些不舒服了，于是将声音放大道："申公？申公！"

申培公一激灵："哦，哦？陛下有何事啊？"

汉武帝："你！"

申培公道："这人哪，老了，耳朵不好使了，陛下您刚才说什么？能再说一遍吗？"

无奈，汉武帝只能将刚才所说的话向申培公重新说了一遍，并提高了音量。

申培公微微点头，然后道："嗯，我的建议是少说话，多做事。"

众人："……"

又过了一会儿，见申培公没有反应，汉武帝试探地道："申公？申公？"

"怎么了陛下？"

"没了？"

申培公疑惑地道："什么没了？"

汉武帝道："你的话讲完了？"

"是呀，讲完了。"

"还有没有别的建议？"

"有，还是少说话多做事。"

话毕，汉武帝气得差点破口大骂，可碍于申培公的名望和他是赵绾、王臧老师的身份，便形式上封他为太中大夫，安排他住在鲁王在京城的官邸中，之后再也不曾召见了。

与此同时，后宫太皇太后处，一帮窦氏的外戚们一个个趴在太皇太后面前哭爹喊娘。

窦氏外戚A道："太皇太后啊！窦婴那帮人现在太嚣张了，他们怂恿皇帝陛下独尊儒术，打压诸家学说，这实际上是在打压太皇太后啊，您就不管管吗？"

窦氏外戚B道："还有还有，他们还大肆驱赶我们，让我们回封地去，这是在干什么？不是明摆着要削弱我们的实力吗？"

窦氏外戚C道："还有那宁成，他……"

窦太皇太后道："行了！别一个个啰里啰唆的了，你们想的是什么老身还不明白吗？你们放心吧，一开始便活蹦乱跳的马不是什么好马。记住，越是这时候你们就越要安静，少说话多做事。"

就这样，这些窦氏外戚被窦太皇太后赶出了后宫，可这些外戚们非但没有任何不满，反倒是一个个心里有底了一般。无他，因为太皇太后实在是太从容了。

年末了，窦太皇太后没有动，汉武帝领着一帮"儒家集团"还在里里外外地折腾着，可有一件事不得不提，那就是中尉宁成下狱了。

话说汉景帝驾崩以后，中尉宁成的靠山也就没有了，而他为中尉这段时间的种种作为早就把满朝的外戚都得罪得干干净净，所以汉武帝一登基，不管是窦氏外戚还是王氏外戚都纷纷上奏弹劾宁成，而那时候汉武帝满脑子想的都是儒家文化，最痛恨宁成这种酷吏，便将他锁在监狱里，剃去他的头发，让他服役五年。

而宁成呢？没有选择老老实实地服役，而是果断越狱而逃，因为他知道，哪怕是越狱也没有关系，因为汉朝经常大赦天下（刘邦九次，惠帝一次，吕后三次，文帝四次，景帝五次），所以不用多长时间便可以无罪释放。

而宁成越狱回乡以后当起了地主，他靠着租田和高利贷的勾当迅速发家致富。

后来，汉武帝大赦天下，宁成果然消除了罪责，可等到那时候，宁成已经累积了几千万金的财富，并且广收四方亡命之徒为打手，俨然成了南阳一恶霸，这还不算，宁成还将大把大把的金钱和美女往南阳太守家里推，趁机掌握了太守成堆的罪证，太守从此便当起了宁成的保护伞。

书接上文。

时间飞逝，一年很快便过去了。

公元前139年十月，刘彻的"小集团"终于和太皇太后势力正面交手了。

当时，因为汉武帝年龄还没到二十岁，所以哪怕是加冕了，有些重大的事情也要去太皇太后那里得到批准才能实施。这就钳制了"儒家集团"的手脚。

于是，赵绾建议汉武帝以后再有事不要再去向太皇太后报告，可以自行裁决（一说此事真正的主谋是汉武帝，这其实就是他自导自演的一出夺权戏码）。

然而，这一裁决完全触及了太皇太后的底线，一天，汉武帝正在和他的"儒家集团"议事，可就在这时，太皇太后直接闯了进来，汉武帝见太皇太后今日的气场立刻紧张起来，他赶紧走过去，满脸堆笑地道："奶奶，什么风把您老人家给吹来了？您有事儿知会一声，孙儿自会前去拜见。"

闻言，太皇太后冷笑一声，将一个竹简递给了汉武帝（窦太皇太后手下有一个相当精锐的情报团队，此团队专门为窦太皇太后收集朝廷大臣的各种罪证，以便窦太皇太后对其进行打压钳制），然后道："这就是你所谓的国家栋梁？这就是你所谓的忠臣？我看不过是第二个新垣平罢了。"

看着竹简上的这些罪行，又回头看了看赵绾和王臧，汉武帝这冷汗哗哗地往下流，于是赶紧给太皇太后一拜，急忙道："奶奶！我看……"

窦太皇太后直接打断了汉武帝的话："你看什么？你有什么可看的？我看陛下你所任命的这些官员都不怎么合格，如果汉朝继续在他们手下被拨弄，过不了多久便会垮掉！所以，这事儿你就不要再管了，交给老身就可以了。"

话毕，窦太皇太后拂袖而去，只留下瘫坐在地上、两眼发直的汉武帝。

当天，御史大夫赵绾和郎中令王臧都被下狱，他们不堪受辱，全都选择自杀，丞相窦婴和太尉田蚡亦被太皇太后罢免，赋闲在家，而老奸巨猾的申培公呢？因为根本就没参与"儒家集团"什么事儿，所以得以全身而退。

就这样，汉武帝辛辛苦苦建立的羽翼被窦太皇太后"咔嚓咔嚓"给剪得一干二净，直到这时候，汉武帝才明白申培公"少说话，多做事"的真正含义。

讲到这儿，有人大概会问："汉武帝不是加冕了吗？怎么窦太皇太后还能拨弄政治，废除三公呢？她的权力难道就这么大？"

您还别说，窦太皇太后的权力还真就这么大，可以这么说，汉朝时候后宫势力是非常可怕的（不管是东汉还是西汉），尤其到了太后甚至太皇太后的等级更是可怕，甚至可以左右皇帝的决议和废除皇后。

公元前139年三月，汉武帝的"儒家集团"被集体赶下马之后，以许昌为首的"黄老集团"上马了，我们来看看这份名单就知道了。

丞相：许昌（就是窦太后的傀儡）。

御史大夫：庄青翟。

郎中令：石建。

内史：石庆。

这四个人不用说，一看就是都符合窦太皇太后心意的"黄老"之人，并且为人特别老实。那么他们到底老实到什么程度呢，我们看看二石（石建、石庆）的爹就知道了。

他们的爹叫石奋，外号万石君，本是赵国人，赵国灭亡以后迁居到了温县，刘邦灭亡项羽以后石奋为服侍刘邦的一名仆从，因为说话做事都极为恭敬谨慎，所以得到刘邦的喜爱，便问石奋家中还有何人，意思是要提拔石奋。

石奋抓住这天赐良机回答道："小人家中贫穷，只有一个会弹琴的姐姐而已。"

听到这儿，刘邦的老毛病又犯了，于是非要让石奋把他姐姐拉过来过过目。

结果，石奋的姐姐就被拉到刘邦的后宫之中了。

后来，因为石奋的姐姐在宫中得宠，又因为石奋做事极为谨慎，所以刘邦将石奋从一个侍从提拔到了谒者，并让他居住在长安城中最繁华的地带（贵族一条街）。

后来，汉文帝继位，因为石奋多年累积的功劳，汉文帝便升其为太中大夫，再后来又被升为太子太傅。

等到汉景帝继位以后，刘启不忘当年师生之情，便安排石奋为侯国之相。

那石奋特别谨慎小心，所以对自己的几个孩子管教也格外严格，将他们也都变成了和自己一样的小心谨慎之人。

因此，石奋的儿子们被汉景帝喜爱，将他们都封为了两千石的高官，四个儿子都是两千石，加上石奋，一共是一万石，所以以后大家再称呼石奋的时候都叫他万石君了。

老石家的俸禄虽然达到了万石，可石奋依然不敢大意，因为他懂，老石家现在富贵的原因是不树政敌，不得罪旁人，并且没有破绽被别人抓住，不然只要有心大臣一句谗言，石家就会变成一堆没用的石头。

所以，这以后石奋非但不敢嚣张，还更加谨慎小心，对他子孙的教育更是少有的严格。

石奋在外地当官的子孙要是回来见石奋，石奋一定会穿上朝服和他们见面，并且让他们不叫姓名，只称呼官衔。

府中下人有敢狗仗人势的，直接家法伺候，之后赶出石家。

子孙有敢冒着石家之名横行霸道的，石奋也不训他们，而是以绝食的方式向犯错的子孙表达不满。

如此，整个石家人没有一个不是老老实实做人、规规矩矩做事的好官，也因此得到了官场和民间百姓的一致认同。

由此可见，窦太皇太后给汉武帝送上的执政团基本都是老实巴交没什么能力的黄老死硬派了，这对于汉武帝这种雄心勃勃、时刻都想做点儿什么的帝王简直就是一种折磨。

书接上文。

本来上台就想做一些实事儿的汉武帝被窦太皇太后一个耳光给打趴下了，这也给年轻的皇帝上了一节生动的现实课。

这以后，汉武帝老实了，因为现在摆在汉武帝面前的只有两条路可走：

第一条，和窦太皇太后死磕到底，不是你死就是我亡。

第二条，从此以后夹紧尾巴做人，哄老太太开心，把老太太稳住！等她死以后再行改革立新。

结果很明显，一辈子没怎么尿过的汉武帝面对窦太皇太后，他尿了。

5.3 "哪里有压迫哪里就有背叛"

汉武帝刘彻为什么会最终成为汉朝的皇帝？

原太子刘荣为什么走到半途会被汉景帝推下万丈深渊？

有人说这都是王夫人的聪明，有人说这都是因为汉武帝的个人能力，可这一切都不是主要原因，因为真正起到决定作用的不是别人，正是长年在后宫中上蹿下跳的长公主刘嫖了。

那刘嫖为什么要帮助刘彻呢？原因之前讲过了，这里不再重复，而等汉武帝正式成为汉皇以后也确实封了陈阿娇为皇后，但这以后，汉武帝和刘嫖一家算是彻底反目了。

为什么呢？因为陈阿娇和刘嫖实在是太能无端生事了。

咱们先说陈阿娇。

皇后需要具备哪些能力呢？皇后首先要能给皇帝生一个继承人并且能做到母仪天下，万事都为皇帝着想，还要做到能容忍皇帝雨露均沾，并维持后宫的秩序，这样才算是合格的皇后。

可陈阿娇呢？成为皇后以后非但没给汉武帝生一个继承人，反倒是阻挡皇帝和其他妃子行房，意图霸占汉武帝为己有。

只要汉武帝敢犯"错误"，她就会用一个必杀和一句口头语来教训汉武帝。

陈阿娇对汉武帝的常用必杀技为：掐＋挠。

对汉武帝常用的口头语为："没有我妈，你还当个什么皇帝。"

沾火就着的汉武帝怎能受此污辱！所以，自从陈阿娇为皇后以后，汉武帝对她本来就不怎么好的印象变得更差，基本没怎么去过皇后那里"过夜"，这使得陈阿娇大为恼火，非但没想补救的措施，反倒学起了当初的吕氏之女，前去母亲刘嫖那里告状，想让刘嫖在窦太皇太后那里进谗言，好好教训一下汉武帝。

而刘嫖呢？则更是过分，她公然借助自己双重皇亲国戚的身份，经常往汉武帝处为陈家子弟谋求官职。

这还不算，民间那些有钱的巨富，只要谁给刘嫖的钱到位，她就会为其谋得官职。

久而久之，汉武帝再也受不了她的"剥削"了，便一次又一次地拒绝了刘嫖的"推荐"。

后来，与汉武帝反目成仇的刘嫖又得知女儿受气，便经常跑去窦太皇太后那里哭诉，诉说着汉武帝的"昏庸"。

而窦太皇太后又极为护短，所以说，这老太太之所以这么彻底地"攻击"汉武帝，刘嫖和陈阿娇也是要负有一定责任的。

而经过这次的打击以后，汉武帝终于总结出了一些"为君之道"。

所以自这以后，汉武帝使出了浑身解数来安定后宫的这些妃子。其主要作战方针有三。

第一，对待陈阿娇，不管心里有多烦，依然每天黏着她、宠着她，做到打不还手、骂不还口。

第二，但凡刘嫖"任命"来的官员，汉武帝一律态度恭敬地照办，再也没得罪过她。

第三，从此将自己的野心彻底埋藏在最阴暗处，做到"太后不死，野心不露"。

为此，只要朝中的"黄老集团"有奏请，汉武帝立马照办，还每天有事儿没事儿就往窦太皇太后的宫中请安，真是做到了"好孙子"能做到的一切。

所以自这之后，不管是长公主刘嫖还是皇后陈阿娇都对汉武帝的观念发生了转变，并总在窦太皇太后的面前说他的好。

而窦太皇太后呢？只要她孙子能够乖乖听话，那一切都好办。

如此，汉武帝的皇位算是安全了，可长日受这些后宫妃子的欺压，年轻气盛的汉武帝怎么受得了，就连寻常老百姓都知道"哪里有欺压哪里就有反抗"的道理，汉武帝就更加知道了，但对于汉武帝，他的回答是："哪里有欺压哪里就有背叛"，并且这一背叛还弄出了两个千古闻名的大将军。

一次，汉武帝常例到霸上向上天祈福，希望这一年风调雨顺，可当他往回走的时候正好路过曹府，便前往府中，打算看看久违的姐姐，顺便释放一下多日以来心中的闷气。（注：汉武帝的姐姐为平阳公主，乃汉景帝与王夫人所生长女，后嫁给了曹参的曾孙曹寿，在京城居住。）

当平阳公主听说亲弟弟来访，赶紧携老公曹寿一起出门迎接。

客气一番之后，平阳公主给曹寿使了一个眼色，曹寿便乖乖地退去了。

然后，在汉武帝满脸疑惑下，平阳公主轻轻拍了拍手。

香风扑面，淫乐声起，在那令人迷离的乐声中，一个又一个美艳的舞女舞动着那绝妙的身姿，一点一点地"舞"了进来。

见到此景，汉武帝明白了姐姐的意思，也被吊起了胃口，他倒是要看看，自己姐姐府中的女子都是什么货色。

可就在这时，本来围作一圈的舞女们突然散开，然后在中间出现了一个更加漂亮的女子在不停地舞动着，这舞女身姿曼妙，肌肤如雪，五官极为端正，还给人一种楚楚可怜的气质，并且舞蹈技艺非常高超，简直如同天上的仙女一般。

不知不觉，汉武帝看得痴了，等舞毕之后他才反应过来。结果，不小心将桌上的酒盅打翻，淋了一身。

汉武帝尴尬一笑道："呵呵，姐姐见笑了，等我去换身衣服再聊。"

就这样，汉武帝慢吞吞地前往了内室，而平阳公主呢？微微一笑，然后对那中间的舞女使了一个眼色。

这舞女脸色一红，便低着头羞羞地跟着汉武帝前往了内室，帮汉武帝"换衣服"。

半个时辰以后，那个舞女回来了，而汉武帝则是红光满面地回到了原处。

看到姐姐微笑地看着自己，汉武帝也是老脸一红，然后打着哈哈冲下面的下人道："来人呀！"

"在！"

"今天朕玩儿得很开心，你去拿一千金赏给平阳公主吧。"

"是！"

就这样，汉武帝走了，平阳公主得了一千金的奖励，而那个舞女也跟着汉武帝回到了皇宫。

临走时，平阳公主一边拉着此舞女的手一边抚摸着她的后背道："好好去吧，到了皇宫以后要学会谨慎处世，希望你富贵以后也不要忘了我。"

那这个舞女是谁呢？她就是以后的大汉皇后——卫子夫。

5.4 无中生有第一人——汉武帝刘彻

同年四月，和其他的皇帝一样，汉武帝也要为他死后的事情做准备了，这个月，他开始着手修建自己死后的陵墓——茂陵。

因为当时的汉朝极富，再加上年轻的汉武帝做什么都讲究排场，所以花了巨资修建此陵墓。

据说，武帝茂陵及其陪葬墓也是从古至今保存最完整、气势最宏伟的西汉帝王陵墓。

不过，凭当时汉朝的经济实力，估计修建这么一个陵墓虽然不是九牛一毛，但也绝对不会对汉朝造成伤筋动骨的伤害，所以汉武帝也没弄出什么恶名。

自从七国之乱以后，汉朝的诸侯王在汉景帝的打压下算是彻底落寞了，汉景帝不但采用当初贾谊的办法来对付诸侯王，还给诸侯王增加了很多的法令限制，到汉武帝登基以后有很多诸侯王甚至都不如一个太守的实权大，甚至有的地方官吏都敢欺辱一个小的诸侯王。

对此，那些诸侯王再也不能坐视不理了，之前不敢吱声是因为汉景帝还活着，如今汉景帝已经死了，年轻的新皇帝登基，如果再不趁此时机把诸侯王的权力扳回来一点儿，那以后这诸侯王也没什么意思了。

于是，这天下的刘姓诸侯王秘密召开了一个小型集会，并推选了几个与汉武帝血缘很近的王前往长安为天下的诸侯王说情。

于是，公元前138年十月，代王刘登（汉文帝之孙）、长沙王刘发（汉武帝六哥，以后光武帝刘秀的六世祖）、中山王刘胜（汉武帝同父异母的哥哥，以后蜀汉昭烈皇帝刘备的先祖）、济川王刘明（梁王刘武的儿子）结伴前来朝见汉武帝。汉武帝刘彻自然是亲自招待了。

席间，四个刘姓王和汉武帝都喝得兴致很高，可酒过三巡以后，见汉武帝快喝醉了，这些诸侯王相互使了一个眼色，然后就见中山王刘胜突然趴在桌子上号啕大哭。

这突如其来的一幕弄得汉武帝摸不着头脑了，过了一会儿，见刘胜的哭声并没有停歇的架势，便问道："中山王你这演的哪一出？"

中山王道："呜呜呜，陛下您听……"

汉武帝听了一会儿，然后满脑袋疑惑地道："听什么？我什么也没听见啊！你快点说事儿！"

刘胜道："陛下难道听不见乐师们奏出的悲伤乐曲吗？"

刘彻一怔，然后哈哈大笑道："中山王你这感情也真够丰富的，就是再悲伤的音乐那也是陶冶情操，哪有你这样一听就哭的呀，哈哈哈……"

刘胜道："陛下，您是这天下的主宰，当然没有什么伤心的事儿了，可我们不一样啊，我们是心中怀有悲伤的人，所以一听到这种悲伤的乐曲眼泪就会不自觉地流下来。"

这话一说，其他的诸侯王也都配合着开始哽咽起来。

看着一圈儿的刘姓王全在这里呜咽，汉武帝玩味地道："呵呵，你们这些人全都是除了我权力最大的人，为什么还要悲伤呢？"

刘胜道："陛下！您只知其一、不知其二，我们虽然都是您的近亲，可从先皇在世的时候，朝廷对我们这些诸侯王的打压就越来越重，现如今，现如今……"

就这样，刘胜添油加醋地将现在诸侯王的委屈全都道了出来。

而同样"憋屈"的汉武帝对他们现在的心情感同身受。

于是，自这以后，汉武帝便废除了很多对诸侯王不利的政策，并新增了很多对诸侯王有利的政策。

如此，这以后的诸侯王才真的像诸侯王了。

诸侯王是开心了，可成天被一群妃子制约的汉武帝却一点儿都开心不起来，为了缓解他心中的不快，汉武帝便成天打猎游玩，并且是疯狂地玩儿，差点儿把自己的命都给玩儿没了。

皇家猎场在上林苑，可从刘邦开始一直到汉景帝，他们虽然对打猎很热衷，但并没有到达疯狂的程度，所以上林苑还是那个上林苑，既没有翻新也没有扩建。

可汉武帝就不一样了，因为在政治上得不到自己想要的，所以他就将所有的精力都发泄在了打猎上。

可整日地游玩打猎使得汉武帝尴尬地发现，上林苑实在是太小了。

于是，为了能玩儿得更加开心，他便和一些心腹郎卫们微服出宫打猎游玩。

据《资治通鉴》所载，长安北面的池阳县（今陕西省泾阳县）、西面的黄山宫、南面的长扬宫、东面的宜春宫都遍布了汉武帝的足迹。

可上的山多终遇虎，玩儿得越来越远，越来越疯的汉武帝差一点儿就被平头老百姓误杀。

那天，汉武帝还和往常一样，约了一群心腹郎卫半夜秘密出宫，一路飞奔，到终南山以后放肆驰骋，那是见到动物就射、见田就踩。

此地百姓对这些"纨绔"简直是恨之入骨，但碍于他们高贵的身份，也不敢贸然动手擒杀，便前往附近的县令处告状。

那县令也真是个好官，一听有这样的"富二代"来糟蹋治下百姓的庄稼，当时就急了，领着当地士兵和百姓就前去擒拿。

而此时的汉武帝还在放肆打猎，当场就被这县令抓个正着。

那县令迅速布置手下将汉武帝一行人围了起来，然后对汉武帝狂吼，大意是："里面的人听着！你们已经被包围了，限你……"

汉武帝一看误会大了，再一想确实是自己的人无理，便想要赔一些钱财了事。

可这县令不干，偏要将汉武帝擒拿，按法律来处置他。

无奈的汉武帝只能拿出自己的身份令牌给这个县令看，县令一看令牌吓了一大跳，赶紧下跪磕头。

周围的百姓一见是天子踩了自己家的田，非但没有半点儿生气，反而以此为荣。这事儿也就这样不了了之了。

可现在身份已经暴露，再继续下去就会有危险，汉武帝便辞别县令，回到了长安。

按说有这次危险后汉武帝就应该消停点儿了吧？可并没有！

汉武帝没有半点儿畏惧，还是一如既往地领着这些郎卫们到民间打猎，可令他没能料到的是，这一次游玩儿比上一次还要惊心动魄，要不是因为一个老板娘的机智，汉武帝也许真的就有生命危险了。

也许是玩儿得太高兴了，也许是想要寻找刺激，这一次汉武帝竟然玩儿到了柏谷（今河南省灵宝市西南），可当一行人到达柏谷的时候天色已经大暗，便找了一个旅店投宿。

因为一行人都是宫中郎卫，还是汉武帝身边的心腹，所以都是刀剑加身，说话也非常不客气，就好像地痞流氓一样。

掌柜的也是个相当硬气之人，他一看这些人就不是什么好人，可现在已经把他们迎进来了，也没有赶出去的道理，便只能打算等他们第二天天亮以后自己离开。

当时汉武帝非常口渴，手下郎卫便赶紧对掌柜吼道："掌柜的！去！给我家爷拿两壶好酒来。"

掌柜的本来就看不惯这些人，一听这说话的口气就更来气了，所以回道："我们店里没有酒，只有尿，你来一壶不？"

嚯！郎卫当时就怒了，直接抽出手中兵器打算教训一下这个"不开眼"的掌柜，幸好汉武帝及时拦住，才没闯出什么大祸。

可郎卫收刀了，掌柜的不干了，这掌柜显然是本地有头有脸的人物，什么时候受过这种委屈，再加上一看这些年轻人就不是什么好人，便勾结了一大批本地的黑社会分子，打算等到汉武帝一行人昏睡以后杀了他们，也算是为民除害了。

可就在掌柜的一行人磨刀霍霍准备行凶的时候，老板娘却突然和掌柜的道："孩儿他爹，你来，我有话对你说。"

掌柜的不明所以，便跟着老板娘进入了卧室。

老板娘道："掌柜的，刚才你出去找人的时候，我细细地观察了这一行人，我观他们那个领头的人非常有气质，这种人绝对不是什么强盗，甚至有可能是长安来的官二代，长安你也知道，那是天子之都，里面住的全都是爷，你要是真把一个朝中大员的儿子给杀了，那咱们还不都是死路一条啊？"

老板娘把话说得清清楚楚，可是这个掌柜的呢，就是憋着一股气想要杀了汉武帝一行，所以老板娘怎么劝都没用。

老板娘一看自己没法劝告，便将早已准备好的带有蒙汗药的酒拿出来，给掌柜的倒上以后道："既然如此，那我也没什么好说的了，只能祝你马到成功了，来，喝了这杯酒壮壮胆子吧！"

掌柜的笑道："嗯，这才是我的好媳妇呢。"

掌柜的喝了酒很快就晕倒了，老板娘五花大绑地将掌柜的困住，然后把那些社会小青年全都轰走了。

可这一连串的动静也把汉武帝惊动了，他便暗中派出了几个身手好的郎卫前往探察。

郎卫幸不辱命，将事情的经过都报告给了汉武帝，汉武帝微笑着点头，心中暗暗地赞许了老板娘的所作所为。

可就在武帝一行人要睡觉的时候，老板娘却在店里面杀鸡宰羊，和一干店小二与厨子们为汉武帝一行准备了一桌丰盛"夜宵"，让汉武帝得到了贵宾级的服务。

几天以后，还是这个小店，已经连续好几天了，掌柜的有事儿没事儿就数落老板娘道："你说说你，啊？把我灌醉了也就算了，还把咱们家的牲畜全都杀了，竟然都喂给了那些畜生，我怎么就娶了你这么个败家的主呢，我……"

没等掌柜的说完，突然有一队官兵闯了进来，掌柜的直接愣住了，然后心里就开始怦怦地狂跳不止。

这还不算，当士兵站好以后，从来神龙见首不见尾的县令竟然小跑着进来，然后嬉皮笑脸地对掌柜的道："掌柜的，恭喜你呀！你要发了！以后可要好好照顾一下下官啊。"

看着平时高高在上的县令此时对自己如此姿态，掌柜的和老板娘完全蒙了，过了一会儿，还是老板娘率先反应过来，赶紧走上前来，对县令一拜，然后道："请问县令大人，我们怎么就发了？到底发生了什么事儿啊？"

县令一拍脑袋道："嘻！都怪我，一高兴把正事儿给忘了，这不嘛，长安有诏书来了，让你俩即刻前往长安拜见皇帝！"

掌柜的道："皇、皇、皇、皇，为、为……"

就这样，在完全蒙的状态下，这两口子被送到了长安，进入了他们做梦都不敢进入的皇宫。

进入侧殿以后，两口子低着头跪在地上，动都不敢动，可就在这时，一名谒者叫道："皇上驾到。"

这话一说，两口子更加紧张了，冷汗唰唰地往下淌，汉武帝笑着看着殿下两人道："把头抬起来吧。"

话毕，两口子才颤颤巍巍地将头抬起，老板娘倒还好，掌柜的一看这大汉皇帝就是自己前些时日要杀的人，直接吓瘫了，然后哐哐地叩头道："陛下恕罪，陛下恕罪，草民瞎了眼，不求能活，只求陛下能饶了罪人的……"

汉武帝打断道："行了行了，谁说要治你的罪了，朕不但不治你们的罪，还要奖赏你们。"

话毕，汉武帝身旁的谒者宣布诏令。

因为老板娘识得大体，所以赏赐千金，而掌柜的的侠义精神也让汉武帝很感动，所以封其为羽林郎，让他保护皇宫安全。

这夫妻二人可算是因祸得福了，可通过这件事，汉武帝可不敢再随随便便地私服游玩了，那怎么办呢？不私服游玩还能做什么消遣呢？难道就去那个又破又旧的上林苑吗？

汉武帝当然不想去。最后也不知是谁出的主意，竟建议汉武帝扩建上林苑，打算把阿成以南、鳌屋以东、宜春以西的区域全都划拨为上林苑，使得上林苑一直连接到终南山。

汉武帝一听这提议极为高兴，便打算依计而行。

可就在这时候，汉武帝身旁的红人东方朔出言制止了。

5.5 机智的东方朔

话说自从东方朔待诏金马门以后，汉武帝就总是召见他，并且每次召见都能让东方朔把他逗得哈哈大笑，再加上当时汉武帝被"后宫三妇"所压制，每日都很愁闷，而东方朔这个开心果就在这时候成了汉武帝身边必不可少的人物。

东方朔让汉武帝开心的事情很多，只说两件事让各位一观好了。

话说一次，汉武帝拿身边一些说自己能掐会算的人寻开心，提前将一个壁虎扣在金盆之下，然后让他们猜里面是什么。

这些人全都猜不出里面到底是什么，只有东方朔，平时在接触汉武帝的时候时时刻刻都留意着汉武帝的举动和心理活动，所以最清楚汉武帝的性格，我敢这么说，在当时，最了解汉武帝的不是陈皇后，也不是卫子夫，就是这个东方朔了。

所以，心中有数的东方朔便装模作样地画了一个卦象，然后做掐指一算状，故作高深地回答道："嗯，卦象显示，陛下为真龙天子，所以接触的东西也应该和龙有些相似，所以臣大胆猜测，里面的东西是龙却没有角，是蛇又有足，所以里面扣的不是壁虎就是蜥蜴！"

话毕，汉武帝一惊，然后将金盆掀开，对东方朔道："你小子真是奇人！来人！"

"在！"

"给我赏东方朔十匹帛！"

就这样，东方朔凭着自己聪明的头脑得到了汉武帝的赏赐。

可当时以搞笑本事侍奉汉武帝的人很多，在场的郭舍人便是其一，正所谓同行是冤家，郭舍人见东方朔一次又一次得到汉武帝的垂青，恐怕自己的风头早晚被这小子盖过去，便当众对汉武帝道："启禀陛下，东方朔实际上没有什么真才实学，刚才只不过是让他侥幸猜中而已！臣请陛下再让东方朔猜一次，如果他能猜中，臣自请一百鞭的处罚，可如果他猜不中，那就请陛下把赏他的帛赏给微臣吧。"

这一番言语又勾起了汉武帝的兴趣，于是他打趣地看着东方朔，想看看他如何应对。

谁料到东方朔却全无畏惧，只是对郭舍人轻蔑一笑道："来吧。"

郭舍人道："你别狂！一会儿就叫你哭！"

于是，郭舍人便飞奔到远处，爬到了一个树上，将树上的寄生（寄生：一种灌木，为桑寄生科植物——槲寄生的干燥带叶的茎枝，是中药材槲寄生的别名）摘了下来，扣在金盆里。

回来以后，郭舍人一脸得意地对东方朔叫嚣道："来呀！有本事就猜猜这里面究竟是什么东西！"

东方朔微笑道："还能是什么？自然是窶数了。"（窶数：芳草结成的环状物。用来垫在盆、盎等类器皿的下面，以便将盛物顶戴在头上。喻指浅薄。）

这话一说，郭舍人立马将金盆掀开，然后猖狂大笑道："哈哈哈，就知道你东方朔是一个无知之辈，这明明就是寄生，怎么就成了窶数？"

众人本以为东方朔会乖乖将帛交给郭舍人，岂料他竟轻声一笑，然后道："我无知？我看是你浅薄吧？"

郭舍人道："你休要胡说！"

东方朔道："呵呵，我怎么胡说了？生肉除了叫生肉还叫脍，干肉除了叫干肉还叫脯，你郭大舍人如今把寄生折作环形物藏在金盆下不叫窶数叫什么？"

"好！"

还未等郭舍人反应过来，汉武帝就是一声叫好，而这一声叫好下去也就宣告了郭舍人的败局。

郭舍人虽满心不甘，但也无可奈何，只能接受这一百鞭的处罚。

可因为这鞭子打在人身上实在是太疼，所以郭舍人被打得屁股直往上撅，且嗷嗷直叫。

而东方朔呢？他不介意再往郭舍人的身上撒一把盐，于是哈哈笑道："这可真是嘴上没毛，叫声嗷嗷，小小屁股，越举越高。"

众人一听东方朔的话，再看郭舍人如此样子，都被逗得哈哈大笑。

百鞭过后，郭舍人一瘸一拐地跑到武帝身前哭诉："启禀陛下！我大汉有《九章律》，上面明明白白地写着，谁要是敢随意诋毁天子的侍从官，那就要拉到菜市场杀头！如今东方朔如此，简直就是视我大汉法典如无物，还请陛下将东方朔弃市，以正国家法典！"

话毕，汉武帝一怔，然后才反应过来，好像《九章律》里面真有这么一条，刚才只顾着开心了，竟然把这一条给忘了，便转过头来严肃地问东方朔："东方朔！你可知罪？"

大家都以为马上就会见到东方朔磕头认罪的一幕，岂料东方朔依然一脸风轻云淡，反而看着郭舍人嗤笑道："哟，这天下各种类型的人我东方朔都见过，可真没见过自己找骂的，我只不过是说了个谜语而已，你竟然以为是骂你，真真儿没谁了。"

郭舍人道："你放……额你胡说！你刚才明明就是骂我，还敢狡辩，那你倒是说说，你这是打的什么谜语？"

东方朔悲哀地看了郭舍人一眼，然后道："唉，说你找骂还真是，嘴上没毛是狗，叫声嗷嗷是说小鸡崽子让母鸡喂食所发出的声音，小屁股举高是说鹤低头吃食的样子，所以我只是在形容畜生，而不是在形容你，你说是不是啊，我的郭大舍人？"

话毕，包括汉武帝在内，没有一个人不笑得前仰后合，并都非常佩服东方朔的机智。

东方朔到底是不是在讽刺郭舍人其实显而易见，所以郭舍人不干了，为了扳回他的面子，同时也为了在汉武帝面前证明自己，郭舍人指着东方朔，依然不依不饶地道："好！既然这样，那我也考你一个谜语，你要是回答不上来也必须挨鞭子。"

汉武帝又来了兴趣，便笑着问东方朔："你小子还能接招吗？"

东方朔对汉武帝深深一拜，然后轻蔑地看着郭舍人。

郭舍人气得浑身发抖道："你……好，很好，那你听真了，令壶龃，老柏涂，伊忧亚，狋吽牙，你说说吧！我说的是什么（我随口乱说的，自己都不知道是什么，你要是能说出来才怪）！"

因为当时的谜语都是一组词猜一个东西，可如今郭舍人却乱说一通，很明显就是拼了命也要让东方朔出丑，可结果又让他失望了。

只见东方朔淡淡一笑，然后道："令，就是命令的意思；壶，就是用来盛放东西的；龃，是牙齿长得不正；老，是老人；柏，是鬼怪住的地方；涂，是把东西弄湿；伊忧亚，是说话不清楚；狋吽牙，是两只狗打架的意思。"

话毕，郭舍人跳起来大吼："你这是什么猜谜语，是谁让你一个字一个字地翻译的，你怎么知道伊忧亚是说不清话的意思，你怎么知道狋吽牙是两条狗打架的意思！你说！"

东方朔道："哦？那你的意思是我解释错了？行呀，那你给我解释解释这什么意思呗？"

郭舍人道："你、你、我。"

就在这时，汉武帝大笑道："好！好一个才思敏捷的东方朔！从现在起，朕命你为朕的常侍郎，以后时常伴朕左右，你可愿意？"

东方朔道："臣遵旨。"

郭舍人道："陛下，臣还有……"

汉武帝冷笑道："哼！输相太难看，还不给朕滚！"

郭舍人道："是，是……"

就这样，东方朔开始成了汉武帝的常侍郎，常伴汉武帝左右，成了不可缺少的开心果。

这是第一件事，再说第二件。

那是一个三伏天，天气热得吓人，汉武帝为了慰劳那些跟随自己的侍从，便命人将一大块肉摆在侧殿中间，等人到齐了就让大官丞将肉分了。

之后，人是到齐了，可大官丞却迟迟未到，只留一众侍从在侧殿盯着肉，大汗淋漓地等待（一说大官丞是在摆架子，故意让大家等自己）。

有人却不愿意等了，这人不是别人，而是东方朔。

只见东方朔直接从腰中抽出短剑，对着那块肉就是一剑，然后把自己该得的肉割下来以后潇潇洒洒便走了。

后来，大官丞终于是来了，可当他看到一块完整的肉已经提前被割下去一块后大怒，对着众人便吼道："是谁这么大胆子！难道不知道这肉是陛下御赐的吗？谁？给我站出来！"

这时，一个好事的官员对大官丞道："大人，这人便是东方朔了。"

大官丞一声冷笑，就将此事报告给了汉武帝。

汉武帝一听又是这小子，便来了兴致，让东方朔前来面见自己，并在见了东方朔以后故作严厉地道："你小子，为什么不等大官丞分肉就提前将肉切走了？嗯？你眼里还有没有朕这个皇帝了？"

凭东方朔对汉武帝的了解程度，他一看汉武帝的表情和语气就知道他是在这故作姿态，实际上并没有真的生气。

于是，心里有了底的东方朔便将帽子往下一拿，然后跪下谢罪。

看到今天东方朔如此老实，汉武帝感觉很有些不可思议，便道："站起来吧，你说说，你到底哪里做错了。"

只见东方朔摆出了一副浪漫主义诗人的姿态，然后吟诗道："啊，东方朔呀东方朔，你不等到诏令就接受赏赐，这是多么洒脱啊！你不用小刀而是用短剑割肉，这又是多么豪迈！你割下的那一点点肉都不够别人零头的，这又是多么廉洁！那些人都将肉拿回家去给自己吃，而你却将肉全都分给了自己的老婆，因为不够吃啊！"

唱完，东方朔吧唧吧唧嘴，然后对汉武帝一拜道："臣错了！"

这一番下来弄得汉武帝哭笑不得，他笑骂东方朔道："我是让你小子自责，可你竟反过来夸赞自己！好！你有才，你不是肉不够吃吗？来人！"

"在！"

"去！往东方朔家里送一百斤肉，一石酒，让他和他媳妇吃个够。"

就这样，大官丞目瞪口呆，东方朔又得到了汉武帝的赏赐。

如上所言，东方朔在汉武帝心中是绝对占有一席之地的，并且这个人也很有些才情。

我们书接上文，话说汉武帝打算"劳民伤财"地扩建上林苑，可当时东方朔正在汉武帝身边，他感觉汉武帝此举极为不妥，便对汉武帝劝谏道："陛下，臣听圣人说过，如果一个君主仁厚爱民，那上天就会用福泽安康来报答他，而如果一个人骄纵奢侈，那上天就会降下灾难惩罚他，之前陛下想看星星，就花巨资修建巨大的台观，现在陛下又想放纵打猎，这就要扩建上林苑。陛下，您觉得这样对吗？况且老天不降下灾祸的话，哪怕整个三辅地区（京兆、左冯翊、右扶风）都可以成为陛下的猎场，何必局限一个上林苑呢？并且……"

汉武帝道："并且什么？"

东方朔道："并且陛下要修上林苑的这个地方土地肥沃，物产丰富，是天下有名的陆海之地，这里不但有玉石、金、银、铜、铁等矿产，还有豫章、檀香、柘树等珍贵木材。而以上只不过是它的一方面，这一区域还盛产粳稻、梨、粟、桑、麻、竹箭、姜、芋头、蛙、鱼等诸多食物，所以这一区域所有的土地都是寸土寸金，老百姓可以靠它发家致富，穷人们可以靠它自给自足，国家也可以因为它增加很多税收。而如今，陛下却要将这些地方都划归为上林苑，这样的话就会有三大害。

"第一，此地被划为上林苑以后，必定会断绝陂池水泽之利，侵占肥沃的土地，上使国家财务匮乏，下夺百姓赖以谋生的农桑之业。

"第二，如果要翻修上林苑，那就必须重新翻新土地，扩大虎狼猛兽活动的地方。如此，必定会破坏很多百姓先祖的坟墓。天下百姓会怎么看您呢？

"第三，但凡打猎游玩，没有不经历危险的，那些虎狼猛兽可不识得陛下您的身份，万一出了什么事端，那我大汉江山可就危险了。

"综合以上三点，臣恳请陛下您不要扩建上林苑。"

汉武帝觉得他说得很对，所以赏给了东方朔一百金，并封他为太中大夫、给事中。

可汉武帝没听！

原因很简单，因为当时的汉武帝很年轻，有无限的精力无处发泄，再加上"后宫三妇"的打压，使得他必须要在别的方面发泄他的精力，而这个发泄方式就是打猎了。

但这不是最重要的，最重要的是因为当时的汉朝实在是太富了！太有钱了！修一个上林苑虽然要比汉武帝修自己的陵墓还要贵上那么点，但也绝对不会伤筋动骨，所以汉武帝便义无反顾地将上林苑翻修了。

当然了，侵占了老百姓的田地，汉武帝还是按照当时的价钱赔给人家了，并让这些百姓迁居，给他们更多的荒地让他们开垦自足。

虽然最后没出什么大的乱子，但花钱大手大脚的名声从此便安到了汉武帝的身上。

可就在汉武帝攒足了精神准备"大干一场"的时候，窦太皇太后又出手了，使得汉武帝失去了他最好的玩伴，也重新将这个不务正业的皇帝拉回了正轨。

虽然，这件事差点儿让汉武帝崩溃。

5.6 亦正亦邪窦太皇太后

话说自从上次窦太皇太后出手后，汉武帝算是老实了，用了卑躬屈膝的手段安抚住了窦太皇太后，以免自己的皇位不保。

而窦太皇太后呢？也没有在政治上过多地压制汉武帝。

后来，汉武帝为了缓解心中的烦闷，开始一天到晚地疯玩儿，窦太皇太后也没有管他。

可后来，汉武帝越玩儿越疯，竟然要将富足的土地用来扩建上林苑，这种动摇国本的事情窦太皇太后是不能再忍受了，可当时汉武帝已经开始了此项工程，为了顾及孙子的面子，她也不好再横加阻拦，但为避免这种事以后再次发生，窦太皇太后便打算杀一个人，以此来警告汉武帝。

这个人便是韩嫣。

韩嫣，字王孙，是弓高侯韩颓当的孙子，在刘彻还是胶东王的时候，韩嫣就和他一起学习史书，所以从小两个人的关系就非常的铁。

等刘彻正式成为太子以后，韩嫣便花了更多的心思讨好刘彻，而刘彻也因为此等缘故更加地亲信韩嫣，再加上韩嫣这小伙长得非常帅气，所以久而久之，两个人的关系就超越了道德的束缚。

后来，刘彻成了汉皇，初登宝座的他雄心万丈，不但想在朝中改革立新，还想痛击北方的匈奴人，而韩嫣以前学习过军事，所以汉武帝就对他更加器重，并升其为上大夫，准备以后再行提拔，用他来抗击匈奴。

再后来，汉武帝被"后宫三妇"压制，韩嫣便时常随武帝往上林苑打猎游玩儿。

可有一次，江都王刘非（汉武帝同父异母的兄弟）前来长安朝见汉武帝，可那时候汉武帝正想往上林苑打猎，就让刘非随他一起前往。

到了上林苑以后，汉武帝命韩嫣乘着他的副车带百名骑兵先行前往探路，刘非远远地看到队伍，以为是汉武帝乘着副车前来，便跪在了路边行跪拜之礼。

按说发生了这种误会，韩嫣下车向刘非解释清楚，并赔礼道歉也就了事，毕竟刘非怎么说都是一方诸侯王，不能做太过失礼的事情。

可韩嫣着急给汉武帝探路，竟然没看到刘非便呼啸而过，此举让刘非极为愤怒，感觉自己的人格受到了极大的侮辱，便跑去窦太皇太后那里痛哭。

窦太皇太后赶紧问："堂下所哭之人，莫非是非儿。"

刘非痛哭道："呜呜呜……启禀奶奶，正是孙子我。"

老太太道："哎呀，你怎么哭了呢？快快，发生了什么事？快对奶奶说说。"

刘非痛哭着将之前韩嫣"羞辱"自己的事情添油加醋地说了一遍，愣是将"没看着"说成了"故意羞辱"。

窦太皇太后听了非常愤怒，从此以后便派她的情报团队彻查韩嫣。

结果没查到韩嫣什么贪赃枉法的罪责，反倒是查到了他和汉武帝之间的暧昧关系。这就让窦太皇太后更加愤怒了，心中暗下决心："早晚有一天我要除了这小兔崽子。"

这可真是想睡觉便有人送上了枕头，那边汉武帝开始扩建上林苑，窦太皇太后便命人在第一时间将韩嫣给抓了起来，罪名便是"欺君之罪"。

汉武帝闻讯震惊，直接前往后宫替韩嫣说情，具体怎么求的情史无记载，但最后窦太皇太后并没有答应汉武帝，而是直接将韩嫣斩杀。

韩嫣死的那天，汉武帝悲痛万分，吃不下睡不着，他当时恨！恨透了窦太皇太后，也恨透了江都王刘非，并暗暗下定决心，以后一定会找江都王算账。

可聪明的汉武帝也知道自己最近做得实在过分了，便从当日开始减少了外出游玩的频率。

可就在这时，黄河水在平原郡决口，洪水如同一条暴虐的水龙出笼，在民间肆意破坏，使得平原郡一带的庄稼基本上全被淹没，继而演变成大饥荒，百姓中间甚至出现了人吃人的惨剧。

幸好汉武帝及时命令周围郡县救灾，这场灾祸才没有继续扩大。可这一次的灾祸也使得汉武帝确定，这一定是老天爷在惩罚自己之前的挥霍无度，便从此不再在各种娱乐上挥霍了，而是将钱财全都转投到其他方面。

也因此，有人要倒霉了，不过这是后话，我们暂且不提。

5.7　"哭"，是一门技巧

同年四月，"觉醒"的汉武帝为了给皇宫中节省开支，便命太监将宫中那些上了年纪的，还有久未临幸的宫女全都劝退（一说武帝是因为韩嫣之死，心灰意冷才会做出如此举动）。

而听闻此消息的卫子夫害怕了，因为自从上一年汉武帝在平阳公主府中临幸她一次以后，一直到现在都没有再召见过她一次，而这次汉武帝的"大清洗"行动里备不住就会有她一个。

卫子夫也知道，如果这一次被汉武帝清出了皇宫，那她这一辈子便再也没有出头之日了。

于是，被逼得走投无路的卫子夫打算"背水一战"。

那天夜晚，汉武帝刚刚批阅完一天的奏章，就在这时，一名太监走过来道："陛下，今儿个晚上您想找哪个……"

没等太监说完，汉武帝便烦躁地打断他道："烦死了！我现在哪有这个心情。"

太监道："是！那小人这就将门口的宫女赶走。"

汉武帝道："慢着，宫女？哪个宫女这时候来找我？"

太监道："这个宫女说她叫卫子夫，有话想和陛下说。"

汉武帝道："卫子夫？哪个卫……啊！我想起来了，你让她进来吧，我听听她要说什么。"

汉武帝一声冷笑，便正坐等着此女驾临，因为韩嫣的死，武帝正心情不好，如果这时候此女敢对自己抱怨的话，那武帝不介意好好拿她撒一下气。

可卫子夫进来以后，汉武帝完全愣住了，因为第一次见卫子夫的时候，这小美人儿穿的是一身性感的服饰，可今天，卫子夫那是一身素装，看着极为清纯可人，再配上那有些悲伤忧郁的小眼神，那简直就是天生媚骨、我见犹怜。

当时，汉武帝真的有一种上去抱住她，并好好呵护一番的冲动。可汉武帝忍住了，没有动，而是装作一本正经地和卫子夫道："咳，咳，嗯，你来找朕有什么事儿？"

说到这儿，卫子夫深情地看了一眼汉武帝（当时汉武帝的心就怦地一跳），然后眼泪一滴一滴地流了下来，可卫子夫没像其他女人那样以撒泼的方式哭泣，而是默默地流下泪水，用她那可以把人融化的黄鹂之音道："陛下！臣妾自幼在平阳侯（曹寿）府中长大，不管是母亲还是臣妾都是平阳府中的仆人，是身份低贱的人。一年前，臣妾有幸得到陛下的恩宠，随陛下进入了皇宫，当时不管是主子平阳公主还是家母都为臣妾感到荣耀。而臣妾跟了这天下最伟大的男人，也对自己以后的生活充满了期待，可现在已经一年多了，陛下您再未找过臣妾，这让臣妾伤心欲绝。而臣妾今日前来并不是斗胆向陛下讨说法的，而是请求陛下将臣妾放回平阳侯府吧，起码臣妾还能成为一名奴隶，也算是一个有用的人，不似在宫中这样白食米饭。"

说完，卫子夫闭上了双眼，虽然并未说话，但眼泪已经顺着她的脸颊缓缓滑落。

那汉武帝虽然每日在万花丛中穿梭，但也被这个身世可怜的小丫头所感动了，不知怎么的，他竟恍惚从卫子夫身上看到了韩嫣的身影。

于是，那一夜，汉武帝搂着卫子夫相拥而眠，而卫子夫呢？那是相当"争气"，没多久便怀上了汉武帝的孩子。

大家都知道，汉武帝之前一直都没有孩子，所以卫子夫所怀的这个孩子对汉武帝来说可谓是意义重大。

因此，从卫子夫怀孕后，汉武帝便隔三岔五地往卫子夫那边跑，对她的宠爱已经到了无以复加的程度。

可汉武帝此举彻底触怒了陈皇后，她在皇宫之内天天砸东西，只要看到汉武帝就疯了似的上前厮打。

正所谓是可忍，孰不可忍，汉武帝忍陈皇后也不是一天两天了，所以这次他也怒了，直接便拂袖而去，再也不去陈皇后的宫中了。

陈皇后怒了，又想到了老一套办法，她将自己受的"委屈"全都告诉了长公主刘嫖，让刘嫖替她出气，而刘嫖呢？也是原来的三板斧，直接把状告到了窦太皇太后那边。

可窦太皇太后别看眼睛看不见，心里明白得很，知道这母女二人实在太不像话了，再加上古人不孝有三、无后为大的传统思想，所以没有因此难为汉武帝，更没有找卫子夫的麻烦，反而派专人前往照顾卫子夫，让她安安心心地将孩子给生出来。

窦太皇太后的这些举动可把刘嫖与陈阿娇气坏了，两个人一看动不了汉武帝和卫子夫，就把目光瞄向了另一个人，这个人便是卫青了。

那她们为什么不收拾卫子夫的亲兄弟卫长君，反而去收拾那个同母异父的弟弟卫青呢？

原因很简单，因为这个卫青的潜力实在太大了。

5.8　我叫卫青，我有一个悲惨的童年

卫青，字仲卿，卫子夫同母异父的弟弟，民族英雄！飞将！第一个将匈奴打趴的狠角色，可在这种种光环的照耀下，谁又知道卫青也有一个悲惨的童年呢？

卫青出生以前，其母卫夫人已经生了四个孩子，可最后卫夫人的丈夫早死，她便开始了守寡生活。

时日久了，卫夫人与担任县吏的郑季发生了不正当关系，结果便生了郑青。

平阳公主的府中下人出现了私通，并生出了私生子，这还了得？所以曹寿便打算严惩卫夫人。

当时的卫子夫虽然年龄不大，但是个美人坯子，曹寿觉得将来一定有用得着的地方，因为她的关系，便没有严惩卫夫人，只是让她将这个尚在襁褓中的婴儿给送回本家而已。

那郑季是个有妇之夫，所以家里的婆娘一听说郑季在外面有了孩子以后极为愤怒，当场就要用擀面杖打死这个"野种"。

可当郑季和她解释这孩子是平阳公主府中婢女的孩子以后，郑夫人这擀面杖便打不下去了。

无他，因为哪怕是个下人，那也是平阳公主府中的下人，不是一般小吏能得罪得起的。

但不杀郑青不代表要对他好，所以从这以后，郑青吃的用的全都是家里面最差的，等小郑青再长大几岁以后，郑夫人便给郑青安排了很多的活儿，这些活儿不干完就不准吃饭，所以郑青的童年总是有上顿没下顿。

郑青以为自己这辈子也就这么过了，可有一次他不知因为什么随人前往监狱，而在监狱里面有一个老囚犯在看到郑青以后疯了似的跑到郑青跟前（牢笼边缘）吼道："小子！我看你有大贵之相，以后定可封官列侯，到时候你可别忘了监狱里有个老头给你看过相啊。"

郑青停下了步伐，看着老囚犯，笑道：“老伯您言重了，我只不过是一个奴婢私通生下的'野种'，能不挨打受骂已经很满足了，还指望什么富贵呢？”

说完转身就走了，只留下那个老汉还在后面吼道：“别忘记我！别忘记我……”

后来，随着时间的推移，郑青长大了，大概是因为长期的体力劳动，抑或是天赋异禀，长大以后的郑青生得非常伟岸，英俊的外表加上孔武有力的身材，哪怕是一身破布也无法掩盖他的光芒，那些年轻女子看到年轻的郑青无不春心荡漾。

而长大以后的郑青也不想继续窝在郑家受气，想要自己闯出一番名堂，便往平阳公主府中投奔。

那平阳公主见当初自己下令送走的小奶娃现在已经如此伟岸，这心里便开始扑通扑通地乱跳起来，不但收了郑青，还任命他为自己的贴身骑士，而卫子夫等同母异父的兄弟姐妹也都没拿郑青当外人，所以从小就被奴役的郑青头一次在平阳公主的府中找到了家的感觉，手上还有了很多平阳公主的赏赐。不用说，郑青的幸福生活开始了。

身为一个正常男人，穷了小半辈子了，估计手上有点儿闲钱就会想方设法将钱都挥霍出去。

而郑青呢？他也不例外，同样是工资刚到手中没多长时间就被他挥霍一空，可和别人不一样的是，郑青将钱都花在了书上，因为他实在是穷怕了，不想再过以前的生活了，而知识，往往会给人带来财富。

后来，卫子夫被汉武帝相中，进入了皇宫，并将郑青和卫长君也提拔到了皇宫中担任郎卫。

侍奉汉武帝时间长了，郑青发现了一件有趣的事情，那就是汉武帝没事儿就会盯着汉朝的大地图看，并且每次看到匈奴都会恨得咬牙切齿。

所以郑青预感，这位年轻的皇帝早晚有一天会和匈奴开战。

于是，从这以后，已经学会认字的郑青便将所有的积蓄全都花在了兵书上面。

又一年后，卫子夫通过她的眼泪终于得到了汉武帝的宠幸，为了表示对卫子夫的宠爱，他将郑青的姓氏也改成了卫子夫的卫姓，还让卫青时常在自己身边担任守卫工作。

而时间长了，汉武帝难免要和卫青讨论一些他最感兴趣的话题，比如说军事！

当时，卫青已经苦心研究了将近一年的兵书，所以和汉武帝聊得是头头是道，汉武帝从此更加看重卫青，并有意提拔。

基于此，想要攻击汉武帝和卫子夫不成的长公主与陈皇后便将目标锁定在了卫青身上。

那一日，卫青和同舍好友公孙敖放假，两人便一起往长安最大的馆子喝酒。

这二人都是酒中好手，所以喝了很长时间。当二人喝得酩酊烂醉的时候，天色已经大暗，可就在这时，在黑暗的角落里突然冲出一辆马车，那马车里面跳出了几个大汉，一脚踹翻了酩酊大醉的公孙敖，强行将卫青架到车里就跑。

卫青被抓，公孙敖吓得亡魂皆冒，当时酒就醒了，他死命往车去的方向追，并一边追一边狂喊救命。

你还别说，这中间还真有很多大汉听闻求救声前来相助。

最后，公孙敖终于在一个小黑屋前看到了那辆熟悉的马车。

于是，一干人二话不说，一脚将屋门踹开，救出了卫青，并生擒了那些绑架卫青的刺客。

汉武帝听闻此事以后气得怒发冲冠，即刻命廷尉署连夜审查那些刺客。

（注：汉武帝继位以后又将大理改为廷尉，具体时间无所考。）

结果，刺客招供，说这一切都是长公主刘嫖和陈皇后主使的，汉武帝一听这话愣了，然后哈哈大笑，便没有杀这些人，而是将他们"养"了起来。其原因有二。

第一，现在窦太皇太后手中还握有大权，一旦汉武帝因为此事惩罚了刘嫖和陈皇后就必然要和窦太皇太后撕破脸，而汉武帝很有自知之明，他现在根本就不是窦太皇太后的对手。

第二，将这些人关起来就等于掌握了长公主和陈皇后的把柄，使这二人有所顾忌。

而事实也果然如此，自从汉武帝将这些刺客"养"起来以后，刘嫖和陈皇后就再也没敢在武帝背后起什么乱子。

好了，我们书接上文。

卫青被救走以后，为了向刘嫖与陈皇后表达自己的不满和抗议，再加上汉武帝也很喜欢卫青，便将卫青封为侍中，从此常随自己左右。

后来，随着卫子夫越来越受宠，卫青又被汉武帝提升为太中大夫。

5.9　闽越与东瓯的恩怨情仇

同年（前138年）七月，梁王刘武之子、济川王刘明因为自己的老师（太傅）和国中中尉总是限制自己的行为，便将二人全部暗杀，汉武帝听闻后大怒，便除其封国，划为汉朝一郡，并贬刘明为平民迁往茂陵。

同月，有彗星从东南向西北飞去，紧接着，闽越便和东瓯打起来了。

东瓯和闽越实际上都是同一个种族的人，东瓯的开国君王摇（西汉时期）和闽越的开国君王无诸（西汉时期）全都是春秋时勾践的后代，直到战国时期，越国被楚怀王所灭，便有一些王室成员向南逃往现今的福建最南一带生活。

后来，秦国统一了天下，将这些之前越王室成员生活的地方变成了秦朝的一个郡（闽中郡）。

再后来陈胜吴广起义，天下大乱，无诸和摇便领导着本地的农民军投奔了吴芮，和他一起反抗秦朝。

之后，暴秦被诛，项羽分封天下，像无诸和摇这样的蛮子根本入不了项羽的眼（楚国人看不起吴国人和越国人，其中以越国人为甚），所以也没给二人封王，二人便在心中暗恨项羽。

后来刘邦和项羽全面开战，天下进入了楚汉相争的时期，无诸和摇便率领本地的民众支援刘邦，抗击项羽。

最后项羽被诛，刘邦一统天下，便立无诸为闽越王，管辖原来的闽中郡。

而到了公元前192年，吕后又封摇为东瓯王。

时间匆匆而过，无诸和摇也都相继离开了人世，但两国的关系一直都不错，直到汉景帝七国之乱末期，吴王刘濞逃亡东瓯，被东瓯王所杀，但刘濞的儿子刘驹却逃过一劫，往闽越而去，并凭着自己的才能很快在闽越做了大官。

因为痛恨东瓯王背信弃义将自己的父亲杀死，刘驹立志报仇，便整日怂恿闽越王攻击东瓯。

当时的闽越王因为"山高皇帝远"的缘故，早就在闽越"自成一国"，除了每年象征性地往长安上交一点儿贡品以外，根本不服从汉廷管制，再加上闽越王也想扩张领土，便从了刘驹的提议，发兵攻击东瓯。

因为东瓯的地盘没有闽越的大，人口也没有闽越的多，所以国力和军事实力也相差很多，结果就是东瓯根本挡不住闽越的进攻。

所以，东瓯王急派使者前往长安，寻求汉廷的援助。

汉武帝对此极为重视，将满朝文武召集在一起展开廷议，讨论到底如何救援东瓯。

太尉田蚡对汉武帝建议道："陛下，臣不建议出兵援救东瓯，因为东瓯处于极东南之地，援军前往势必耗费大量的钱财，况且那些越人相互攻击本来就是平常之事，今天打完了明天也就走了，何必为他们耗费那么多的钱粮呢？"

（注：田蚡何时被汉武帝复用为太尉史料并没有说明，但从当初窦太皇太后新任命官员的名单中太尉一职空着就能看出，窦太皇太后还是给汉武帝留了一些台阶的。）

可田蚡话音刚落，一个叫严助的便站出来道："太尉此言不可取！陛下，东瓯为什么会遭到闽越的攻击呢？说到底还是因为当初斩杀了刘濞的缘故，而东瓯王又为什么会斩杀刘濞呢？那是因为服从我们汉朝的命令。如今，东瓯因为服从我们汉朝的命令而遭到了闽越的军事打击，我们不救的话，那天下诸侯国会怎么看待我们，我们汉朝以后又凭什么让万国前来朝拜呢？再说，一个小小的闽越根本就不值得从长安调兵援救，只要派一使者前往会稽郡搬兵便足以打败闽越。"

话毕，汉武帝点头赞同，对严助道："你的提议很好，那就由你亲自持节去一趟会稽郡吧。"

严助道："臣领旨，但臣恐怕手中没有虎符难以调动郡中兵马。"

汉武帝道："呵呵，虎符，那是国家有大战事才会出示的信物，而调动一个郡的兵力还轮不到动用虎符，你就持朕的节符去！难道会稽郡太守还敢不听朕命令不成？"

严助道："陛下英明。"

然后，汉武帝鄙视地看了一眼田蚡道："太尉呀太尉，看来你真不是一个能和朕谋划大事的人啊。"

之后，严助持节到了会稽郡，而会稽郡太守不想调兵，便让一司马往严助处，以没看到虎符不能出兵为由拒绝援救东瓯。

严助一听这话大怒，当场抽出手中宝剑刺死了这个司马，然后旁若无人地持节直奔太守府，指着太守质问是不是想抗旨。

会稽太守没想到严助这么鲁莽，将"抗旨"这么大的黑锅一下扣到了自己头上，哪里还敢继续抗命？只能积极组织士兵配合严助。

而会稽郡集结士兵的消息很快便传到了闽越王耳中，你让他欺负一下东瓯还行，让他和汉朝这种庞然大物对抗就是给他十个胆子他也不敢，所以在汉廷援军未到之前便仓促撤退了。

本次事件，汉武帝兵不血刃便解决了问题，使得他在朝中威信得到相当的提高，而窦太皇太后一听汉武帝未动用虎符就解决了这场纷争以后更是高兴，认为自己的这个孙子真的长大了、成熟了。

所以，从这以后窦太皇太后更是不参与政事，大事小事基本都让汉武帝自己决断了。

可这次的侵略事件使得东瓯王认清了本国与闽越的差距，害怕以后闽越再来进攻自己，便上书汉武帝，请求将其国迁往内地。

汉武帝认为东瓯王此言很是有理，再加上如果东瓯所有的人民全都到内地以后会给内地带来很可观的生产力，便批准了东瓯王的奏请，并将东瓯王和他的人民安置在了江淮之间。

5.10 前往大月氏

同年，皇宫之中，汉武帝批阅完奏折，还是如往常一样看着地图发呆。

突然，武帝好像是若有所思，然后对身边的宦官道："去！把大行令（原典客）王恢给我叫过来。"

不一会儿，王恢走了进来就要参拜。

汉武帝道："行了行了！大行令免礼吧，朕有事情要问你。"

说罢，汉武帝指着大地图的西面道："这个西边的势力怎么这样大？他是什么国家？"

王恢道："启禀陛下，这是大月氏国。"

汉武帝道："哦？我记得月氏国不是在祁连山一带吗？他们怎么跑到那里去了？还有，他们现在的实力怎么样？"

王恢道："启禀陛下，最早的月氏国确实是生活在祁连山一带，并且实力强大，曾将匈奴人打压得向北迁徙，但后来被冒顿击败，所以只能向西迁徙逃亡。到军臣单于继位以后，更加大力度打击月氏。据说，在一次大战中，月氏王被生擒，残忍的军臣单于将他的头颅砍掉，并用头骨做成了酒杯。这之后，月氏国再也不敢靠近匈奴的势力范围行动了，而是向更西迁徙。最后，他们决定在陛下您看到的这块地方（阿富汗一带）定居，因为此地水草肥美。"

汉武帝道："那这么好的地方就没有其他势力吗？"

王恢道："当然有，这地方在当时是被一个叫大夏（巴克特里亚王国，为古希腊殖民者在此建立的政权）的国家所占据，但大夏并不是月氏的对手，最后被月氏征服，月氏从此便在此地定居了下来。当然了，也有小部分恋土的月氏人并没有前往此地，他们前往南山投靠了羌人，进而建立了一个小小的政权。而这些月氏人所创建的国家便叫作小月氏国了，而那些灭掉了大夏的月氏人所建立的国家则叫大月氏国。"

汉武帝道："嗯，小月氏你就不用再说了，就说说这个大月氏吧，我想问它现在的实力如何。"

王恢道："据臣下所知，虽然比不上匈奴，但也是极为强悍了！"

汉武帝兴奋地道："怎么个强悍法？"

王恢道："大月氏灭掉大夏以后定都监氏城（今阿富汗东北，距离长安一万一千六百多里），将本国分为五部分，分别由五翕侯管理，直到现在，大月氏已经发展到了户十万，人口四十万，军队十余万，这其中还都是骑兵为主，所以绝对是一股强大的势力。"

汉武帝道："好！你下去吧。"

话毕，王恢默默地退了出去，汉武帝则继续看着大月氏国发呆。

而第二日，汉武帝突然命人在皇宫之内张贴告示，要招纳敢于前往大月氏的勇士，因为想要到大月氏必途经匈奴，再加上路途遥远，还要穿越沙漠地区，所以连续两日都没人敢于应诏。

可就在第三天，一个叫张骞的郎卫主动请缨出使大月氏，这让汉武帝非常欣慰，便派他带着使者团前往大月氏。

那么张骞这次不亚于西天取经的出使行动会成功吗？这是后话，我们以后再说。

5.11　政治过渡（3）

张骞走了，带着无比的信心和汉武帝的期盼前往了大月氏。

而汉武帝这边呢？日子还要过，奏折还要批，我们的故事也要继续往下说。

公元前137年夏，汉朝局部地区刮起了令人恐怖的血红色大风，紧接着，各地区又接连发生了大型旱灾，汉武帝整个一年都忙着赈灾活动，无心顾及其他。

同年年末，一颗彗星向东北方向而去。与此同时，南越最伟大的君王，熬死了汉朝六任皇帝，活了103岁的赵佗驾鹤西去，其子赵眜继承了王位。

公元前136年春（建元五年），窦太皇太后身体越来越不好，已经无暇顾及朝政，基于此，汉武帝发起了"试探性进攻"，设置了五经博士（申培《鲁诗》、欧阳《尚书》、公羊《春秋》、后氏《礼》、杨氏《易》），意在为以后儒家独大的政治思想铺设一条通顺的大道。

而结果也果如汉武帝所料，窦太皇太后根本就没有阻止汉武帝的想法，大概她也知道自己时日无多了吧。

同年五月，全国发生特大型蝗灾，蝗虫铺天盖地，使得本年收成极差。

八月，清河王刘乘皆去世，因为没有后代，所以封国被汉廷回收。

公元前135年二月，辽东高帝庙发生了自燃事件，汉武帝没觉得怎么样，便命当地太守修缮了事。

可时间没过两个月，高祖陵园又发生了自燃事件，这明显是自己的太爷爷对自己不满了，再想想太爷爷的脾气，汉武帝赶紧换上了一身素服，向汉高祖刘邦请罪，直到五天过后才重新换上皇袍。

大概也是在本年（一说公元前86年），聪明的汉朝人发明了伟大的炒钢技术！整整比欧洲领先了一千八百年左右。这说明从此以后一千多年我华夏人在兵器和甲胄上都会遥遥领先于世界！

兵器甲胄回顾

（一）甲胄篇

在夏朝以前，中原并没有什么甲胄，直到夏朝第七任王姒杼讨伐九夷之时，碰到了战用弓箭，才在被逼无奈的情况下发明了皮甲。

而这个皮甲又不是大家所熟知的皮甲，其做工极其粗劣，就是一张死去的动物的皮，人们把整个皮都挂在身上，用绳子绑住。

随着时间的推移，皮甲也逐渐改善，进而生出了更轻薄坚固的甲、胄、防具。

直到商代，华夏人民的青铜炼造技术已经登峰造极，但因为铜甲不管是制造还是使用都有诸多限制，远不如皮甲来得实惠，所以皮甲一直都占据着主导地位。

直到春秋晚期、战国初期的时候，虽然有了炼铁技术，但与此同时，华夏的皮甲技术已经完全成熟，所以皮甲还是占据着主导地位。当时的皮甲已经不再是最早的整片皮甲，而是用很多皮甲片编制而成的（材料主要是牛皮）。甲片以模压法加工成形，再涂上髹漆保护，使之抗击打能力得以进一步加强。

那为什么不用整片的皮甲，而要二次加工弄成很多甲片呢？

那是因为这样可以达到很好的卸力效果。

据《中国传统工艺全集——甲胄复原》所言，当时的皮甲已经发展到了平均一副皮甲181片甲片的程度。

直到战国晚期，随着炼铁技术的日益成熟，铁甲开始慢慢取代皮甲。

那时候华夏的铁甲已经发展到了平均一副铁甲由89块铁甲片编成的水平（甲片长5厘米、宽4厘米左右）。

直到汉武帝时期，聪明的华夏人发明了炒钢技术，华夏民族不管是武器还是甲胄都得到了飞跃式发展，使得钢铁兵器和钢铁质甲胄迅速占据了主导地位。但皮甲并没有从此消亡，只不过是下降到了辅助的层次而已（以后霍去病和卫青不止一次千里奔袭，他们的士兵几乎都是用的皮甲）。

那么此时的汉朝铁甲已经发展到了什么程度了呢？可以很明确地说，已经到了很高的程度。

当时的高级将领基本都是穿戴着极精细的鱼鳞铁甲（甲片2244片至2859片不等，平均长3厘米、宽2厘米），精锐正卒的铁甲也由650片至

1000片的铁甲片组成。

这样不但能有效地卸去敌人的打击力量，还能更方便劈砍行动（注：以上甲胄篇主要参照《中国传统工艺全集——甲胄复原》《中国兵器史》）。

（二）兵器篇

石器时代，各种武器基本都是用石头和动物骨头制作而成。

当时制作武器主要是为了杀死野兽，进而填饱肚子，只要能达到自己的目的就行，所以那时候并没有太大规模的战争，人们也没有把脑筋转到兵器上面。

可随着时间的推移，华夏大地的许多部落逐渐形成了两个联盟，他们分别就是黄帝的华夏联盟与蚩尤的九夷联盟，而从此也就有了战争。然后人们开始不断地发展兵器，意图创造更有杀伤力的兵器。

结果，弓箭以及各种各样的近战石制武器都被创造了出来。

之后，大禹建夏，我国第一个奴隶制国家诞生，那时候青铜炼制水平已经有了初步的发展，各种青铜武器也应运而生，像青铜斧、青铜钺、青铜镰、青铜凿、青铜匕首、青铜矛、青铜镞等，不一而足。

到了商代以后，我国的青铜技术更是发展到了最高峰，青铜战刀和青铜战戈也发展到了极致，各种形状的都有。直到春秋时期更是被频繁使用，使得这些青铜武器的种类再一次得到了发展。

等到战国晚期，随着炼铁技术的成熟，战国七雄开始大规模地将青铜武器改为铁质武器，甚至连箭矢的箭头都改为铁质，因为铁质武器更加轻便、锋利。

直到汉武帝时期，汉朝发明了炒钢技术，此技术为先将矿石炼制成生铁，然后向熔化的生铁中鼓风，同时进行搅拌作业，促进生铁中的碳氧化。

用这种方式可以先将生铁炼成熟铁，然后再经过渗碳，锻打成钢。

这还不算，炒钢技术被发明没多长时间，是为其延伸的百炼钢技术便又被聪明的汉人所发明，此技术是用炒钢法反复加热叠打变形，细化晶粒和夹物而成，有时也可以用含碳量不同的钢材复合而组，让钢铁的精良程度更向上一层楼。

这些技术的出现，使得汉军的兵器大变革，不但所有武器都换成了钢铁制造，甚至有的主要兵器还因为钢铁的原因改变了形态，比如说下面这个。

最早，中原人在近战的情况下一向喜欢用剑，从夏、商、西周便是如此，以至于延伸到马上依然如故。

可是，不管是马下长剑还是马上短剑，他们的重量都要比胡人所用的弯刀笨重得多，所以在马上近战经常吃亏。

时至战国时期，经常和胡人打交道的赵国国主，雄才伟略的赵武灵王经过胡服骑射的大改革以后，将所有骑兵的武器统统换成胡刀。由此，才能在马上和胡人骑兵硬刚。

但秦国一统天下以后，之前各国的特种兵全都被"强迫"复员，天下再无胡刀骑士，以至于中原骑兵再次以短剑为武器。

但现在，我华夏有了非常精良的钢铁材料，曾经的战剑也被改成了另一种样子，我们习惯称之为环首刀。

这种刀异常锋利，且重量适中，极适合在马上挥舞。样子类似日本战刀。

所以说，环首刀既结合了汉人用剑的习惯，还更加轻便、锋利，真乃杀人之不二利器，出门旅行自卫的必备神器。

可以这样说，当时汉朝的盔甲兵器科技绝对是世界第一。无人能出其右！（注：兵器篇主要参照《中国科学技术史——军事技术卷》《中国兵器史》。）